Elke Vender

Praxishandbuch Excel

Elke Vender

Praxishandbuch Excel

- Tabellen schnell erstellen
- Formeln richtig einsetzen
- Diagramme anschaulich gestalten

GABLER

Bibliografische Information Der Deutschen Bibliothek
Die Deutsche Bibliothek verzeichnet diese Publikation in der Deutschen Nationalbibliografie; detaillierte bibliografische Daten sind im Internet über <http://dnb.ddb.de> abrufbar.

1. Auflage Januar 2004

Lektorat: Maria Akhavan-Hezavei

Der Gabler Verlag ist ein Unternehmen von Springer Science+Business Media.
www.gabler.de

Umschlaggestaltung: Digital Design Borgers GmbH, Hünstetten
Druck und buchbinderische Verarbeitung: Wilhelm & Adam, Heusenstamm
Gedruckt auf säurefreiem und chlorfrei gebleichtem Papier
Printed in Germany

ISBN 3-409-12405-5

Einleitung

Schon wieder ein neues Excel-Buch – diesen Kommentar bekam ich während der Arbeit an dem vorliegenden Buch einige Male zu hören. Der Einwand ist durchaus verständlich – das Thema Excel ist schließlich in den Buchhandlungen recht gut vertreten. Warum also ein neues Excel-Buch? Kann man denn überhaupt ein *neues* Excel-Buch schreiben? Ich meine ja!

Die Idee dazu reifte in vielen Excel-Seminaren. Hier begegnete mir häufig eine große Ablehnung gegenüber den dicken Wälzern, die allumfassend jede Funktion dieses gewaltigen Programms beschreiben. Für Profis sind diese Bücher eine wahre Goldgrube. Dieser Personenkreis ist es gewohnt, sich in komplexe Zusammenhänge hineinzudenken und wird auch an der umfangreichen Funktionalität Gefallen finden.

Die meisten Excel-Anwender nutzen jedoch nur einen Bruchteil dieses gewaltigen Funktionsumfangs und scheitern schon häufig an der Beschreibung der Befehle im Inhaltsverzeichnis. Das Ziel dieses Buches ist es daher, die wichtigsten Informationen, die Sie für Ihre tägliche Arbeit benötigen, übersichtlich, klar und gut nachvollziehbar darzustellen. Die beschriebenen Aufgaben und deren Lösungen orientieren sich an den Erfordernissen im Büro.

Voraussetzungen

Wahrscheinlich arbeiten Sie bereits mit anderen Programmen des Office-Pakets und die Windows-Oberfläche ist Ihnen vertraut. Begriffe wie Fenster, Schaltflächen, Registerkarten können Sie zuordnen; die Techniken der Mausbedienung sind Ihnen bekannt. Das vorliegende Buch baut auf diesen Grundlagen auf.

Hinweise zur Typografie

Menübefehle, Dialogfelder, Registerkarten und Schaltflächen finden Sie im Text *kursiv* und **fett** gedruckt dargestellt. Der Text ***Format, Zellen*** weist Sie also darauf hin, im Menü ***Format*** den Befehl ***Zellen*** anzuwählen. Die einzelnen Felder in einem Dialogfeld sowie Bezeichnungen und Namen wurden mit dem Schriftschnitt *kursiv* hervorgehoben.

Wie Sie dieses Buch verwenden

Zur schnellen Orientierung finden Sie hier eine kurze Zusammenfassung der zentralen Themen. Falls Sie mit wenig Zeitaufwand einen bestimmten Sachverhalt finden möchten, schlagen Sie im Inhaltsverzeichnis nach oder recherchieren Sie im Stichwortverzeichnis.

Die Kapitel 1 bis 7 beschreiben die Grundlagen des Programms. Hier erfahren Sie, wie Sie in Excel Formeln erstellen und sie zeitsparend kopieren können. Effektive Techniken zum Bearbeiten Ihrer Tabellen sind hier ebenso untergebracht wie alles Wissenswerte über den Ausdruck. Die grafische Darstellung der Zahlenwerte in Diagrammform setzt den Schlusspunkt.

Das Kapitel 8 beschäftigt sich mit den wichtigsten Excel-Funktionen. Vielfältige Beispiele machen die teilweise recht komplexen Berechnungen gut nachvollziehbar.

Die Kapitel 9 bis 15 sind Themen gewidmet, die über die Grundlagen der Tabellenkalkulation hinaus gehen. Neben Listen- und Datenbankfunktionen finden Sie hier Informationen über das Verknüpfen von Tabellen sowie weitere Schritte zur Optimierung von Arbeitsabläufen.

Das Kapitel 16 ist ausschließlich komplexen Aufgaben und ihren Lösungen gewidmet. Viele der zahlreichen Beispiele sind direkt aus Fragen in Seminaren entstanden. Sie sind deshalb besonders praxisnah und gut umzusetzen.

Im Anhang finden Sie die wichtigsten Tastenkombinationen und Befehle sowie einen Ausblick auf die Version Excel XP. Internet-Links zu Excel-Seiten oder Diskussions-Foren bilden den Abschluss.

Dankeschön

Bedanken möchte ich mich bei Dr. Katja Bergmann und Dr. Matthias Rochholz, die mit vielen Anregungen zum Gelingen dieses Buches beigetragen haben. Ein Dankeschön geht auch an meinen langjährigen Geschäftspartner Othmar Wrana, der die Entstehung dieses Buches verständnisvoll und unterstützend begleitet hat.

Ich wünsche Ihnen nun interessante Aufgaben und erfolgreiche Berechnungen mit Excel.

Ihre Elke Vender

Inhaltsverzeichnis

Anhang

1 Grundlagen

Noch vor wenigen Jahren wurden Kalkulationsprogramme eher in entsprechenden Fachabteilungen eingesetzt – heute gehören sie zu den Standard-Anwendungen im Büro. Excel hat sich dabei zu *dem* Standard-Kalkulationsprogramm entwickelt. Neben den Berechnungsmöglichkeiten beinhaltet das Programm ein leistungsfähiges Diagramm-Modul sowie umfangreiche Listen- und Datenbankfunktionen.

1.1 Der Excel-Bildschirm

Nach dem Programmstart präsentiert sich Excel auf Ihrem Bildschirm mit Bereichen, die Ihnen vielleicht schon aus anderen Programmen des Office-Pakets vertraut sind. Darüber hinaus werden Sie jedoch auch Elemente entdecken, die in dieser Form ausschließlich in Excel vorkommen.

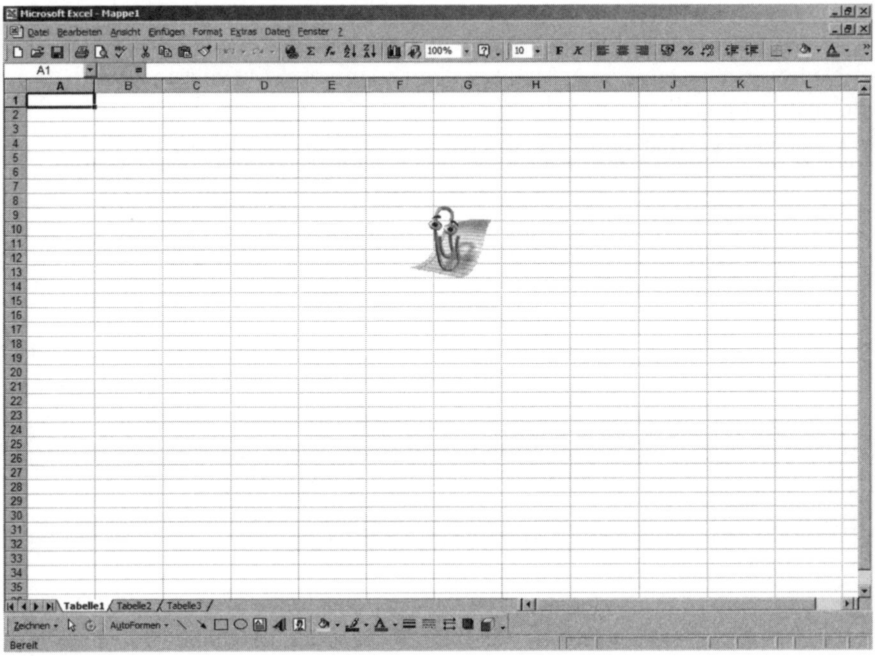

Abbildung 1: Der Excel-Bildschirm

In den folgenden Abbildungen werden die vorhandenen Bildschirmelemente ausführlich beschrieben und durch Tipps abgerundet. Dieses Kapitel ist somit für „Anfänger“ als auch für „Experten“ geeignet.

Schaltflächen zur Änderung der Fenstergröße

Die Schaltflächen zur Änderung der Fenstergröße erscheinen wie gewohnt an der rechten Bildschirmseite. Das obere Trio steuert dabei das Programm-Fenster. Änderungen der Fenstergröße betreffen hierbei natürlich auch die geöffnete Datei. Beenden des Programms führt automatisch zum Schließen der Datei. Die untere, etwas kleinere Gruppe ist ausschließlich für das Dateifenster zuständig. Die aktuelle Datei wird hierüber geschlossen, das Programm-Fenster Excel bleibt jedoch weiterhin geöffnet.

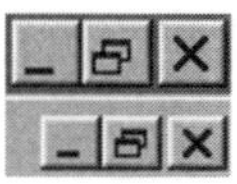

Abbildung 2: Schaltflächen zur Änderung der Fenstergröße

Die Titelzeile

In der ersten Zeile des Excel-Bildschirms erscheint der Name der geöffneten Datei. Dabei kann es sich um einen vorläufigen Namen wie *Mappe1* handeln, oder um den gespeicherten Namen einer Datei. Die Anzeige des Dateinamens in dieser Zeile ist von der Vollbildanzeige des Dateifensters abhängig.

Abbildung 3: Die Titelzeile

Die Menüzeile

In der Menüzeile finden Sie die ganze Vielfalt der Excel-Befehle. Oftmals lassen sich Befehle den einzelnen Menüpunkten logisch zuordnen. Möchten Sie beispielsweise Zeilen in Ihrem Tabellenblatt „einfügen", finden Sie diesen Befehl auch im entsprechenden Menüpunkt.

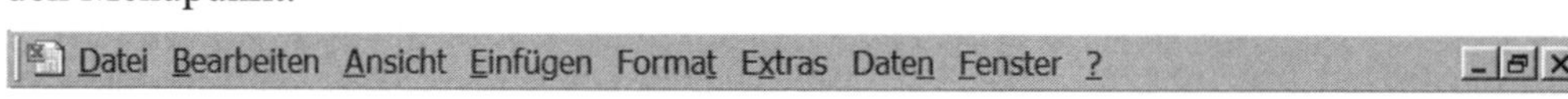

Abbildung 4: Die Menüzeile

Symbolleisten – die wichtigsten Befehle auf einen Blick

Nach der erfolgreichen Programminstallation präsentiert sich Excel mit drei Symbolleisten. Viele der angezeigten Symbole sind dabei funktionsgleich zu anderen Programmen des Office-Pakets. Die angezeigten Symbole sind zwar weitgehend selbsterklärend, durch Positionieren des Mauszeigers auf einem Symbol erhalten Sie jedoch auch einen kleinen Hinweis (*QuickInfo*).

In der *Standard*-Symbolleiste sind die Befehle untergebracht, die Sie sicherlich am häufigsten benötigen. Hierzu gehören das ***Öffnen*** oder ***Speichern*** von Dateien sowie typische Bearbeitungsfunktionen wie ***Kopieren*** oder ***Ausschneiden***.

Abbildung 5: Die Symbolleiste Standard

Die *Format*-Symbolleiste ist, wie der Name es schon vermuten lässt, für die Gestaltung der Tabelle zuständig. Hierüber lassen sich Zahlen schnell mit Nachkommastellen versehen oder Texte ausrichten.

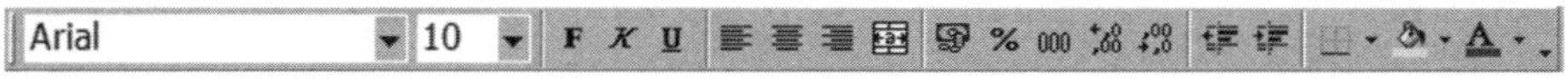

Abbildung 6: Die Symbolleiste Format

Die *Zeichnen*-Symbolleiste erscheint automatisch am unteren Bildschirmrand. Sie dient der Illustration Ihrer Tabellen oder Diagramme. Über das Symbol ***Zeichnen*** in der *Standard*-Symbolleiste können Sie diese Symbolleiste ein- oder ausblenden.

Abbildung 7: Die Symbolleiste Zeichnen

Die Bearbeitungsleiste mit dem Namenfeld

Die Bearbeitungsleiste mit dem Namenfeld liegt zwischen der *Format*-Symbolleiste und dem Tabellenbereich. Das Namenfeld auf der linken Seite zeigt Ihnen je nach Markierung eine Zelladresse, ein Diagrammelement oder ein Zeichnungsobjekt an. Darüber hinaus können Sie markierte Zellen mit eigenen Namen versehen (*siehe Seite 141, Mehr Transparenz mit Namen*). Über den Schalter rechts daneben erfolgt dann die Auswahl.

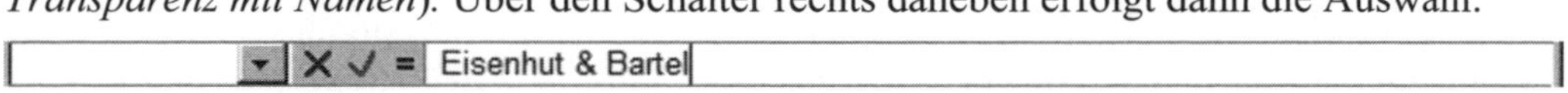

Abbildung 8: Die Bearbeitungsleiste

Rechts angrenzend finden Sie Schaltflächen zum ***Abbrechen*** (rotes Kreuz) oder ***Bestätigen*** (grüner Haken) einer Eingabe. Über das Gleichheitszeichen starten Sie in Excel die Formeleingabe.

Das Tabellenblatt

Das Tabellenblatt mit seiner Einteilung in Zeilen und Spalten ähnelt einem Koordinatensystem mit geradezu gigantischem Umfang. 256 Spalten beschriftet mit den Buchstaben A – IV und 65.536 Zeilen warten auf Ihre Eingaben. Der Zellzeiger (stärker umrandete Zelle) zeigt Ihnen die aktuelle Position (Zellbezug) im Tabellenblatt. Die Zelladresse ergibt sich aus der Kombination vom Spaltenbuchstaben und der Zeilenzahl. In Abbildung 9 ist dies die Zelle C3.

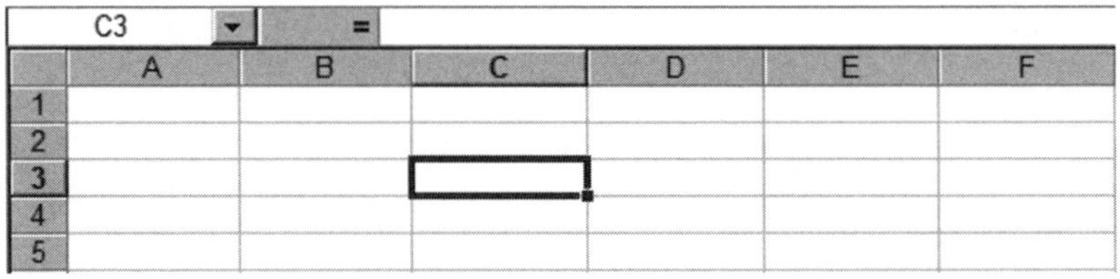

Abbildung 9: Die aktive Zelle

Die kaum beachtete Statuszeile

Die letzte Zeile des Excel-Bildschirms führt wirklich ein absolutes Schattendasein. Dabei zeigt sie zuverlässig an, in welchem Zustand sich Ihr Arbeitsblatt gerade befindet. Der Hinweis *Bereit* unten links am Bildschirmrand ist sicherlich die optimale Voraussetzung für die Eingabe von Werten oder die Auswahl von Befehlen.

Abbildung 10: Die Statuszeile

Die Anzeige kann jedoch auch in *Eingeben*, *Bearbeiten* oder *Zeigen* umspringen. Je nach „Zustand“ stehen dann nicht alle Menübefehle zur Auswahl. Der Blick nach unten links lohnt daher immer.

Den strukturierten Bereich auf der rechten Seite der Statuszeile nutzt Excel für die Anzeige gewählter Optionen. Wurde beispielsweise der Erweiterungsmodus aktiviert, zeigt Ihnen die Statusleiste den Hinweis *ERW* an (*siehe Seite 30, Der Erweiterungsmodus*).

Eine der attraktivsten Funktionen besteht in der Integration von Berechnungen. Sobald Sie mindestens zwei Werte markieren, wird Ihnen dort die jeweilige Summe angezeigt.

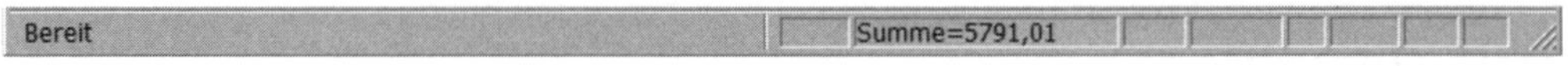

Abbildung 11: Ergebnisanzeige in der Statuszeile

Durch einen Klick mit der rechten Maustaste auf der Ergebnisanzeige bietet Ihnen Excel eine kleine Auswahl weiterer Berechnungsmöglichkeiten an. Eine Ergebnisausgabe in der Tabelle ist leider nicht möglich, jedoch ist diese Funktion für einen schnellen Überblick hervorragend geeignet.

Der hilfreiche Assistent

Der Assistent mit Namen „Franz Klammer“ erscheint automatisch nach dem Programmstart. Je nach aufgerufener Funktion verändert er sein Aussehen. Häufig wird er als etwas nervend empfunden und deshalb relativ schnell ausgeblendet. Dabei zeigt er durchaus hilfreiche Hinweise zu den einzelnen Befehlen an. Der „Tipp“ wird durch eine kleine gelbe Glühbirne sichtbar gemacht. Ein Klick auf dem Symbol zeigt Ihnen dann den Hinweis an.

Abbildung 12: Der hilfreiche Assistent

Sofern Sie selbst gerne eine Frage stellen möchten, klicken Sie Ihren Assistenten einfach an. Er reagiert dann mit der Anzeige eines Eingabefeldes. Dort überschreiben Sie den vorhandenen Text mit Ihrer Frage. In einer Liste erscheinen anschließend weitere Themen zur Auswahl. Der Mausklick auf dem gewünschten Thema führt Sie zum ausführlichen Hilfetext.

Durch einen Klick mit der rechten Maustaste auf dem Hilfesymbol können Sie Ihren Assistenten ausblenden oder sein hilfreiches Werk über die Registerkarte ***Optionen*** weiter einschränken.

Falls er schon ausgeblendet sein sollte, aktivieren Sie ihn über den Menübefehl **?** und Anwahl des Befehls ***Office-Assistenten anzeigen***. Ein Klick auf dem Symbol ***Fragezeichen*** in der *Standard*-Symbolleiste startet den Assistenten ebenfalls.

1.2 Die Arbeitsmappe

Das zentrale Arbeitsmittel in Excel ist die Arbeitsmappe. Bereits beim Programmstart erhalten Sie eine solche Mappe (*Mappe1*) mit drei leeren Tabellenblättern. Dem Mappenkonzept liegt zugrunde, Informationen wie beispielsweise monatliche Umsatzzahlen zwar in verschiedenen Tabellenblättern einzugeben, diese jedoch in einer Datei zu verwalten.

Neue Arbeitsmappe erstellen

Eine neue Arbeitsmappe erhalten Sie durch einen Mausklick auf dem ersten Symbol in der *Standard*-Symbolleiste. Der Menübefehl ***Datei, Neu*** führt Sie dagegen in ein Dialogfeld mit erweiterter Funktionalität. Hier können Sie nicht nur eine leere Arbeitsmappe erstellen, sondern aus verschiedenen Vorlagen etwas Passendes auswählen.

In der Registerkarte ***Arbeitsblattlösungen*** finden Sie bereits Formulare für eine Reisekostenabrechnung sowie ein Bestell- und Rechnungsformular. Der Vorteil solcher Vorlagen besteht darin, dass Sie jeweils eine „Kopie“ zum Ausfüllen erhalten. Das Original bleibt jedoch unverändert.

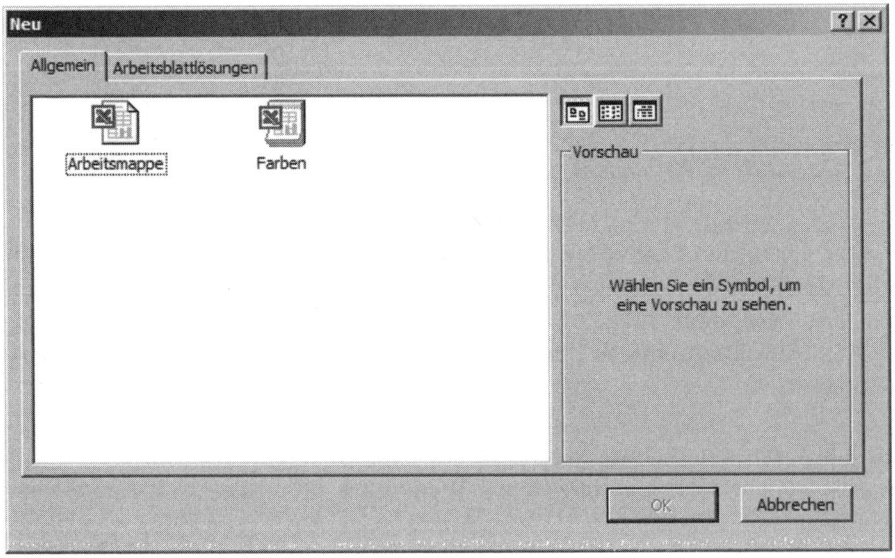

Abbildung 13: Das Dialogfeld Datei, Neu

1.3 Öffnen und Speichern von Dateien

Dem Befehl ***Speichern*** muss in Excel eine besonders große Bedeutung eingeräumt werden, da das Programm zunächst keine automatische Sicherheitsspeicherung kennt. Ein Programmabsturz oder ein Stromausfall führt daher immer zu Datenverlust.

Sofern Sie das erste Mal Ihre Datei speichern, können Sie über das Symbol ***Speichern*** oder den Menüpunkten ***Datei, Speichern*** oder ***Speichern unter*** Ihre Datei dauerhaft ablegen. In jedem Fall erhalten Sie das unten abgebildete Dialogfeld ***Speichern unter***. In Abbildung 14 wird der Ordner *Filialen* mit sechs bereits gespeicherten Excel-Dateien angezeigt.

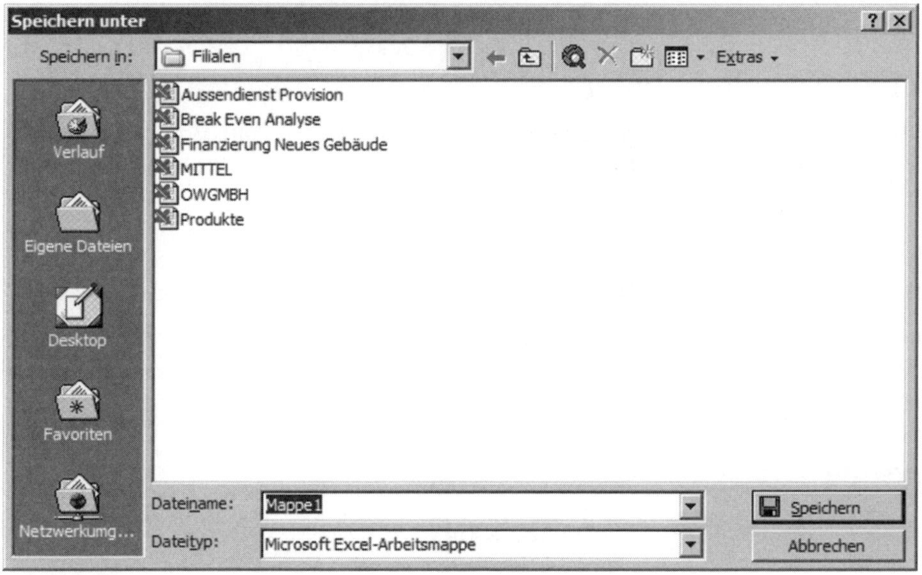

Abbildung 14: Das Dialogfeld Speichern unter

Namenskonventionen

Überschreiben Sie den vorgeschlagenen markierten Dateinamen (*Mappe*) mit einem aussagekräftigen Namen. Der vollständige Dateiname inklusive Ablageinformation darf maximal 218 Zeichen umfassen. Folgende Zeichen sind nicht erlaubt: Sternchen (*), Fragezeichen (?), Anführungszeichen ("), Doppelpunkt (:), Semikolon (;), Schrägstrich (/), umgekehrter Schrägstrich (\), Größer-als-Zeichen (>), Kleiner-als-Zeichen (<) sowie die senkrechte Linie (|).

Speicherort

Nach der Namensvergabe wählen Sie bei Bedarf den gewünschten Speicherort aus. Eine Standardeinstellung lässt sich übrigens über den Menüpunkt ***Extras, Optionen*** in der Registerkarte ***Allgemein*** vornehmen. Der dort eingetragene Ordner wird Ihnen automatisch nach Neustart des Programms angeboten.

Weitere Speicher-Techniken

Sofern Ihre Datei bereits gespeichert ist, aktualisieren Sie die Speicherung durch einen Mausklick auf dem Symbol ***Speichern***. Für Liebhaber von Tastenkombinationen bietet sich [Strg]+[s] an. Damit sichern Sie ebenfalls den aktuellen Stand Ihrer Datei.

Der Befehl Speichern unter

Eine geöffnete und bereits gespeicherte Datei können Sie mit dem Befehl ***Speichern unter*** als Kopie unter einem anderen Namen oder in einem anderen Ordner/Laufwerk ablegen.

Automatische Speicherung von Excel-Dateien

Über den Menüpunkt ***Extras, Add-Ins-Manager*** können Sie das automatische Speichern Ihrer Dateien aktivieren. Wählen Sie erneut den Menüpunkt ***Extras*** und dort den Befehl ***Automatisches Speichern***. Im gleichnamigen Dialogfeld legen Sie dann die Optionen für die Speicherung fest.

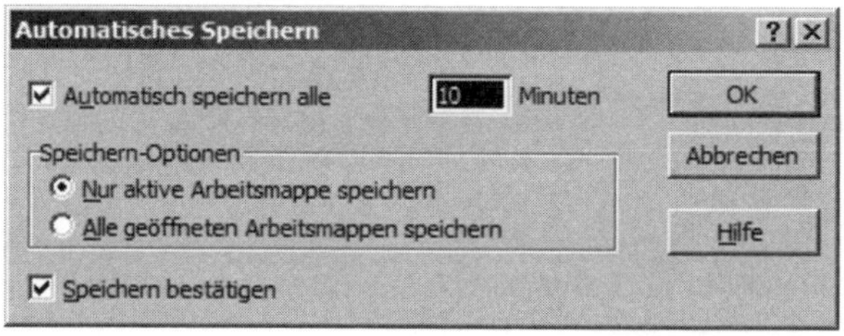

Abbildung 15: Das Dialogfeld Automatisches Speichern

Bitte beachten Sie dabei, dass die Speicherung einer Datei zur Deaktivierung des Befehls ***Rückgängig*** führt.

Öffnen von Dateien

Über das Symbol ***Öffnen*** oder den Menüpunkt ***Datei, Öffnen*** erhalten Sie folgendes Dialogfeld zur Auswahl Ihrer gewünschten Datei:

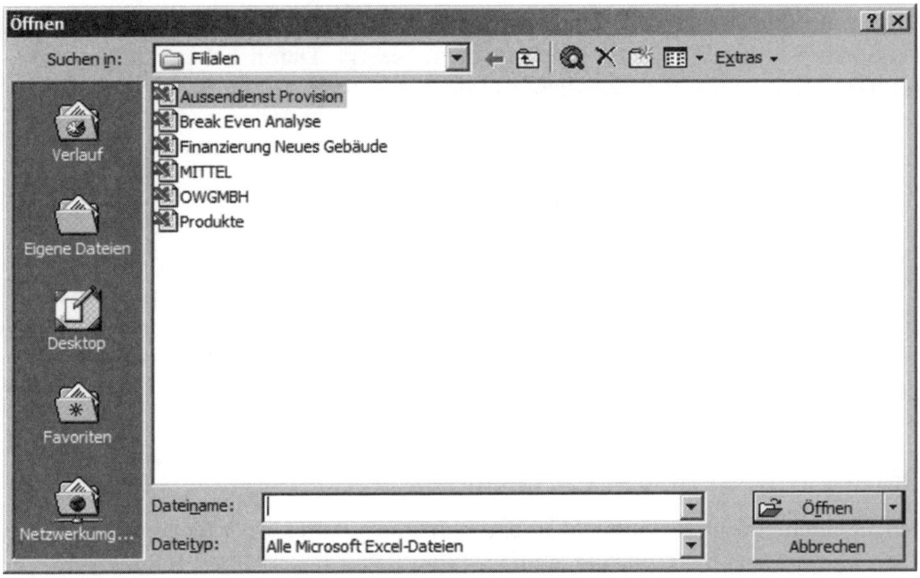

Abbildung 16: Das Dialogfeld Öffnen

Wählen Sie zunächst den Speicherort und geben Sie dann einen Doppelklick auf die zu öffnende Datei. Die Schaltfläche ***Öffnen*** erweist sich seit der Version 2000 bei näherer Betrachtung als aufklappbares Listenfeld. Neben dem Öffnen einer Datei mit Schreibschutz können Sie auch eine Kopie der ausgewählten Datei erzeugen. Möchten Sie zunächst in einer Datei „experimentieren“, bleibt das Original in diesem Fall unverändert.

Die zuletzt bearbeiteten Dateien

Am Ende des Menüpunktes ***Datei*** präsentiert Ihnen Excel die letzten vier geöffneten Dateien. Über den Menüpunkt ***Extras, Optionen, Registerkarte Allgemein*** ist dies auf die Anzeige von neun Dateien erweiterbar.

Die Start-Datei

Falls Sie ständig dieselbe Arbeitsmappe als Ausgangsdatei benötigen, können Sie Excel soweit automatisieren, bei jedem Programm-Start eine Datei automatisch aufzurufen. Voraussetzung ist allerdings, dass die Arbeitsmappe in dem speziellen Ordner *XLSTART* gespeichert wurde. Dateien, die dort abgelegt sind, öffnet Excel automatisch bei Programmstart.

Der Ordner ist allerdings etwas schwierig zu finden, da er je nach Installation oder eingesetztem Betriebssystem an anderer Stelle liegen kann. Den Speicherort ermitteln

Sie am besten mit dem Programm ***Suchen*** im *Windows-Startmenü*. Dort wird Ihnen in der Suchergebnisliste die komplette Pfadangabe angezeigt. Damit haben Sie die erforderlichen Informationen, um in Excel diesen Ordner zu finden.

1.4 Dateien schnell finden

Speziell in einer Netzwerkumgebung geht dem Öffnen einer gewünschten Datei oftmals ein Auf- und Zuklappen diverser Ordner und Laufwerke voraus. Mit so genannten Favoriten sparen Sie sich diese lästigen Wege. Wurde eine Datei oder ein Ordner einmal zu „Ihrem Favoriten" erklärt, gelangen Sie mit einem Minimum an Navigation zu der gewünschten Datei.

Eine Datei zum Favoriten erklären

Am besten nehmen Sie sich einige Minuten Zeit und überlegen, welche Dateien Sie häufiger benötigen. Diese erklären Sie dann zu Ihren Favoriten. Wählen Sie zunächst im Menü ***Datei*** den Befehl ***Öffnen***. Suchen Sie nun den Ablageort der gewünschten Datei oder des Ordners auf. Markieren Sie das Objekt und öffnen Sie durch einen Mausklick das Menü ***Extras***. Der Befehl ***Zu Favoriten hinzufügen*** erlaubt Ihnen die Definition eines solchen.

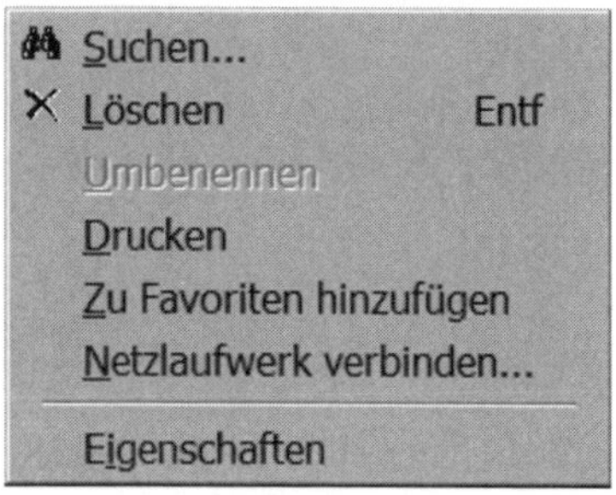

Abbildung 17: Favoriten erstellen

Favoriten finden

Im Menüpunkt ***Öffnen*** finden Sie auch Ihre erklärten Favoriten wieder. Links im Dialogfeld wird eine Mappe mit dem Titel ***Favoriten*** angezeigt. Durch einen Mausklick gelangen Sie zu diesem Ordner. Ein Doppelklick auf dem angezeigten Dateinamen findet und öffnet die Original-Datei.

Die Favoriten-Symbole enthalten unten links einen kleinen Pfeil. Dies ist der Hinweis darauf, dass es sich nicht um die Original-Datei, sondern um eine Verknüpfung handelt. Genau genommen rufen Sie eine „Wegbeschreibung" auf, die sie schnell zu Ihrer Datei führt. Falls eine Datei den Favoriten-Status verliert, löschen Sie einfach die dazugehörige Verknüpfung im Ordner *Favoriten*.

1.5 Die Tabellenblätter

Eine neue Arbeitsmappe enthält automatisch drei leere Tabellenblätter, die mit *Tabelle1* bis *Tabelle3* benannt sind. Der Name des aktiven Tabellenblatts ist dabei optisch hervorgehoben. Die Blattanzahl einer neuen Arbeitsmappe legen Sie im Menüpunkt ***Extras, Optionen*** in der Registerkarte ***Allgemein*** fest. Erst durch einen Neustart des Programms werden Ihre Änderungen aktiv.

Navigation

Falls Ihre Arbeitsmappe mehrere Tabellenblätter enthält, reicht häufig der Platz nicht aus, um alle Tabellennamen anzuzeigen. Deshalb finden Sie unten links am Bildschirm Schaltflächen für die Navigation. Mit ihrer Hilfe gelangen Sie über die äußeren Symbole schnell zur Anzeige der ersten oder letzten Tabelle. Durch einen Klick auf das gewünschte Tabellenregister wird eine Tabelle ausgewählt. Klicken Sie dagegen mit der rechten Maustaste auf die Navigationsschaltflächen, zeigt Ihnen Excel die komplette Liste der Tabellenblätter und erlaubt somit eine besonders schnelle Auswahl.

Abbildung 18: Navigationsleiste Tabellenblätter

Hier finden Sie alle Befehle – arbeiten mit dem Kontextmenü

Eine komplette Auswahl der Tabellenblatt-Befehle erhalten Sie durch einen Klick mit der rechten Maustaste auf dem jeweiligen Tabellenregister. Allerdings gibt es wesentlich schnellere Möglichkeiten, Tabellen einzufügen oder zu verschieben.

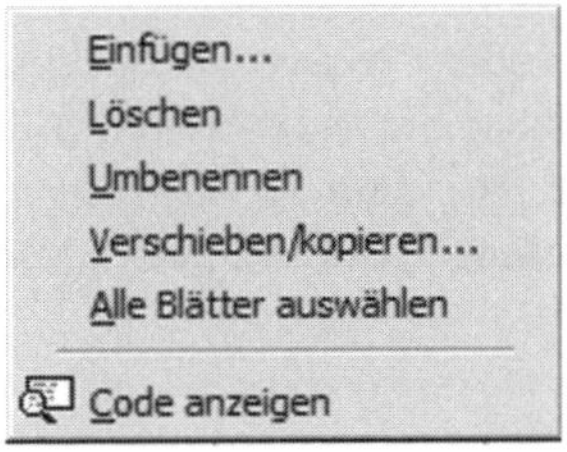

Abbildung 19: Befehle im Kontextmenü Tabellenregister

Tabellenblätter benennen

Standardnamen wie *Tabelle1* oder *Tabelle2* sind nicht sonderlich aussagekräftig. Wenn Sie mehrere Tabellenblätter in einer Arbeitsmappe nutzen, sollten Sie diese individuell benennen. Am schnellsten geht dies mit einem Doppelklick auf dem jeweiligen Tabellenregister. Den alten Namen überschreiben Sie dann direkt mit dem neuen. Bis zu 31 Zeichen sind für die Namensvergabe möglich. Sonderzeichen wie Doppelpunkt (:), Schrägstriche (\ /), Fragezeichen (?), Sternchen (*) und eckige Klammern ([ ]) sind allerdings nicht erlaubt.

Tabellenblätter verschieben oder kopieren

Das Verschieben von Tabellenblättern geht am schnellsten mit *Drag & Drop*. Zeigen Sie mit der Maus auf das gewünschte Tabellenregister und ziehen Sie es mit gedrückter linker Maustaste an die neue Stelle. Ein kleines Dreieck zeigt Ihnen an, vor welchem Blatt das gezogene positioniert wird.

Das Kopieren eines Tabellenblatts basiert auf der gleichen Funktionalität. Klicken Sie das gewünschte Tabellenregister an und ziehen Sie es dann mit gedrückter [Strg]-Taste an die gewünschte Stelle. So wird aus dem Verschieben eine Kopie. Achten Sie darauf, zuerst die linke Maustaste und dann die [Strg]-Taste loszulassen.

Tabellenblatt hinzufügen

Arbeiten Sie gerne mit Tastenkombinationen, ist [⇧]+[F11] genau das Richtige für Sie. Links neben dem markierten Blatt erscheint sofort ein neues Tabellenblatt. Neue Tabellenblätter erhalten Sie ebenfalls über das Kontextmenü oder über den Menüpunkt ***Einfügen, Tabellenblatt***. Enthält Ihre Arbeitsmappe noch ein leeres Tabellenblatt, können Sie mit dem Befehl ***Kopieren*** sehr schnell ein weiteres leeres Blatt erzeugen.

Tabellenblätter löschen

Unerwünschte Tabellenblätter lassen sich aus einer Arbeitsmappe auch wieder entfernen. Leider steht hierfür keine Tastenkombination zur Verfügung. Geben Sie einen Klick mit der rechten Maustaste auf das Tabellenregister und wählen Sie aus dem *Kontextmenü* oder über den Menüpunkt ***Bearbeiten*** den Befehl ***Blatt löschen***. Hier ist Vorsicht geboten. Dieser Befehl lässt sich nicht mehr rückgängig machen!

Tabellenblätter ein- und ausblenden

Klicken Sie das gewünschte Tabellenblatt an und wählen Sie den Menüpunkt ***Format, Blatt, Ausblenden***. Das Tabellenblatt wird nicht mehr angezeigt. Um ausgeblendete Blätter wieder sichtbar zu machen, wählen Sie den Menüpunkt ***Format, Blatt, Ein-***

blenden. Das Dialogfeld zeigt Ihnen alle ausgeblendeten Tabellenblätter und Sie wählen nun das aus, welches eingeblendet werden soll.

Bearbeiten mehrerer Tabellenblätter

Möchten Sie mehrere Tabellenblätter gleichzeitig bearbeiten, fassen Sie diese in einer Gruppe zusammen. Jeder Befehl wirkt sich dann auf alle „Gruppenmitglieder" aus. Die Änderungen im aktiven Blatt beziehen sich dabei immer auf dieselben Zellen oder Zellbereiche der gruppierten Tabellenblätter. So lassen sich beispielsweise Überschriften in verschiedenen Blättern mit einem Befehl formatieren, Spalten in mehreren Tabellen einfügen oder gemeinsame Kopf- und Fußzeilen festlegen. In den meisten Fällen ist ein identischer Tabellenaufbau sinnvoll oder sogar erforderlich.

Zuerst markieren Sie die einzelnen „Gruppenmitglieder". Excel unterstützt dabei folgende Markierungsvarianten:

- Um alle Blätter einer Arbeitsmappe zu gruppieren, arbeiten Sie mit dem Kontextmenü und wählen dort den Befehl ***Alle Blätter markieren***.
- Möchten Sie mehrere Blätter zusammenhängend markieren, klicken Sie das erste Blatt an. Halten Sie nun die Taste [⇧] gedrückt und klicken Sie anschließend auf das letzte gewünschte Blatt.
- Beliebige Tabellenblätter markieren Sie, indem Sie das erste Tabellenblatt anklicken und mit gedrückter [Strg]-Taste weitere Tabellenblätter per Mausklick auswählen.

Die markierten Tabellenregister werden optisch durch einen hellen Hintergrund hervorgehoben. In der Titelzeile finden Sie außerdem den Hinweis [Gruppe].

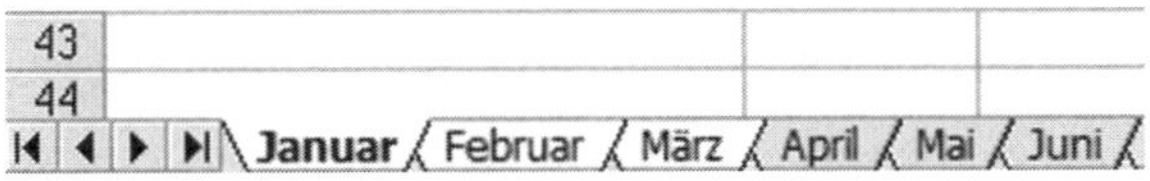

Abbildung 20: Gruppenmodus

Wechseln zwischen den Gruppenmitgliedern

Zwischen den einzelnen Gruppenmitgliedern wechseln Sie per Mausklick auf das gewünschte Register. Es gibt jedoch eine Ausnahme: Wenn die Gruppe alle Tabellenblätter der Arbeitsmappe enthält, hebt jeder beliebige Klick auf ein Tabellenregister die Gruppierung sofort auf.

Gruppierung aufheben

Um die Tabellenblätter wieder einzeln zu bearbeiten, müssen Sie vorher die Gruppe lösen. Klicken Sie dazu auf ein Tabellenregister, das nicht zur Gruppe gehört. Eine weitere Möglichkeit finden Sie im Kontextmenü der Tabellenregister. Über den Befehl ***Gruppierung aufheben*** lösen sie dort die Gruppe auf.

1.6 Die erste Eingabe

Zunächst werden Sie sich überlegen, wie Sie die Daten sinnvoll im Tabellenblatt verteilen. Bewährt hat sich dabei folgendes Schema: Nach einer Beschriftung folgt das eigentliche Datenmaterial; die Zusammenfassung bildet den Abschluss der Tabelle. Der Vorteil dieses Aufbaus besteht darin, dass sich die Tabelle später problemlos erweitern lässt. Die folgende Abbildung zeigt die verschiedenen Bereiche:

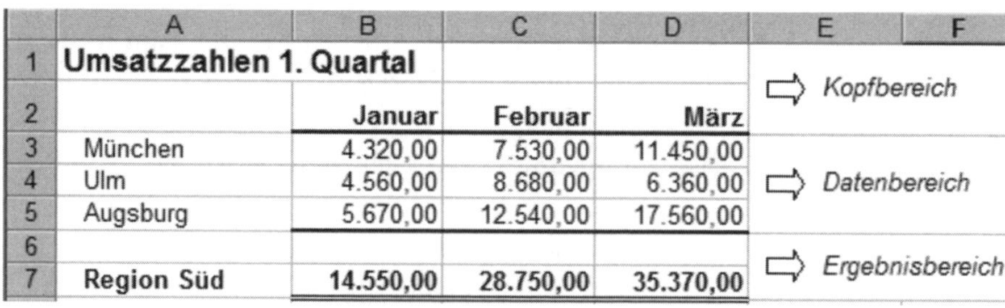

	A	B	C	D	E	F
1	**Umsatzzahlen 1. Quartal**				⇨ *Kopfbereich*	
2		**Januar**	**Februar**	**März**		
3	München	4.320,00	7.530,00	11.450,00		
4	Ulm	4.560,00	8.680,00	6.360,00	⇨ *Datenbereich*	
5	Augsburg	5.670,00	12.540,00	17.560,00		
6						
7	**Region Süd**	**14.550,00**	**28.750,00**	**35.370,00**	⇨ *Ergebnisbereich*	

Abbildung 21: Die Tabellenstruktur

Sobald Sie eine Eingabe in Ihrem Tabellenblatt vornehmen, erfolgt die gleichzeitige Anzeige in der *Bearbeitungsleiste* und die Statuszeile wechselt in den Modus *Eingeben.*

Die Korrekturmöglichkeiten in diesem Modus sind eher bescheiden. Lediglich mit der Taste [←] lassen sich Zeichen rückwärts löschen. Falls Sie direkt bei der Eingabe einen Fehler korrigieren möchten, positionieren Sie den Cursor durch einen Mausklick an der gewünschten Stelle oder drücken Sie die Taste [F2]. Sie wechseln dann automatisch in den *Bearbeitungsmodus.*

Bemerken Sie bereits während der Eingabe, dass Sie sich bei der Auswahl der Zelle vertan haben, bietet sich die Taste [Esc] an. Sie verlassen damit den *Eingabe-Modus* und der ursprüngliche Zellinhalt wird wieder angezeigt.

Die Taste [↵] schließt Ihre Eingabe ab und positioniert den Zellzeiger eine Zelle darunter. Manchmal ist dieser Automatismus nicht ganz so glücklich. Die Laufrichtung des Zellzeigers lässt sich deshalb im Menü ***Extras, Optionen*** in der Registerkarte ***Allgemein*** beeinflussen. Wählen Sie einfach in der Liste *„Markierung nach dem*

Drücken der Eingabetaste verschieben“ die gewünschte Richtung aus. Alternativ lässt sich eine Eingabe auch mit den Richtungstasten, der [⇆]-Taste sowie durch einen Klick auf das grüne Häkchen in der *Bearbeitungsleiste* abschließen.

Texte eingeben

Excel richtet Texte automatisch linksbündig in der Zelle aus. Bis zu 2.048 Zeichen kann eine Zelle umfassen. Reicht der Platz für die Darstellung in der Zelle nicht aus, erfolgt die Anzeige auch in den benachbarten Zellen. Der Text „Umsatzzahlen 1. Quartal“ erscheint dann teilweise in Zelle B1. Der Eintrag selbst ist jedoch ausschließlich in der Zelle A1 enthalten und auch nur dort änderbar.

Zeit sparen mit der AutoEingabe

Die Funktion *AutoEingabe* erleichtert Ihnen die Eingabe im Tabellenblatt. Sofern Sie in einer Spalte Texte untereinander eingeben, erkennt Excel einen bereits vorhanden Eintrag und schlägt diesen ebenfalls in der aktiven Zelle vor. Drücken Sie auf die Taste [↵], wird der Vorschlag übernommen. Falls Sie an dem Vorschlag nicht interessiert sind, fahren Sie einfach mit Ihrer Eingabe fort. Der vorgeschlagene Text wird dann überschrieben.

Die Funktion wird nur für spaltenweise Eingaben angeboten. In einer Zeile steht diese Automatik nicht zur Verfügung. Nach Leerzeilen in der Spalte geht die „Merkfähigkeit“ von Excel verloren.

Zahlen eingeben

Numerische Werte, dazu gehören auch Datumswerte, richtet Excel rechtsbündig in den Zellen aus. Landet eine „Zahl“ auf der linken Zellenseite, liegt wahrscheinlich eine Fehleingabe vor. So führt beispielsweise die Eingabe *29.02.2003* zu einer linksbündigen Darstellung; der *28.02.2003* wird dagegen rechts ausgerichtet. Die Erklärung ist schnell gefunden. Das Jahr 2003 ist kein Schaltjahr, insofern gibt es keinen *29.02.2003*.

Besonderheiten bei der Eingabe

Durch das vorangestellte Apostroph (’) interpretiert Excel eine Zahleneingabe als Texteintrag. So würde eine Eingabe wie „= Bruttobetrag ohne Skonto“ zu einer Fehlermeldung führen. Das Gleichheitszeichen ist in Excel ausschließlich für Rechenoperationen vorgesehen. Ein vorangestelltes Apostroph (’) akzeptiert den Eintrag klaglos. Auch bei Postleitzahlen mit führender 0 kann „diese Technik“ eingesetzt werden.

Die automatische Formatierung

Excel unterstützt bereits während der Zahleneingabe verschiedene Datentypen. Auslöser für das jeweilige Format sind Zeichen wie Punkt (.), Doppelpunkt (:) oder Schrägstrich (/). In der folgenden Liste finden Sie eine Aufstellung der wichtigsten Autoformate.

Eingabe	**Anzeige**	**Erläuterung**
11.5 11.5.03	11. Mai 11.05.2003	Der Punkt führt automatisch zu einer Interpretation als Datumswert. Fehlt die Eingabe der Jahreszahl, geht Excel automatisch vom aktuellen Jahr aus.
50%	50%	Die Eingabe des Prozentzeichens führt zwar optisch zu dieser Darstellung, der Wert selbst ist jedoch durch 100 dividiert. Die Zelle enthält tatsächlich den Wert 0,5.
10:30	10:30	Der Doppelpunkt formatiert eine Uhrzeit und trennt Stunden von Minuten und Sekunden. Berechnungen mit diesen Werten sind grundsätzlich möglich.
0 1/2	1/2	Die vorangestellte 0 führt zu einer Interpretation des folgenden Wertes als Bruch. Fehlt diese Null, wird die Eingabe als Datum formatiert.

1.7 Änderungen durchführen

Texte oder Zahlen korrigieren Sie in Excel im *Bearbeitungsmodus*. In diesen Modus wechseln Sie mit den folgenden Techniken:

- Geben Sie einen Doppelklick auf die Zelle.
- Drücken Sie die Taste [F2].
- Klicken Sie in der *Bearbeitungsleiste* an der gewünschten Position.

Der *Bearbeitungsmodus* unterstützt die Navigation mit den Richtungstasten. Mit den Tasten [Pos1] oder [Ende] gelangen Sie schnell zum Anfang oder zum Ende des Zelleintrags. Die Tasten [←] oder [Entf] führen zum Löschen einzelner Zeichen. Selbst das Kopieren oder Verschieben von Einträgen wird in diesem Modus unterstützt. Ebenso lassen sich Teileinträge gesondert formatieren.

Daten löschen

Nicht mehr benötigte Zellen können Sie nach erfolgter Markierung mit der Taste [Entf] aus Ihrer Tabelle löschen. Der Inhalt der Zellen wird entfernt, die Formatierung bleibt erhalten. Der Befehl ***Bearbeiten, Löschen, Alles*** bietet eine willkommene Erweiterung dieses Standards. Die Rücktaste [←] sollten Sie ausschließlich im Bearbeitungsmodus verwenden, da sie vom *Bereit-* in den *Eingeben-Modus* wechselt. Auf keinen Fall

„löschen“ Sie Zelleinträge mit einem Leerschritt. Die Zelle erscheint zwar „leer“, für Excel ist sie jedoch inhaltlich gefüllt und wird auch gedruckt. Ein kleiner Leerschritt in der Zelle IV65536 führt deshalb beim Ausdruck zu ca. 40.000 Seiten!

1.8 Tipps und Tricks bei der Eingabe

Durch den Einsatz der folgenden Tastenkombinationen lassen sich Einträge vervielfältigen und Überschriften mehrzeilig in einer Zelle eingeben.

- Durch die Tastenkombination [Alt]+[↵] aktivieren Sie den Zeilenumbruch in der Zelle. Dies kann direkt während der Eingabe erfolgen oder auch bei der nachträglichen Korrektur. Mit der Taste [↵] schließen Sie wie gewohnt die Eingabe ab.
- Um größere Bereiche mit demselben Eintrag auszufüllen, markieren Sie zunächst den gewünschten Bereich. Die Dateneingabe schließen Sie mit der Tastenkombination [Strg]+[↵] ab. Jede markierte Zelle erhält daraufhin den gleichen Eintrag.
- Durch die Tastenkombination [Strg]+[,] übernehmen Sie den Eintrag aus der darüber liegenden Zelle.

1.9 Navigation in der Tabelle

Für die komfortable Tabellen-Navigation verfügt Excel über diverse Tastenkombinationen. Die wichtigsten sind hier zusammengefasst:

Taste/Tastenkombination	**Bewegung**
[↑] / [↓] / [→] / [←]	Eine Zelle nach oben, unten, rechts oder links.
[Strg]+[→]	An den Rand des aktuellen Datenbereichs.
[Strg]+[Pos1] / [Strg]+[Ende]	Zum Anfang oder zum Ende des Tabellenblattes.
[Bild⇩] / [Bild⇧]	Eine Bildschirmseite nach unten oder nach oben.
[Alt]+[Bild⇩] / [Alt]+[Bild⇧]	Eine Bildschirmseite nach rechts oder nach links.
[Strg]+[Bild⇩] / [Strg]+[Bild⇧]	Wechselt zum nächsten oder zum vorherigen Blatt der Arbeitsmappe.
[Strg]+[F6] bzw. [Strg]+[⇆]	Wechselt zur nächsten Arbeitsmappe bzw. in das nächste Fenster.
[Strg]+[←]	Springt nach einem Bildlauf zur markierten Zelle zurück.

Der Ende-Modus

Durch Drücken der Taste [Ende] aktivieren Sie in Excel den gleichnamigen Modus. In der Statuszeile wird dies rechts unten durch die Anzeige END dargestellt. Durch die anschließende Kombination mit einer Bewegungstaste erreichen Sie eine alternative Positionierung des Zellzeigers. Die verschiedenen Varianten finden Sie in der Liste aufgeführt.

Taste/Tastenkombination	**Bewegung**
[Ende]	Ein- bzw. Ausschalten des Ende-Modus.
[Ende], [→]/[←]/[↓]/[↑]	Springt zum Anfang oder Ende eines Datenblocks in einer Zeile oder Spalte.
[Ende], [↵]	Erreicht die letzte nicht leere Zelle in der aktuellen Zeile.

1.10 Das Phänomen „Turbo-Maus“

Durch eine Markierung definieren Sie den Zellbereich, der im nächsten Schritt bearbeitet werden sollen. Kommt man bei kleineren Bereichen mit den Markierungen gut zurecht, legt Ihre Maus bei „größeren Wegstrecken“ manchmal ein unerwünscht hohes Tempo an den Tag. Häufig landen Sie dann in einer Zeile, die von Ihrem ursprünglichen Ziel weit entfernt liegt. In der Zusammenstellung der verschiedenen Markierungsmethoden finden Sie daher auch geeignete Techniken speziell für große Tabellenbereiche.

Um eine Zelle zu markieren, positionieren Sie den Zellzeiger einfach auf der gewünschten Zelle. Um größere Bereiche zu markieren, klicken Sie auf die erste Zelle und ziehen dann mit gedrückter linker Maustaste bis zur letzten Zelle des Bereichs. Der Bereich wird invers dargestellt, lediglich die erste Zelle bleibt weiß. Bei größeren Tabellen mit vielen Bildschirmwechseln wird Ihre Maus mit dieser Markiertechnik häufig zur „Turbo-Maus“. Deshalb kann es sinnvoller sein, bei der letzten Zelle mit der Markierung zu beginnen und den Mauszeiger nach oben zu ziehen.

Mit der Tastatur markieren

Markieren Sie Ihre Tabelle ganz entspannt über die Tastatur. Positionieren Sie den Zellzeiger auf der ersten Zelle und halten Sie dann die Taste [⇧] gedrückt. Alle Tasten, die den Zellzeiger positionieren, sind für die Auswahl des Bereichs geeignet. Neben den Cursortasten sind dies [Bild⇩] oder [Bild⇧], [Pos1] oder [Ende] sowie die Tastenkombinationen [Strg]+[Ende] oder [Strg]+[Pos1].

Die „Zwei-Klick-Technik“

Diese spezielle Technik ist ideal, um große Tabellenbereiche zu markieren. Klicken Sie auf die Zelle, ab der Ihre Markierung beginnt. Ziehen Sie dann den Positionszeiger in der Bildlaufleiste bis zur gewünschten Zeile. Drücken Sie erst jetzt die Taste [⇧] und klicken Sie dann auf die letzte Zelle des gewünschten Bereichs. Der Tabellenbereich zwischen dem ersten und letzten Mausklick ist jetzt markiert. Bitte achten Sie darauf, die [⇧]-Taste nicht während des Bildlaufs zu drücken. In diesem Fall führt Sie Excel bis zur Zeile 65.536. Falls Sie eine Maus mit Rollrad einsetzen, lässt sich der Bildlauf auch darüber durchführen.

Markierungen nachträglich verändern

Eine gesetzte Markierung können Sie mit gedrückter [⇧]-Taste jederzeit reduzieren oder erweitern.

Mehrfachmarkierungen

Excel unterstützt die Markierung nicht zusammenhängender Zellbereiche. Für Formatierungen, aber auch für die Werteauswahl bei der Diagrammerstellung setzen Sie diese Technik ein. Markieren Sie zunächst wie gewohnt den ersten Bereich und halten Sie bei den weiteren Markierungen die Taste [Strg] gedrückt.

Die Spaltenmarkierung

Um eine Spalte zu markieren, klicken Sie auf den gewünschten Spaltenkopf. Dies hat zur Folge, dass 65.536 Zellen markiert werden. Auf dieser Markierung basieren Befehle wie ***Spalten einfügen*** oder ***Spalten löschen***.

Die Zeilenmarkierung

Setzt ein Befehl die Markierung der Zeile voraus, klicken Sie einfach auf den gewünschten Zeilenkopf. Excel markiert nun 256 Zellen. Befehle wie ***Zeilen einfügen*** oder ***Zeilen löschen*** beziehen sich auf diese Markierung.

Die ganze Tabelle markieren

Links neben dem Spaltenbuchstaben A zeigt Ihnen Excel ein nicht beschriftetes Feld. Ein Klick darauf genügt und die ganze Tabelle ist markiert. Befehle wie ***Spalten*** oder ***Zeilen einblenden*** sowie ***Seitenwechsel aufheben*** sind eine sinnvolle Wahl bei dieser umfangreichen Markierung.

Bereiche markieren mit der Maus

Um angrenzende Zellbereiche zu markieren, bietet sich die folgende Technik an: Geben Sie einen Doppelklick auf die Umrandung der aktiven Zelle. Der Bereich wird anschließend ab der aktiven Zelle bis zu nächsten Leerzelle markiert.

Tastenkombinationen zum Markieren von Zellen

Falls Sie gerne mit Tastenkombinationen arbeiten – mit diesen markieren Sie Ihre Tabellen besonders schnell.

Tastenkombination	**Markierung**
[Strg]+[Leertaste]	Markiert die gesamte Spalte.
[⇧]+[Leertaste]	Markiert die komplette Zeile.
[Strg]+[a]	Markiert die ganze Tabelle.
[Strg]+[*]	Markiert einen zusammenhängenden Bereich.

Der Erweiterungsmodus

Durch Drücken der Taste [F8] schalten Sie Excel in einen speziellen Markier-Modus. Start der Markierung ist die jeweils aktive Zelle. Von dort definieren Sie die Größe des Bereichs mit den Bewegungstasten, durch einen Mausklick oder durch mehrfaches Drücken der Taste [F8]. Die Statuszeile signalisiert den Modus durch die Anzeige ERW. Durch Anwahl eines Befehls oder durch erneutes Drücken der Taste [F8] deaktivieren Sie den *Erweiterungsmodus*.

2 Formeln erstellen

Eine Formel berechnet Werte in einer bestimmten Reihenfolge. In Microsoft Excel beginnt eine Formel immer mit dem Gleichheitszeichen (=). Damit legen Sie fest, dass es sich bei den folgenden Zeichen um eine Berechnung handelt. Nach dem Gleichheitszeichen folgt auf das zu berechnende Element (Operand) der Berechnungsoperator. Excel rechnet Formeln von links nach rechts. Durch Klammern beeinflussen Sie die Reihenfolge. Mit folgenden arithmetischen Operatoren führen Sie Berechnungen durch:

Operator	**Zeichen**	**Beispiel**
Addition	+	=20+30
Subtraktion	-	=20-10
Multiplikation	*	=20*3
Division	/	=20/5
Prozent	%	=100*16%
Potenz	^	=10^3 (=10*10*10)

Den Potenzoperator finden Sie auf der Tastatur über der Taste [↹]. Das Zeichen wird allerdings erst dann angezeigt, wenn Sie den Exponenten eingeben.

Formeln mit Konstanten ändern sich nur, wenn Sie die einzelnen Werte in der Formel ändern. Wesentlich sinnvoller ist es daher, die Formel mit Zellbezügen aufzubauen. So ändert sich automatisch das Ergebnis der Formel =B4*B5, wenn sich der Wert in der Zelle B4 oder B5 ändert. Gehen Sie bei der Formelerstellung nach folgendem Schema vor:

1. Wählen Sie eine leere Zelle, in der das Ergebnis erscheinen soll.
2. Geben Sie das Gleichheitszeichen (=) über die Tastatur ein oder klicken Sie in der *Bearbeitungsleiste* auf die Schaltfläche =.

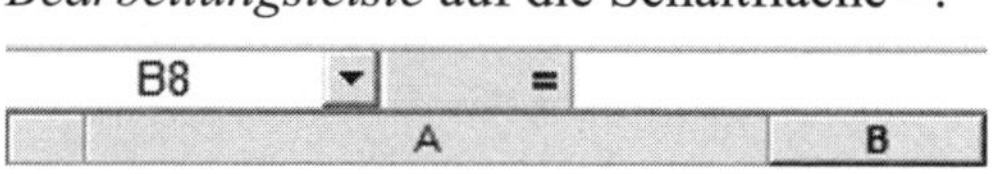

Abbildung 22: Die Bearbeitungsleiste

3. Klicken Sie auf die Zelle, die den Wert enthält, den Sie berechnen möchten. Ein Rahmen umschließt die Zelle.
4. Geben Sie den Operator (+ - / * ^) ein. Verwenden Sie für die Eingabe der Operatoren den numerischen Block Ihrer Tastatur.

5. Klicken Sie auf die nächste Zelle, die den Wert zur Berechnung enthält. Falls Sie noch weitere Berechnungen durchführen möchten, wiederholen Sie einfach die Schritte 3 bis 5.
6. Beenden Sie die Formel mit der Taste [↵] wird der Zellzeiger in der darunter liegenden Zelle positioniert. Durch die Schaltfläche ***OK*** ändert sich die Zellzeigerposition dagegen nicht.

Abbildung 23: Formeln eingeben, Anzeige Formelergebnis

Wenn Sie Ihre Formeleingabe über den Schalter = in der *Bearbeitungsleiste* starten, zeigt Ihnen Excel eine zusätzliche Zeile mit dem vorläufigen Formelergebnis an. Sollte die Berechnung falsch sein, können Sie Ihre Formel sofort in der darüber liegenden Zeile korrigieren.

Etwas Mathematik muss sein

Damit es bei komplexen Formeln nicht zu einer unerwünschten Berechnungsreihenfolge kommt, beachten Sie bei der Formelerstellung:

	A	B	C
1	Punkt vor Strichrechnung	Klammern ändern die Reihenfolge	Keine Division durch Null
2			
3	8	8	8
4	3	3	
5	5	5	
6			
7	=A3+A4*A5	=B3*(B4+B5)	=C3/C4
8			
9	Die erste Berechnung	Die erste Berechnung	Die Fehlermeldung
10	A4 * A5 = 15	B4 + B5 = 8	#DIV/0!
11			erscheint.
12	Der nächste Schritt	Der nächste Schritt	
13	15 + 8 = 23	8 * 8 = 64	

Abbildung 24: Mathematische Grundlagen

2.1 So kopieren Sie Formeln

Genau genommen handelt es sich bei einer Formel um eine Wegbeschreibung. So interpretiert Excel die Formel =C6-B6 ausgehend vom Ergebnisfeld D6, gehe eine Zelle nach links und subtrahiere anschließend den Wert zwei Zellen links neben dem Ergebnisfeld. Kopieren Sie nun diese Formel nach unten, stimmt die „Wegbeschreibung" auch für die Folgezeilen. Die Zellbezüge passen sich den neuen Zeilen automatisch an.

D6 = =C6-B6

	A	B	C	D
1	**Umsatz Analyse 2002**			
2				
3	**Monat**	**Plan-Umsatz**	**Ist-Umsatz**	**Abweichung**
4		**(in T€)**	**(in T€)**	
5				
6	Januar	31,6	33,7	=C6-B6
7	Februar	28,4	31	
8	März	33,4	29,4	
9	April	31,0		
10	Mai	35,0	29,1	

Abbildung 25: Aufbau einer Formel

Es gibt kaum einen Befehl, der so variantenreich ist, wie das Kopieren. Für welche Variante Sie sich entscheiden, ist in erster Linie von Ihrem Tabellenaufbau abhängig.

Die beliebteste Variante

Natürlich ist damit das Ziehen am Ausfüllkästchen gemeint (*siehe Seite 46, Das geniale Ausfüllkästchen*). Positionieren Sie den Zellzeiger auf dem Formelfeld und ziehen Sie am Ausfüllkästchen in die gewünschte Richtung. Die Formel wird so lange kopiert, bis Sie die Maustaste loslassen. Hier liegt gleichzeitig auch der Haken – bei großen Tabellen ist es extrem schwierig, die Maus an der „richtigen Stelle" loszulassen.

So werden Sie unschlagbar schnell

Klicken Sie die Ergebniszelle an und geben Sie einen Doppelklick auf das Ausfüllkästchen. Die Formel wird nun nach unten kopiert. Selbst in extrem langen Tabellen kopieren Sie damit Formeln unglaublich schnell.

Einen kleinen „Schönheitsfehler" hat allerdings diese Variante. Sobald in der linken Nachbarspalte eine Leerzelle auftaucht, stoppt der Kopiervorgang bei dieser Zeile. In Abbildung 25 würde die Formel also nur bis zur Zelle D8 kopiert werden.

Für Tastaturliebhaber

Falls Sie gerne mit der Tastatur arbeiten, könnte dies Ihre Variante werden: Markieren Sie Ihre Formel und den angrenzenden Bereich. Um die Formel nach unten zu kopieren, drücken Sie die Tastenkombination [Strg]+[u]. Dagegen kopiert die Tastenkombination [Strg]+[r] die Formel nach rechts.

Der Klassiker

Wer kennt sie nicht, die beiden Symbole für das ***Kopieren*** und ***Einfügen***. Ihr Einsatz ist immer dann ratsam, wenn die Formel nicht angrenzend kopiert werden soll. Für einen erfolgreichen Kopiervorgang wählen Sie folgende Vorgehensweise:

1. Positionieren Sie den Zellzeiger auf dem Formelfeld.
2. Klicken Sie auf das Symbol ***Kopieren***. Die Zelle wird umrandet.

Abbildung 26: Die Symbole Ausschneiden, Kopieren, Einfügen

3. Markieren Sie nun das Ziel. Die Markierung kann dabei eine oder mehrere Zellen umfassen.
4. Drücken Sie die Taste [↵]. Die Kopie wird damit eingefügt und der Vorgang abgeschlossen. Mit dem Symbol ***Einfügen*** dagegen können Sie die Kopie an verschiedene Stellen übertragen.

Selbstverständlich finden Sie die beiden Befehle auch im Kontextmenü. Falls Sie gerne mit Tastenkombinationen arbeiten: Mit [Strg]+[c] kopieren Sie, eingefügt wird mit der Tastenkombination [Strg]+[v].

2.2 Relative und absolute Zellbezüge

Kalkulationsprogramme arbeiten in Formeln mit verschiedenen Formen der Zelladressierung. Unterschieden wird zwischen relativen und absoluten Bezügen. Bei den relativen Zellbezügen handelt sich um reine „Wegbeschreibungen". Kopieren Sie eine Formel mit dieser Bezugsart nach unten, passen sich die Zelladressen automatisch an. Und genau diese Vorgehensweise führt im folgenden Beispiel der Prämienberechnung zu falschen Ergebnissen.

	A	B	C	
1		Prämie	3,5%	
2				
3	Mitarbeiterinnen	Umsatz in €	Prämie	
4	Schmidt	7.500	262,50	=B4*C1
5	Müller	13.200	0,00	=B5*C2
6	Gerhardt	8.900	#WERT!	=B6*C3
7	Walter	4.600	1.207.500,00	=B7*C4

Abbildung 27: Relative Zellbezüge

Mit einem absoluten Zellbezug lösen Sie das Problem. Wird dem Spaltenbuchstaben und der Zeilenzahl ein Dollar-Zeichen ($) vorangestellt, ändert sich dieser Zellbezug nicht mehr. Somit lassen sich diese Formeln problemlos kopieren. Eine relative Adresse wandeln Sie mit der Taste [F4] in einen absoluten Zellbezug um. Mit der folgenden Vorgehensweise arbeitet Ihre Formel richtig:

1. Wählen Sie das Ergebnisfeld und starten Sie die Formel mit dem Gleichheitszeichen (=) oder der entsprechenden Schaltfläche.
2. Klicken Sie auf die Zelle B4.
3. Geben Sie das Multiplikationszeichen (*) ein.
4. Klicken Sie auf die Zelle C1 und drücken Sie dann die Taste [F4]. Die Zelle wird jetzt in der Formel als $C$1 angezeigt. Der absolute Bezug ist hergestellt.
5. Schließen Sie die Formel mit der Schaltfläche ***OK*** oder der Taste [↵] ab.
6. Kopieren Sie per Doppelklick auf dem Ausfüllkästchen Ihre Formel nach unten.

	A	B	C	
1		Prämie	3,5%	
2				
3	Mitarbeiterinnen	Umsatz in €	Prämie	
4	Schmidt	7.500	262,50	=B4*$C$1
5	Müller	13.200	462,00	=B5*$C$1
6	Gerhardt	8.900	311,50	=B6*$C$1
7	Walter	4.600	161,00	=B7*$C$1

Abbildung 28: Absolute Zellbezüge

Gemischte Adressen

Eine besondere Spielart der Zelladressierung ist der gemischte Zellbezug. Dabei ist jeweils nur die Spalte oder die Zeile als absoluter Bezug eingetragen. Ob Sie diese Variante einsetzen können, ist stark vom Aufbau der Tabelle abhängig. In unserem Beispiel berechnet eine einzige Formel einen Aktienplan, der auf unterschiedlichen Stückzahlen sowie verschiedenen Kursen basiert.

B3 = =$A3*B$2

	A	B	C	D
1		**Kurs in Euro**		
2	**Anzahl**	5,00	7,50	10,00
3	10	50,00	75,00	100,00
4	25	125,00	187,50	250,00
5	50	250,00	375,00	500,00
6	100	500,00	750,00	1.000,00

Abbildung 29: Gemischte Adressen

Gemischte Adressen erzeugen Sie durch mehrmaliges Drücken der Taste [F4]. Das Dollarzeichen ($) vor dem Spaltenbuchstaben oder vor der Zeilenzahl weist Sie auf den jeweiligen Bezug hin.

In der Zelle B3 lautet die Formel =$A3*B$2 und errechnet das Depot basierend auf einer Anzahl von 10 Stück sowie einem Kurs von 5,00 €. Die gleiche Formel kann auch für 100 Stück und einem Kurs von € 10,00 eingesetzt werden. Mit der gemischten Adresse $A3 legen Sie fest, dass Excel immer mit dem Wert aus Spalte A ($A) rechnet. Wird die Formel nach rechts kopiert, bleibt der korrekte Bezug bestehen. Beim Zeilenbezug wurde dagegen eine relative Adresse (3) benutzt. Wird die Formel nach unten kopiert, muss sich die Zeile jeweils anpassen ($A3, $A4, $A5 usw.).

Mit der gemischten Adresse B$2 legen Sie fest, dass Excel immer mit Werten aus der Zeile 2 ($2) rechnen soll. Wird die Formel nach unten kopiert, bleibt der korrekte Bezug erhalten. Der Bezug auf Spalte B dagegen wurde als relative Adresse eingegeben. Wird die Formel nach rechts kopiert, rechnet Excel auch mit den €-Beträgen aus Spalte C und Spalte D.

2.3 Was ist eigentlich ein Fehler?

Treten Probleme bei der Erstellung einer Formel auf, zeigt Excel nicht das Ergebnis, sondern einen Fehlerwert an. Oftmals reicht die Breite der Zelle für die Darstellung der Zahl nicht aus oder es wurde versucht mit einer Zelle zu rechnen, die Text enthält. Die häufigsten Fehlermeldungen finden Sie hier aufgeführt:

#####
Dieser Fehler tritt auf, wenn die Zelle einen Wert enthält, der breiter als die Zelle ist. Die Fehlermeldung erscheint ebenfalls bei einem negativen Ergebnis von Datums- und Zeitberechnungen.

#DIV/0!
Der Fehlerwert #DIV/0! wird angezeigt, wenn in einer Formel eine Division durch die Zahl 0 erfolgt. Eine Division mit einer leeren Zelle erzeugt die gleiche Meldung.

#Wert!
Hier wurde ein falscher Operand für die Berechnung gewählt. Diese Fehlermeldung tritt auf, wenn in der Formel =A1+B2 die Zelle B2 Text enthält. Sie wird ebenfalls in Funktionen angezeigt, die mit falschen Argumenten arbeiten.

#BEZUG!
Diese Meldung macht Sie darauf aufmerksam, dass ein Zellbezug in der Formel ungültig ist. Mögliche Ursachen können sein: Die Zeile oder Spalte wurde gelöscht.

#NAME?
Sie haben einen Namen in der Formel verwendet, der nicht existiert oder zwischenzeitlich gelöscht wurde. Die Formel kann den korrekten Bezug nicht mehr herstellen.

#NV
Die Fehlermeldung „nicht verfügbar“ wird Ihnen gezeigt, wenn Sie mit einer Verweisfunktion arbeiten, und diese keinen passenden Wert zurück geben kann.

#ZAHL
Diese Fehlermeldung zeigt Ihnen, dass es Probleme mit einer Zahl in einer Formel oder Funktion gibt.

2.4 Der Detektiv oder Formeln korrigieren

Falls Sie feststellen, dass eine Formel nicht zum erwünschten Ergebnis geführt hat, kontrollieren Sie zunächst die Berechnungsmethode sowie die ausgewählten Zellen. Mit den folgenden Techniken unterstützt Sie Excel bei Ihrer Fehlersuche:

- Klicken Sie die Zelle an und überprüfen Sie die Eingabe in der *Bearbeitungsleiste*. Dort wird die Formel in ihren „Einzelteilen“ angezeigt und kann geändert werden. Farbige Hervorhebungen der Zellen erleichtern die Zuordnung in der Tabelle.
- Geben Sie einen Doppelklick auf das Ergebnisfeld. Damit aktivieren Sie die direkte Zellbearbeitung[1]. Zellbezüge sind in der Formel und in der Tabelle gleichfarbig hervorgehoben. Änderungen können direkt in der Zelle erfolgen.

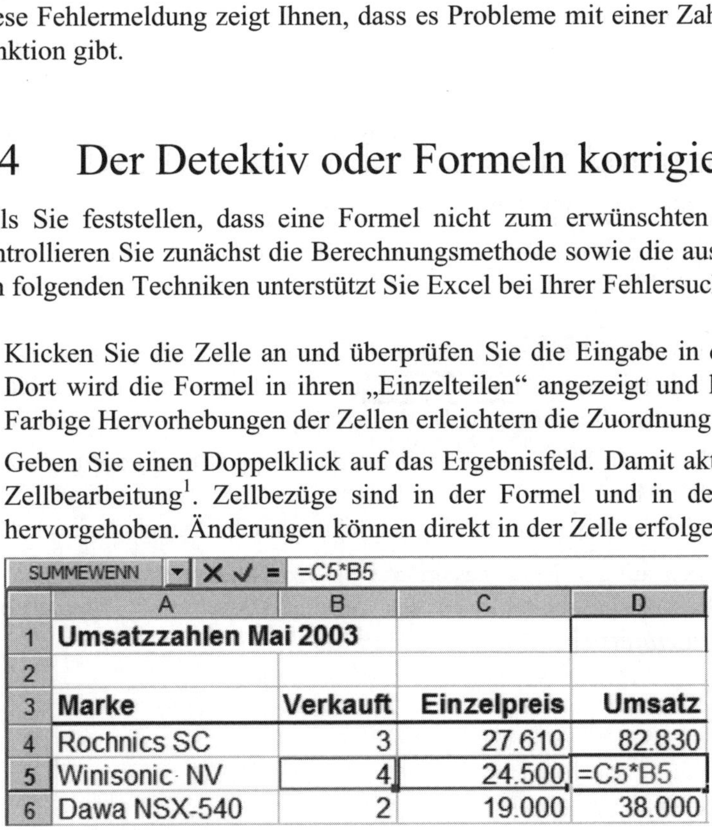
SUMMEWENN =C5*B5

	A	B	C	D
1	**Umsatzzahlen Mai 2003**			
2				
3	**Marke**	**Verkauft**	**Einzelpreis**	**Umsatz**
4	Rochnics SC	3	27.610	82.830
5	Winisonic NV	4	24.500	=C5*B5
6	Dawa NSX-540	2	19.000	38.000

Abbildung 30: Die direkte Zellbearbeitung

- Drücken Sie die Tastenkombination [Strg]+[#] und in Ihrem Tabellenblatt erscheinen Formeln anstatt der Werte. Der Menüpunkt ***Extras, Optionen, Registerkarte Ansicht*** bietet im Bereich *Fensteroptionen* über das Kontrollkästchen *Formeln* die gleiche Funktion. Die Formelanzeige in der Tabelle führt automatisch zu einer

[1] Falls diese Funktion deaktiviert wurde, wählen Sie *Extras, Optionen* und in der Registerkarte *Bearbeiten* den Befehl *Direkte Zellbearbeitung aktivieren*.

Verbreiterung der Spalten. Zurück zur Ergebnisanzeige kommen Sie durch erneutes Drücken der Tastenkombination [Strg]+[#].

D5 = =C5*B5

	A	B	C	D
1	**Umsatzzahlen Mai 2003**			
2				
3	**Marke**	**Verkauft**	**Einzelpreis**	**Umsatz**
4	Rochnics SC	3	27610	=C4*B4
5	Winisonic NV	4	24500	=C5*B5
6	Dawa NSX-540	2	19000	=C6*B6
7	Carstens VR	5	23000	=C7*B7

Abbildung 31: Die Formelanzeige im Tabellenblatt

- Klicken Sie das Ergebnisfeld an und wählen Sie den Menüpunkt ***Extras, Detektiv, Spur zum Vorgänger***. Diese Variante ist flexibler als der Befehl ***Spur zum Fehler***. Anhand von blauen Linien können Sie selbst bei umfangreichen Tabellen sehr gut verfolgen, mit welchen Zellen gerechnet wurde.

	A	B	C
1		Prämie	3,5%
2			
3	Mitarbeiterinnen	Umsatz in €	Prämie
4	Schmidt	7.500	262,50
5	Müller	13.200	0,00
6	Gerhardt	8.900	#WERT!
7	Walter	4.600	1.207.500,00

Abbildung 32: Der Detektiv

Mit einem Doppelklick auf der Linie navigieren Sie im Tabellenblatt zwischen Ergebnisfeld und Zelle. Ausgeschaltet wird der „virtuelle Spürhund" über ***Extras, Detektiv, Alle Spuren entfernen***.

3 Effektive Tabellenbearbeitung

Excel bietet oftmals mehrere Möglichkeiten, den selben Befehl zu wählen. Neben der klassischen Menüauswahl lassen sich Befehle mit Tastenkombinationen, Symbolen sowie speziellen Mausaktionen aktivieren. Die diversen Varianten führen häufig zu Irritationen, sind jedoch aus der Historie heraus erklärbar. Schließlich verfügten die ersten PCs noch über keine Maus. Die folgende Aufstellung bietet eine gute Orientierung, um wirklich effektiv mit dem Programm zu arbeiten:

- Befehle, die Sie selten benötigen, wählen Sie über das Menü.
- Falls Sie unsicher sind, wo sich der Befehl genau befindet, rufen Sie mit der rechten Maustaste das Kontextmenü auf. Es erscheinen genau die Befehle, die an dieser Stelle möglich sind. Das Kontextmenü bietet sich auch als Alternative zur Menüzeile an.
- Machen Sie sich mit den Befehlen der Symbolleisten vertraut. Hierüber lassen sich Funktionen schnell aktivieren. Passen Sie bei Bedarf die Symbolleisten nach eigenen Vorstellungen an (*siehe Seite 149, Bestehende Symbolleisten erweitern*).
- Tastenkombinationen werden von Profis bevorzugt. Trainieren Sie diese ganz bewusst. Sicherlich müssen Sie am Anfang etwas länger nachdenken oder vielleicht sogar nachschlagen, diese Zeit ist jedoch eine gute Investition für die Zukunft.

Die anschließend beschriebenen Bearbeitungsbefehle beinhalten deshalb immer die Menüvariante (Der Klassiker), die Alternativen mit Tastenkombinationen (Für Profis) sowie das Arbeiten mit Symbolen.

3.1 Befehle rückgängig machen

Excel sieht bei der Funktion ***Rückgängig*** maximal 16 Schritte vor. Dies ist allerdings mit einigen Einschränkungen behaftet. Abgesehen davon, dass nicht immer alle Befehle rückgängig zu machen sind, führt ein Speichern der Datei immer zur Deaktivierung der Funktion.

Der Klassiker

Im Menü ***Bearbeiten*** finden Sie den Befehl ***Rückgängig***.

Die Symbole

Die *Standard*-Symbolleiste zeigt den Befehl ***Rückgängig*** als Kombinationsfeld an. Der angrenzende Befehl ***Wiederholen*** ist sozusagen der „Partner“ von ***Rückgängig***. Um einen rückgängig gemachten Befehl wieder herzustellen, klicken Sie auf das daneben liegende Symbol. Dieser Befehl steht nur unmittelbar nach einer rückgängig gemachten Aktion zur Verfügung und ist nicht mit dem Menübefehl ***Wiederholen*** zu verwechseln, der den letzten Befehl erneut ausführt.

Abbildung 33: Das Duo Rückgängig und Wiederholen

Tastenkombinationen für Profis

Die Tastenkombination Strg+z macht den zuletzt durchgeführten Befehl rückgängig.

3.2 Kopieren und Ausschneiden

Immer dann, wenn Sie bestehende Daten an anderer Stelle weiter verwenden möchten, kommen die beiden Befehle ***Kopieren*** und ***Ausschneiden*** ins Spiel. Führt die Kopie zu einem Duplizieren der Daten, transportieren Sie mit dem Befehl ***Ausschneiden*** das Original an eine andere Stelle. Zunächst jedoch landen die Daten in der Zwischenablage und erst mit dem Befehl ***Einfügen*** erreichen sie ihr Ziel.

Nach abgeschlossenem Einfügevorgang erfolgt dann automatisch die „Leerung“ der Zwischenablage. Diese Funktionalität lässt sich jedoch über eine weitere kleine Symbolleiste deutlich verbessern. Wählen Sie mit der rechten Maustaste in einer angezeigten Symbolleiste das Kontextmenü und aktivieren Sie dort die Symbolleiste *Zwischenablage*.

Abbildung 34: Die Symbolleiste Zwischenablage

Die Symbolleiste umfasst bis zu 12 Kopiervorgänge, die später beliebig abrufbar sind. Durch Positionieren des Mauszeigers auf einem Symbol erhalten Sie eine kleine Vorschau des jeweiligen Inhalts.

Der Klassiker

Mittlerweile finden Sie die Befehle ***Kopieren, Verschieben*** und ***Einfügen*** fast in jedem PC-Programm im Menü ***Bearbeiten***. Allerdings ist diese Variante auch die aufwändigste, da die Anwahl eines Befehls das Aufklappen des Menüs voraussetzt.

Die Symbole

Das Trio in der *Standard*-Symbolleiste ist die wohl am häufigsten eingesetzte Variante, um Daten zu kopieren oder auszuschneiden. Nach Anwahl des Befehls erscheint der markierte Bereich im Tabellenblatt umrandet. In der Statuszeile gibt der Hinweis *Markieren Sie den Zielbereich und drücken Sie die Eingabetaste* Auskunft über die weitere Verfahrensweise.

Positionieren Sie den Zellzeiger am „gewünschten Ziel". Die Markierung darf dabei durchaus mehrere Zellen umfassen, sofern Sie die Daten mehrfach wünschen. Den Einfügebereich in derselben Größe wie die ursprüngliche Markierung zu wählen, ist jedoch nicht erforderlich. Vielmehr legen Sie durch die Markierung lediglich die Startzellen fest. Mit der Taste [↵] schließen Sie den Einfügevorgang ab. Über das Symbol ***Einfügen*** dagegen lassen sich die Daten an verschiedenen Stellen einfügen. Der aktive Einfügevorgang wird dann durch Anwahl eines anderen Befehls oder durch die Taste [Esc] beendet.

Abbildung 35: Die Symbole Ausschneiden, Kopieren und Einfügen

Tastenkombinationen für Profis

Extrem schnell kopieren Sie Tabellendaten mit der Tastenkombination [Strg]+[c]. Mit den Tasten [Strg]+[x] aktivieren Sie den Befehl ***Ausschneiden***. Durch die Kombination der Tasten [Strg]+[v] fügen Sie den jeweiligen Inhalt im Tabellenblatt wieder ein.

Drag & Drop

Der Befehl *Drag & Drop* steht für „ziehen und fallen" lassen. Positionieren Sie den Mauszeiger am Rand einer Markierung, nimmt er die Form eines Pfeils an. Durch Ziehen mit der linken Maustaste bewegen Sie den markierten Bereich an die neue Position. Falls Sie eine Formel mit *Drag & Drop* ziehen, bleiben die ursprünglichen Zellbezüge erhalten.

Aus dem Verschieben wird durch zusätzliches Drücken der Taste [Strg] eine Kopie. Der Mauszeiger erhält ein zusätzliches Plus (+) in der Anzeige. Kopieren Sie eine Formel mittels *Drag & Drop*, passen sich die Zellbezüge automatisch an.

3.3 Inhalte einfügen

Der Menübefehl ***Bearbeiten, Inhalte einfügen*** bietet eine deutlich größere Auswahl als sein naher Verwandter ***Einfügen***. Mittels des Dialogfeldes können Sie beispielsweise kopierte Formeln in Werte umwandeln. Damit beziehen sie sich nicht mehr auf die ursprünglichen Zellen, sondern sind völlig eigenständig. Zunächst kopieren Sie das Datenmaterial wie bekannt und positionieren den Zellzeiger an der gewünschten Eingabestelle. Entscheiden Sie sich dann für die Variante ***Inhalte einfügen*** im Menü ***Bearbeiten***. Im Dialogfeld wählen Sie die Option *Werte*.

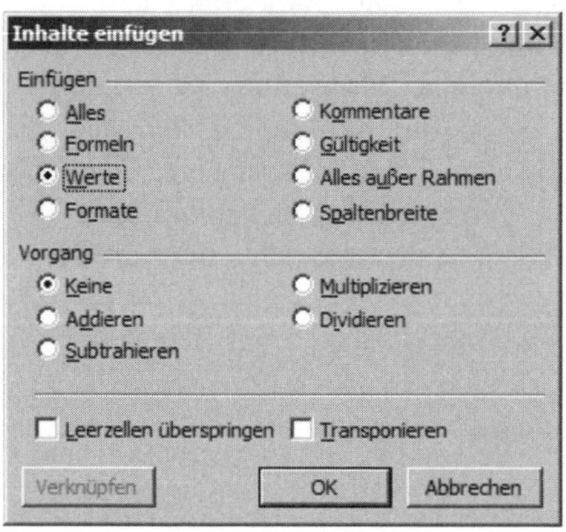

Abbildung 36: Das Dialogfeld Inhalte einfügen

Nach der Bestätigung mit ***OK*** erscheinen die Daten ohne Formeln in Ihrem Tabellenblatt. Eine weitere, ausgesprochen interessante Funktion verbirgt sich hinter dem Befehl *Transponieren*. Die Übersetzung des englischen Befehls „transpose“ bedeutet soviel wie umsetzen, vertauschen. In Excel verwenden Sie diese Funktion, um Spalten mit Zeilen zu vertauschen. Auch hier basiert der Befehl auf einer Kopie der Daten.

	A	B	C
1	**Übersicht der Verkaufspreise**		
2			
3	**Produkt**	**Einkaufspreis**	**Verkaufspreis**
4	Produkt A	230,34	276,41
5	Produkt B	345,00	603,75
6	Produkt C	199,50	265,34
7	Produkt D	234,00	235,29

E	F	G	H	
Produkt	Produkt A	Produkt B	Produkt C	Produ
Einkaufspreis	230,34	345,00	199,50	
Verkaufspreis	276,41	603,75	265,34	

Abbildung 37: Daten transponieren

Der Daten- und der Einfügebereich sollten sich nicht überschneiden. Wie Sie in Abbildung 37 sehen, wurden die Spalten und Zeilen problemlos umgesetzt. Formatierungen, wie beispielsweise Linien, stellt der Befehl ebenfalls um.

Die Symbole

Tatsächlich sieht Excel Symbole für das Dialogfeld ***Inhalte einfügen*** sowie den häufig benutzten Befehl *Werte einfügen* vor. Allerdings müssen Sie dazu die Symbolleiste anpassen (*siehe Seite 149, Bestehende Symbolleisten erweitern*).

3.4 Zeilen und Spalten einfügen/löschen

Mit den Befehlen ***Zeilen*** und ***Spalten einfügen*** oder ***löschen*** können Sie nachträglich die Tabellenstruktur verändern. Falls Sie Zeilen oder Spalten löschen, erfolgt dies ohne einen weiteren Hinweis auf noch vorhandene Daten.

Der Klassiker

Zeilen und ***Spalten einfügen*** finden Sie als separate Befehle im Menü ***Einfügen***. Abhängig von der Zellzeigerposition erscheint die neue Zeile oberhalb der angewählten; die neue Spalte wird jeweils links von der aktiven Spalte eingefügt. Die Befehle des Kontextmenüs sind von der gesetzten Markierung abhängig. Ein Klick mit der rechten Maustaste auf dem Zeilen- oder Spaltenkopf zaubert mit dem Befehl ***Zellen einfügen*** sofort eine neue Zeile oder eine neue Spalte auf den Bildschirm. Wählen Sie dagegen im Tabellenblatt das Kontextmenü führt der Befehl ***Zellen einfügen*** zu folgendem Dialogfeld:

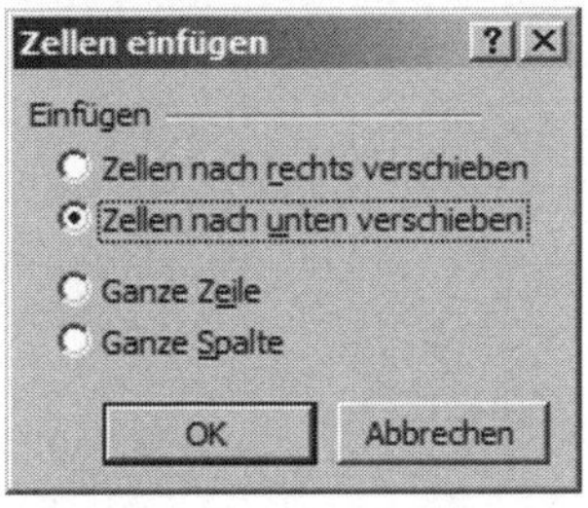

Abbildung 38: Das Dialogfeld Zellen einfügen

Beachten Sie bitte, dass Sie hier eine Auswahl treffen müssen. Die Bestätigung erfolgt dann mit der Schaltfläche ***OK***.

Das Löschen von Zeilen oder Spalten erreichen Sie im Menü ***Bearbeiten*** über den Befehl ***Zellen löschen***. Eine vorherige Spalten- oder Zeilenmarkierung führt zum sofortigen Entfernen des markierten Bereichs. Liegt keine Markierung vor, erhalten Sie das folgende Dialogfeld zur Auswahl:

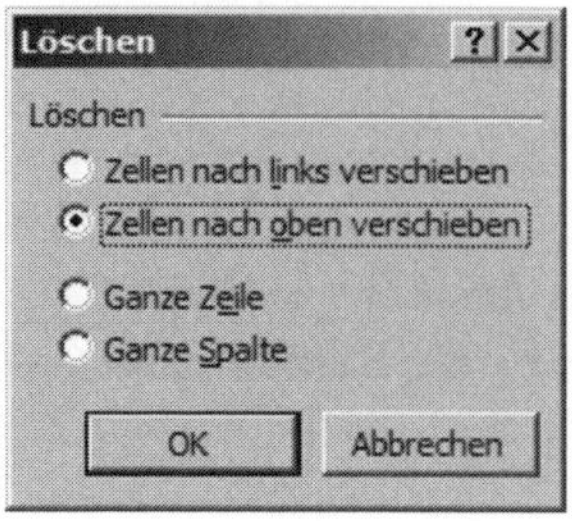

Abbildung 39: Das Dialogfeld Löschen

Nach gewählter Option bestätigen Sie Ihre Auswahl mit der Schaltfläche ***OK***. Das Kontextmenü verhält sich funktionsgleich zum Menüpunkt. Auch hier ist entscheidend, ob eine Zeilen- oder Spaltenmarkierung vorliegt. Ist dies der Fall, wird der markierte Bereich sofort gelöscht, andernfalls erscheint das oben abgebildete Dialogfeld.

Die Symbole

Symbole für die schnelle Anwahl der Befehle sind leider nicht vorhanden, lassen sich aber als separate Befehle integrieren (*siehe Seite 149, Bestehende Symbolleisten erweitern*).

Tastenkombinationen für Profis

Mit der Tastenkombination [Strg]+[+] fügen Sie Zeilen oder Spalten ein, mit [Strg]+[-] löschen Sie diese. Beide Befehle sind von der gesetzten Markierung abhängig. Liegt keine Zeilen- oder Spaltenmarkierung vor, erscheint das schon bekannte Dialogfeld. Besonders schnell markieren Sie die Spalte mit [Strg]+[Leertaste], für die aktuelle Zeile kombinieren Sie [⇧]+[Leertaste].

3.5 Zeilen und Spalten ein- und ausblenden

Mit dem Ausblenden von Zeilen oder Spalten bestimmen Sie, welche Bereiche in der Tabelle sichtbar sind und auch später auf dem Ausdruck erscheinen. In Abbildung 40 wurden für den Ausdruck die Spalten B und C sowie die Zeile 2 ausgeblendet.

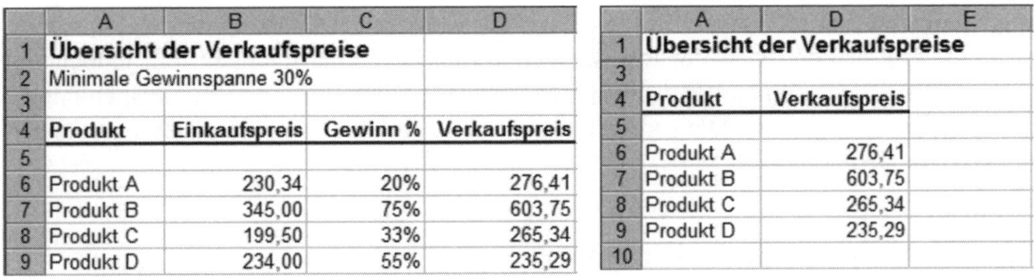

	A	B	C	D
1	**Übersicht der Verkaufspreise**			
2	Minimale Gewinnspanne 30%			
3				
4	**Produkt**	**Einkaufspreis**	**Gewinn %**	**Verkaufspreis**
5				
6	Produkt A	230,34	20%	276,41
7	Produkt B	345,00	75%	603,75
8	Produkt C	199,50	33%	265,34
9	Produkt D	234,00	55%	235,29

	A	D	E
1	**Übersicht der Verkaufspreise**		
3			
4	**Produkt**	**Verkaufspreis**	
5			
6	Produkt A	276,41	
7	Produkt B	603,75	
8	Produkt C	265,34	
9	Produkt D	235,29	
10			

Abbildung 40: Zeilen und Spalten ausblenden

Der Klassiker

Markieren Sie die gewünschte Zeile oder Spalte und wählen Sie den Menüpunkt ***Format, Zeile*** oder ***Spalte Ausblenden***. Wie in Abbildung 40 dargestellt, wurden im Tabellenblatt die Zeile 2 und die Spalte B ausgeblendet. Das Einblenden von Zeilen oder Spalten setzt eine Markierung voraus. Markieren Sie hierfür zwei Spalten oder zwei Zeilen, die direkt am ausgeblendeten Bereich angrenzen und wählen Sie den Befehl ***Format, Zeile*** oder ***Spalte Einblenden***. Sind mehrere Zeilen oder Spalten ausgeblendet, markieren Sie die komplette Tabelle mit [Strg]+[a] und wählen dann den Menübefehl.

Die Mausvariante

Eine interessante Variante zum Ausblenden bietet Excel mit der Veränderung der Spaltenbreite oder der Zeilenhöhe an. Wird die Spaltenbreite oder Zeilenhöhe auf 0,00 gesetzt, gilt der Bereich als ausgeblendet. Um beispielsweise die Spalte B mit der Maus auszublenden, positionieren Sie den Mauszeiger auf der Trennlinie zwischen den Spalten B und C. Der Mauszeiger erhält dabei das Aussehen eines Doppelpfeils. Ziehen Sie nun die Trennlinie konsequent nach links, bis die Quick-Info die Breite 0,00 anzeigt.

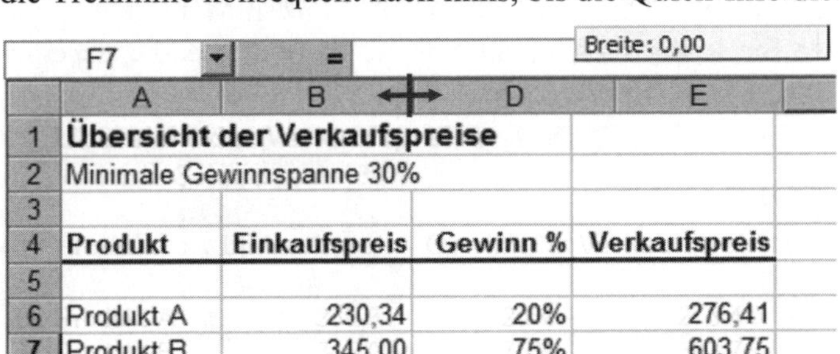

	A	B	D	E
1	**Übersicht der Verkaufspreise**			
2	Minimale Gewinnspanne 30%			
3				
4	**Produkt**	**Einkaufspreis**	**Gewinn %**	**Verkaufspreis**
5				
6	Produkt A	230,34	20%	276,41
7	Produkt B	345,00	75%	603,75

Abbildung 41: Spalten direkt in der Tabelle ausblenden

Um ausgeblendete Zeilen oder Spalten wieder sichtbar zu machen, nähern Sie sich der Spaltentrennlinie mit dem Mauszeiger langsam von rechts. In unserem Beispiel der ausgeblendeten Spalte B wäre dies die Trennlinie zwischen Spalte A und C. Kurz vor der Trennlinie wandelt sich der Mauszeiger in den bekannten Doppelpfeil, jedoch mit zwei vertikalen Mittellinien. Mit diesem Mauszeiger können Sie nun die ausgeblendete Spalte wieder „aufziehen“. Die Linien in der Tabelle bieten dabei eine gute Orientierung, wie weit Sie ziehen müssen.

Tastenkombinationen für Profis

Die Tastenkombination zum Ausblenden einer Spalte wurde etwas unglücklich mit [Strg]+[0] besetzt. Da das Gleichheitszeichen (=) zum Formelstart ebenfalls auf dieser Taste liegt, führt dies manchmal zum versehentlichen Ausblenden der Spalte. Drücken Sie unmittelbar nach dem Ausblenden die Tasten [Strg]+[⇧]+[0], taucht die Spalte sofort wieder auf.

Mit der Tastenkombination [Strg]+[9] blenden Sie die aktive Zeile aus. Drücken Sie unmittelbar danach die Kombination [Strg]+[⇧]+[9] erscheint die Zeile wieder. Möchten Sie bereits ausgeblendete Spalten sichtbar machen, setzt dies eine Markierung von Zellen der rechts und links angrenzenden Spalten voraus. Wurde beispielsweise die Spalte B ausgeblendet, markieren Sie Zellen der Spalten A und C. Bei einer ausgeblendeten Zeile markieren Sie jeweils eine Zelle der oben und unten angrenzenden Zeile. Alternativ können Sie auch die Spalten- oder Zeilenköpfe markieren. Erst dann wählen Sie die entsprechende Tastenkombination zum Einblenden des Bereichs.

3.6 Das geniale Ausfüllkästchen

Es gibt in Excel verschiedene Möglichkeiten, Datenreihen zu erzeugen. Das Arbeiten mit dem Ausfüllkästchen ist dabei die beliebteste Variante. Es sitzt am unteren rechten Zellrand und wird als kleines Viereck dargestellt. Positionieren Sie dort den Mauszeiger, wandelt sich dieser in ein Pluszeichen. Ziehen Sie nun mit der linken Maustaste in die gewünschte Richtung, erzeugen Sie je nach Zellinhalt eine Kopie oder eine Datenreihe. Die Klassiker hierbei sind Wochen- oder Monatslisten.

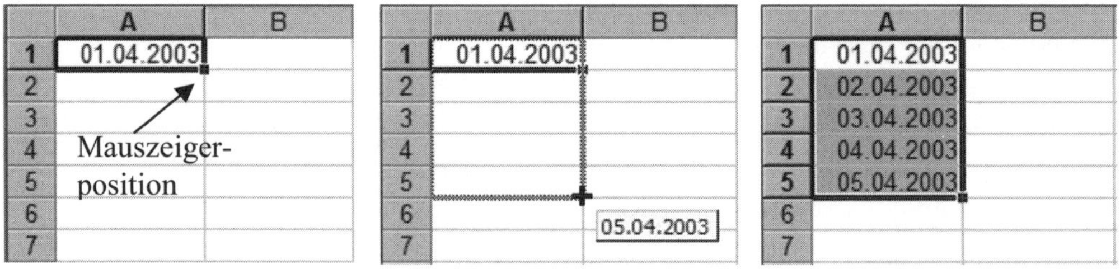

Abbildung 42: Arbeiten mit dem Ausfüllkästchen

Unterdrücken oder Erzwingen der Reihenbildung

Durch zusätzliches Drücken der Taste Strg unterdrücken oder erzwingen Sie eine Reihenbildung. Ob Sie nun mit oder ohne Strg-Taste ziehen, ist jeweils vom Ausgangswert der Zelle abhängig.

- Um einen Datumswert zu kopieren, halten Sie während des Ziehens die Strg-Taste gedrückt. Sie unterbinden damit die Reihenbildung.
- Handelt es sich jedoch um eine Zahl, würde Excel automatisch den Wert kopieren. Um die Werte nun weiter zu zählen, lösen Sie die Reihenbildung mit gedrückter Strg-Taste aus.

Arbeiten mit dem Kontextmenü

Eine wesentlich differenziertere Auswahl zur Reihenbildung erhalten Sie über das Kontextmenü. Ziehen Sie das Ausfüllkästchen einfach mit der rechten Maustaste. Sobald Sie die Taste loslassen, bekommen Sie ein Menü angeboten und wählen dort durch einen Klick mit der linken Maustaste die gewünschte Variante aus. Welche Befehle zur Verfügung stehen, ist vom jeweiligen Zellinhalt abhängig.

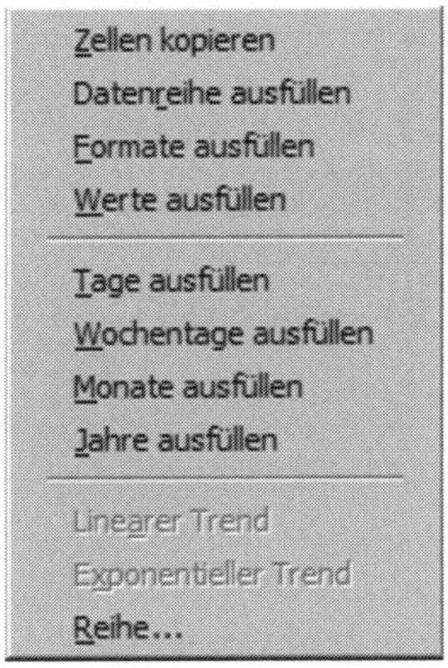

Abbildung 43: Reihen bilden mit dem Kontextmenü

Benutzerdefinierte Listen

Excel unterstützt auch die Bildung „eigener Reihen“. Benötigen Sie beispielsweise in Ihren Tabellen häufiger die Namen von Vertriebsmitarbeitern, legen Sie sich hierfür eine eigene Liste an. Sollten die Werte schon in einer Tabelle vorhanden sein, können Sie den Bereich automatisch in das Dialogfeld übernehmen. Mit der folgenden Vorgehensweise erstellen Sie eine benutzerdefinierte Liste:

1. Wählen Sie den Menüpunkt ***Extras, Optionen*** und dort die Registerkarte ***Auto-Ausfüllen***.
2. Wählen Sie die Schaltfläche ***Hinzufügen*** oder klicken Sie in das Feld *Listeneinträge*, und geben Sie die Werte ein. Drücken Sie nach jedem Listenelement die Taste [↵].

   Falls die Werte in der Tabelle bereits vorhanden sind, markieren Sie den Bereich und übernehmen ihn mit der Schaltfläche ***Importieren***.

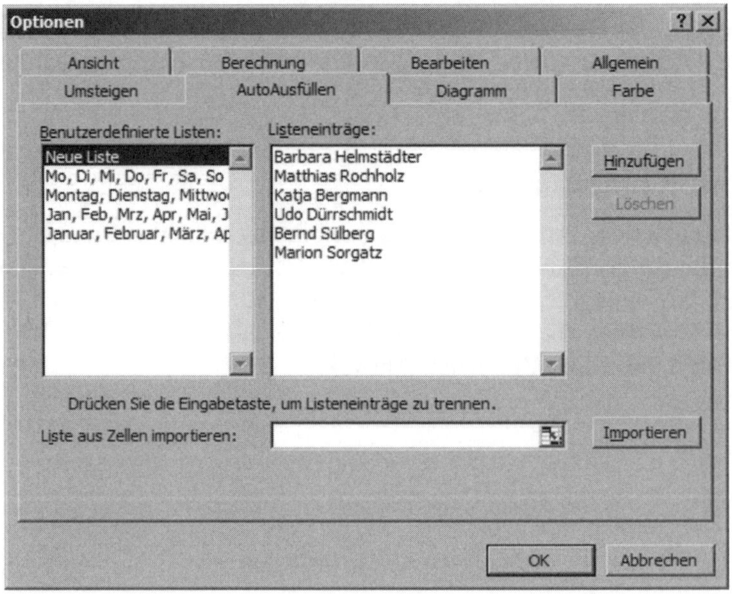

Abbildung 44: Benutzerdefinierte Liste mit AutoAusfüllen

3. Bestätigen Sie Ihre Eingaben mit der Schaltfläche ***OK***.

Über den gleichen Menüpunkt lassen sich später auch Änderungen durchführen oder bestehende Listen löschen.

Sobald nun ein Listenelement in Ihrer Tabelle vorhanden ist, können Sie mit dem Ausfüllkästchen „den Rest" abrufen.

4 Gestalten der Tabelle

Excel bietet Ihnen vielfältige Möglichkeiten, eine Tabelle ansprechend zu gestalten. Neben der Textgestaltung und den Ausrichtungsmöglichkeiten stehen Fülleffekte und Linien für ein professionelles Tabellenlayout zur Verfügung. Oder, falls es schnell gehen muss, wählen Sie aus bereits vorgefertigten Layouts „etwas Passendes" aus.

4.1 Zeilenhöhe und Spaltenbreite einstellen

Excel arbeitet bei der Zeilenhöhe sowie der Spaltenbreite mit voreingestellten Werten, die sich teilweise Ihren Eingaben anpassen. Weitaus häufiger werden Sie jedoch die Veränderung der Zeilenhöhe und der Spaltenbreite als gestalterisches Mittel bei der Tabellenformatierung einsetzen.

Die Zeilenhöhe verändern

Wenn Sie eine größere Schrift verwenden, passt Excel die Zeilenhöhe automatisch an. Darüber hinaus können Sie eine manuelle Anpassung vornehmen. Ob Sie nun eine oder mehrere Zeilen ändern, hängt von der jeweiligen Markierung ab. Unter folgenden Varianten wählen Sie Ihren Favoriten:

Die Zeilenhöhe manuell einstellen

Positionieren Sie den Mauszeiger auf der Begrenzungslinie unterhalb des Zeilenkopfes, bis er sich in einen schwarzen Doppelpfeil wandelt. Ziehen Sie nun die Trennlinie mit gedrückter linker Maustaste an die gewünschte Position. Wie in Abbildung 45 dargestellt, zeigt Ihnen Excel in einer *QuickInfo* die erreichte Höhe an.

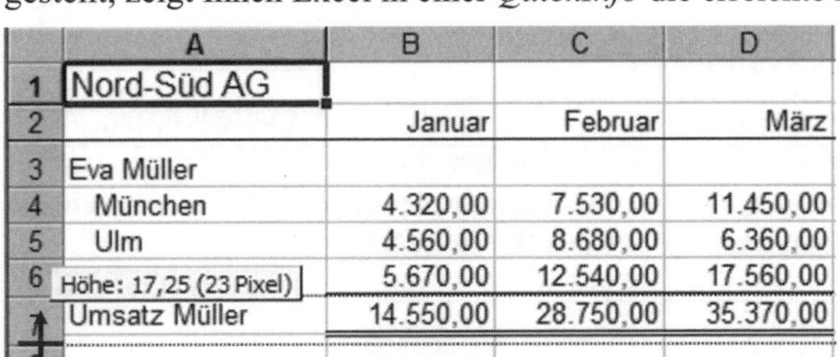

	A	B	C	D
1	Nord-Süd AG			
2		Januar	Februar	März
3	Eva Müller			
4	München	4.320,00	7.530,00	11.450,00
5	Ulm	4.560,00	8.680,00	6.360,00
6	Höhe: 17,25 (23 Pixel)	5.670,00	12.540,00	17.560,00
	Umsatz Müller	14.550,00	28.750,00	35.370,00

Abbildung 45: Die Zeilenhöhe manuell einstellen

Die optimale Höhe

Positionieren Sie den Mauszeiger auf der Trennlinie. Wandelt sich der Mauszeiger in einen schwarzen Doppelpfeil, geben Sie einen Doppelklick auf die Begrenzungslinie. Die Zeilenhöhe passt sich an den größten Inhalt der Zeile an. Alternativ erreichen Sie die optimale Höhe über den Menüpunkt ***Format, Zeile, Optimale Höhe***.

Die Zeilenhöhe über den Menüpunkt einstellen

Wählen Sie den Menüpunkt ***Format, Zeile, Höhe***, um eine Veränderung vorzunehmen. Im Dialogfeld ist ein Wert von 12,75 voreingestellt. Hierbei handelt es sich um typografische Punkte; ein Punkt entspricht ca. 0,37 mm. Die Zeilenhöhe können Sie ebenfalls über das Kontextmenü anwählen. Klicken Sie hierfür mit der rechten Maustaste einfach auf den Zeilenkopf.

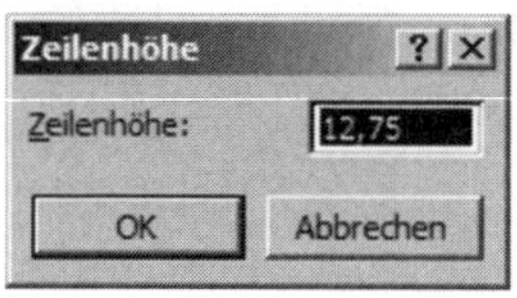

Abbildung 46: Das Dialogfeld Zeilenhöhe

Die Spaltenbreite anpassen

Weitaus häufiger als die Zeilenhöhe erfolgt die Anpassung der Spaltenbreite. Oftmals sind Texteinträge zu lang, um vollständig in der Zelle zu erscheinen. Falls es sich um einen numerischen Eintrag handelt, würde Excel bei unzureichender Spaltenbreite Nummernsymbole (#) anzeigen. Die Änderung der Spaltenbreite können Sie für mehrere Spalten gleichzeitig durchführen. Markieren Sie dazu vorher die betreffenden Spalten.

Spaltenbreite mit der Maus verändern

Positionieren Sie den Mauszeiger auf der Trennlinie zwischen den Spaltenköpfen. Auch hier wird der Mauszeiger zu einem Doppelpfeil. Ziehen Sie nun mit gedrückter linker Maustaste die Trennlinie an die gewünschte Position. In der *QuickInfo* bekommen Sie das erreichte Maß angezeigt. Geändert wird jeweils die linke Spalte.

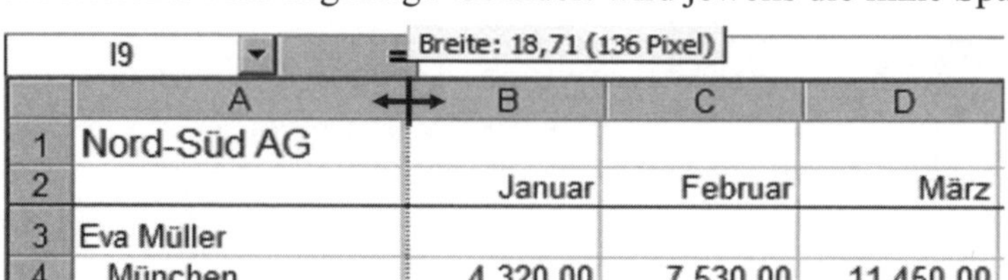

Abbildung 47: Verändern der Spaltenbreite in der Tabelle

Die optimale Breite

Positionieren Sie den Mauszeiger auf der Trennlinie zwischen den Spaltenbuchstaben. Der Mauszeiger erscheint als schwarzer Doppelpfeil. Nach einem Doppelklick auf der Spaltentrennlinie passt sich die Breite dem längsten Eintrag an. Alternativ erreichen Sie den Befehl über das Menü ***Format, Spalte, Optimale Breite bestimmen***. Interessant ist hierbei, dass sich die „optimale Breite" nach dem Inhalt der markierten Zelle richtet. Um wirklich zuverlässig den längsten Wert zu ermitteln, sollten Sie vorher die komplette Spalte markieren.

Die Spaltenbreite über den Menüpunkt ändern

Positionieren Sie den Zellzeiger in der gewünschten Spalte und wählen Sie den Menüpunkt ***Format, Spalte, Breite***. Der voreingestellte Wert beträgt 10,71 und ist als Anzahl der Zeichen zu verstehen, die in eine Zelle passen. Diese Angabe ist sehr ungenau, da der Platzbedarf einzelner Zeichen bei Proportionalschriften wie Arial oder Times New Roman unterschiedlich ist.

Die Standardbreite festlegen

Über den Menüpunkt ***Format, Spalte, Standardbreite*** legen Sie für alle Spalten einen neuen Wert fest. Eine kleine Einschränkung gibt es jedoch: Individuell geänderte Spalten passen sich nicht mehr nachträglich an.

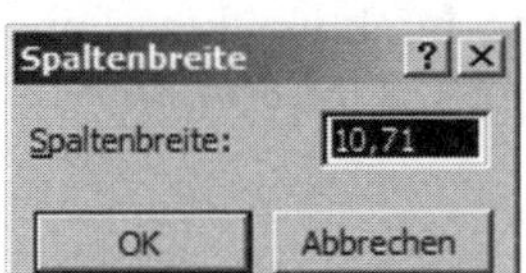

Abbildung 48: Die Standardbreite

4.2 Gestalten mit Rahmen und Farben

Mit Rahmen und Farben stehen Ihnen wirkungsvolle Gestaltungselemente zur Verfügung. Sie können damit wichtige Informationen optisch hervorheben und das Zahlenmaterial durch Linien strukturieren. Die in diesem Kapitel vorgestellten Befehle basieren immer auf einer Markierung in der Tabelle.

Arbeiten mit der Symbolleiste

Das Trio ***Rahmen***, ***Füllfarbe*** und ***Schriftfarbe*** finden Sie rechts außen in der Symbolleiste *Format*. Die Symbole zeigen die jeweils zuletzt benutzte Auswahl an. Über den kleinen Schalter rechts außen klappen Sie die Paletten auf. Da diese nach getroffener Auswahl sofort wieder zuklappen, ist es manchmal sinnvoller, sie aus der Verankerung zu lösen. Öffnen Sie hierfür die Palette und ziehen Sie diese an der optisch hervorgehobenen grauen Zeile in Ihr Tabellenblatt. Die Palette bleibt solange eingeblendet, bis Sie durch einen Klick auf dem Schließfeld die Anzeige beenden.

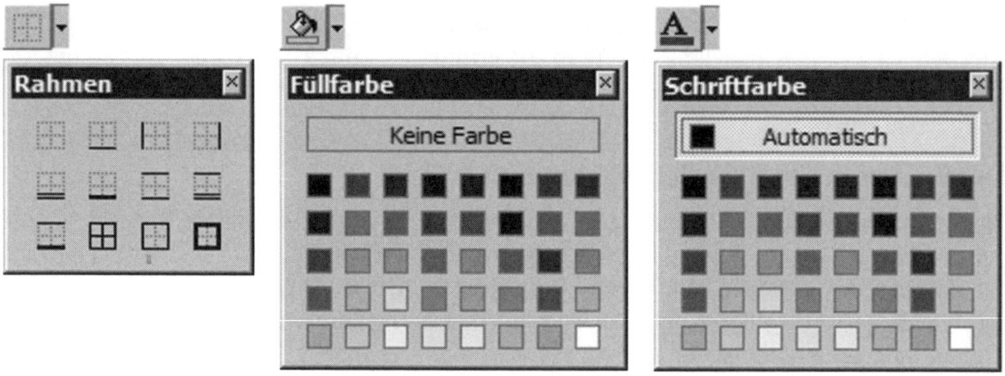

Abbildung 49: Die Paletten Rahmen, Füllfarbe und Schriftfarbe

Normalerweise werden Sie mit den beiden Paletten *Schriftfarbe* und *Füllfarbe* in der Symbolleiste *Format* arbeiten. Der etwas längere Weg über das Menü ***Format, Zellen*** bietet Ihnen in den Registerkarten ***Schrift*** und ***Muster*** die gleiche Funktionalität. Eine wesentlich umfangreichere Auswahl finden Sie dagegen in der Registerkarte ***Rahmen***.

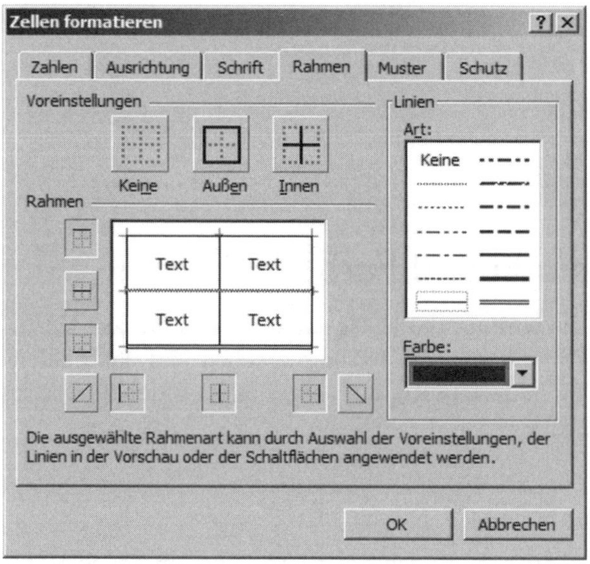

Abbildung 50: Die Registerkarte Rahmen

Neben den bereits bekannten Rahmen aus der Palette lassen sich hier diagonale Linien auswählen und weitere Attribute wie Linienart und Linienfarbe festlegen. Der Rahmen selbst wird entweder über die Schaltflächen zur Voreinstellung oder über Symbole außerhalb des Vorschaufeldes definiert.

Hinter dem Vorschaufeld steckt wesentlich mehr als eine passive Anzeige. Vielmehr handelt es sich um ein großes Auswahlfeld, mit dem Sie durch einen Mausklick an den gewünschten Stellen Rahmen erzeugen können.

4.3 Textgestaltung in der Tabelle

In Ihrer Tabelle kommt es darauf an, Zahlenwerte schnell und zuverlässig zu interpretieren. Gut lesbar und für die Bildschirmdarstellung besonders geeignet sind serifenlose Schriften wie die Standardschrift *Arial* oder *Helvetica*. Schriften wie *Times* oder Schmuckschriften sollten Sie in Ihren Tabellen nicht verwenden. Für Hervorhebungen sind Farben oder Rahmen wesentlich besser geeignet.

Für die Auswahl von Schriften, Größen und Attributen ist sicherlich die *Format*-Symbolleiste die erste Wahl. Die Befehle erhalten Sie zwar auch in der Registerkarte ***Schrift*** im Menüpunkt ***Format, Zellen***, das Dialogfeld bietet jedoch nur unwesentlich mehr Auswahlmöglichkeiten.

4.4 Festlegen der Standardschrift

In der Grundeinstellung verwendet Excel die Schriftart *Arial* in der Größe *10 Punkt*. Möchten Sie eine andere Standardschrift einrichten, wählen Sie den Menüpunkt ***Extras, Optionen*** und dort die ***Registerkarte Allgemein***. Die Veränderung der Standardschrift wird erst nach einem Neustart des Programms aktiv.

4.5 Auf die Richtung kommt es an

Für die Textausrichtung von Überschriften, Zeilen- oder Spaltenbeschriftungen bietet Excel eine Vielzahl an Formatierungsmöglichkeiten. Bereits in der Symbolleiste finden Sie neben den Standardausrichtungen wie linksbündig, zentriert oder rechtsbündig einige Symbole, mit denen Sie Ihre Tabellendaten strukturieren können.

Symbol	Ausrichtung
	Richtet Inhalte linksbündig aus.
	Richtet Inhalte zentriert aus.
	Richtet Inhalte rechtsbündig aus.
	Verbindet die markierten Zellen und stellt den Text zentriert dar.
	Verkleinert den Einzug.
	Vergrößert den Einzug.

Besonders interessant ist hierbei das Symbol ***Verbinden und zentrieren***. Genau genommen handelt es sich um eine Kombination der Befehle *Zellen verbinden* und *Zentrieren*. Hiermit können Sie eine Überschrift elegant über den Tabellendaten ausrichten. Der markierte Bereich wird zu einer Zelle verbunden und der Text darin in die Mitte gesetzt. In unserem Beispiel wurden die Zellen A1 bis D1 zu einer Zelle (A1) verbunden.

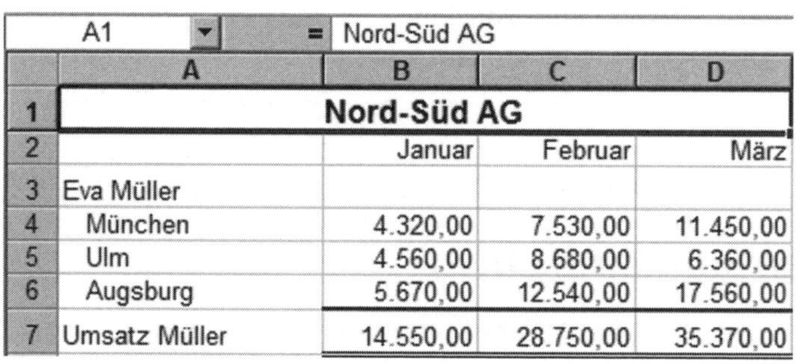

A1 = Nord-Süd AG

	A	B	C	D
1	Nord-Süd AG			
2		Januar	Februar	März
3	Eva Müller			
4	München	4.320,00	7.530,00	11.450,00
5	Ulm	4.560,00	8.680,00	6.360,00
6	Augsburg	5.670,00	12.540,00	17.560,00
7	Umsatz Müller	14.550,00	28.750,00	35.370,00

Abbildung 51: Verbinden und zentrieren

Verbundene Zellen aufheben

Um die ursprüngliche Zellstruktur wieder herzustellen, markieren Sie die verbundene Zelle. Wählen Sie anschließend den Menüpunkt ***Format, Zellen, Registerkarte Ausrichtung*** und entfernen Sie das Häkchen bei *Zellen verbinden.* Über das Symbol ***Format übertragen*** (*siehe Seite 65, Schnell formatieren mit dem Pinsel*) können Sie den verbundenen Zellen ebenfalls ihre ursprüngliche Struktur zuweisen. Allerdings übertragen Sie damit auch weitere Formatierungen wie Schrift und Größe.

Sehr ansprechende Formatierungen finden Sie in der Registerkarte ***Ausrichten*** des Dialogfeldes ***Zellen formatieren***. Hier lassen sich Zeilenumbrüche festlegen, Texte drehen sowie Eintragungen an die Zellgröße anpassen.

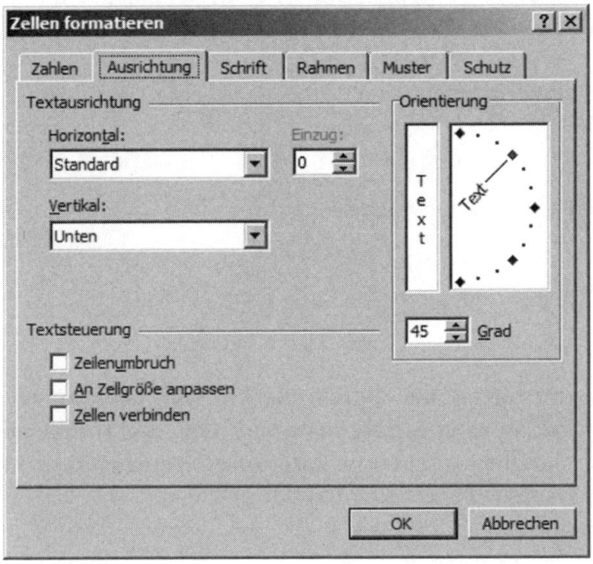

Abbildung 52: Zellen formatieren in der Registerkarte Ausrichtung

Zelleinträge drehen

Durch das Drehen von Zelleinträgen können Sie auch schmale Zellen mit sinnvollen Spaltenüberschriften versehen. Eine Verbreiterung der Zelle oder Setzen von Zeilenumbrüchen ist somit nicht erforderlich. Die nächste Abbildung zeigt ein typisches Beispiel. Der Text wurde um 45 Grad gedreht.

	A	B	C	D	E
1	Rechnung	Kunden-Nr.	Datum	Firma	Betrag
2	11560	101	05.01.2002	Eisenhut & Bartel	15.200
3	11561	85	08.01.2002	Planlos GmbH	6.500
4	11562	101	10.01.2002	Eisenhut & Bartel	2.300

Abbildung 53: Gedrehte Spaltenüberschriften

Textgröße automatisch anpassen

Excel nimmt mit diesem Befehl eine automatische Anpassung der Schriftgröße an die Zellengröße vor. Dieser Befehl ist nur bedingt empfehlenswert. Schon bei einem Eintrag über zwei Zellen wird die Schriftgröße so stark verkleinert, dass der Text kaum mehr lesbar ist.

Abbildung 54: Einen Texteintrag an die Zellgröße anpassen

Zellen verbinden

In der Registerkarte ***Ausrichtung*** wird Ihnen der Befehl *Zellen verbinden* erneut angeboten. In Kombination mit der Textsteuerung *Zeilenumbruch* und der vertikalen Ausrichtung *oben* ist er ideal, um beschreibende Texte in Ihre Tabelle einzugeben. In unserem Beispiel wurden zehn Zellen zu einer Zelle verbunden.

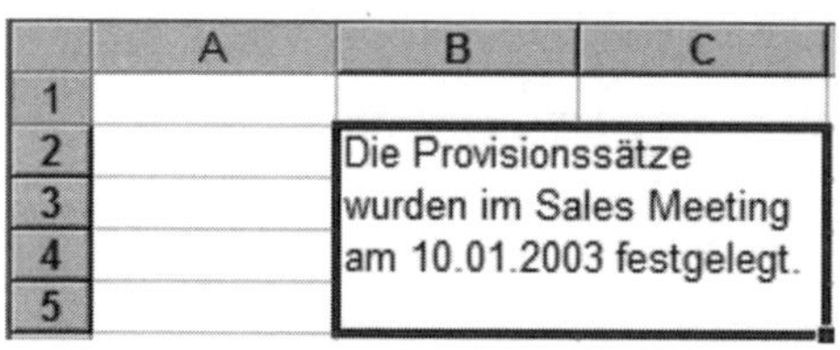

Abbildung 55: Verbundene Zellen mit Zeilenumbruch und vertikaler Ausrichtung oben

4.6 Zahlen formatieren

Sobald Sie Werte in Ihrer Tabelle eingeben, dazu gehören auch Datumsangaben und Uhrzeiten, werden diese von Excel als Zahl interpretiert und rechtsbündig in der Zelle angezeigt. Die Formatierung der Werte können Sie bereits bei der Eingabe beeinflussen.

Eingabe mit:	**Darstellung in der Tabelle**
Tausenderpunkt mit Dezimalstellen	1.234,56
Prozentzeichen	10%
Doppelpunkt	12:00
Punkt	11.11.2002

Die Formatierung ändert nicht den tatsächlichen Wert der Zelle. So kann der Wert 1 mit der Formatierung Datum als 1. Januar 1900 oder mit der Prozentformatierung als 100% in der Zelle erscheinen. In beiden Fällen handelt es sich um den gleichen Ausgangswert.

Die Symbolleiste Format

Einige Zahlenformatierungen bietet Ihnen Excel bereits in der Symbolleiste an. Im Einzelnen sind dies:

Symbol	Darstellung	Beschreibung
	1.234,56	Währungsformat, basierend auf den Einstellungen der Systemsteuerung und der entsprechenden Formatvorlage.
	123,00	Buchhalterisches Format mit Tausenderpunkt und zwei Nachkommastellen. Der Wert ist nach links versetzt.
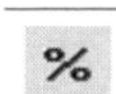	100%	Prozentformat.
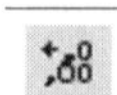	12,345	Fügt eine Dezimalstelle hinzu.
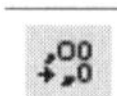	12,3	Löscht eine Dezimalstelle.

So werden Sie unschlagbar schnell

Mit diesen Tastenkombinationen formatieren Sie Zahlen und rücken unerwünschten Formatierungen zu Leibe. Für die Formatierung „Tausenderpunkt und zwei Nachkommastellen" halten Sie die Taste [Strg] und die Taste [⇧] darüber gedrückt und kombinieren beide Tasten mit der Taste [1] auf der Schreibmaschinentastatur.

Tastenkombination	ursprünglicher Wert	mit Formatierung
[Strg]+[⇧]+[1]	1000	1.000,00
[Strg]+[⇧]+[3]	1000	26. Sept 02
[Strg]+[⇧]+[4]	1000	1.000,00 €
[Strg]+[⇧]+[5]	1	100%

Excel 97 und Excel XP kennt noch zwei weitere Schnell-Formatierungen: Die Tastenkombination [Strg]+[⇧]+[2] formatiert einen Wert als Exponentialzahl. Die Kombination [Strg]+[⇧]+[6] setzt einen Wert zurück auf das Standardformat.

Unglaubliche Vielfalt – die Registerkarte Zahlen

Excel enthält eine umfangreiche Auswahl an integrierten Zahlenformaten. Über den Menüpunkt ***Format, Zellen,*** Registerkarte ***Zahlen*** können Sie bequem aus verschiedenen Kategorien Formate wählen und sogar eigene erstellen. Wie in Abbildung 56 dargestellt, wurde die Kategorie *Zahl* mit den Einstellungen *Dezimalstellen 2*, *Tausendertrennzeichen* und einer Angabe für die Darstellung negativer Werte ausgewählt.

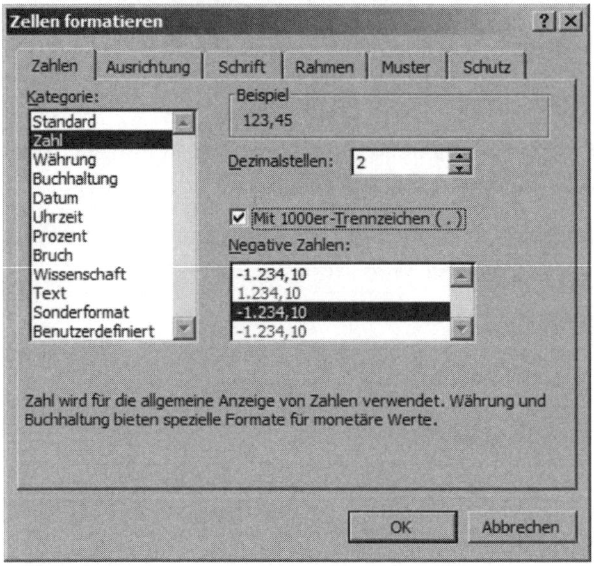

Abbildung 56: Das Dialogfeld Zellen formatieren, Registerkarte Zahlen

Die Kategorie Text

Mit dieser speziellen Formatierung legen Sie fest, dass Excel einen Wert nicht als Zahl, sondern als Text interpretiert. Dieses Format benötigen Sie beispielsweise, wenn eine Eingabe mit einer Null oder mit einem Bindestrich beginnt. Dies könnte bei Personal- oder Artikel-Nummern sowie Postleitzahlen vorkommen. Bitte beachten Sie, dass die Textformatierung durch die spätere Zuweisung eines Zahlenformates nicht mehr aufgehoben wird. Die Zahlen werden weiterhin als Text interpretiert; Berechnungen mit der Funktion SUMME sind nicht mehr möglich. Als Ergebnis der Summenbildung wird der Wert 0 angezeigt.

Abhilfe schafft hier die Funktion WERT (*siehe Seite 124, Die Funktion Wert*). Mit dieser Funktion können Sie dem Eintrag die ursprüngliche Form als berechenbare Zahl wieder zuweisen. Excel kennt noch eine weitere Korrekturmöglichkeit, mit der Sie unerwünschte Textformate aufheben können. Erstellen Sie eine Formel, in der Sie den „Text-

Wert“ mit der Zahl 1 multiplizieren, beispielsweise =A3*1. Durch diesen Rechenvorgang erzeugen Sie in Excel in der Ergebniszelle automatisch ein Zahlenformat. Kopieren Sie anschließend die Ergebniszelle mit der Formel und fügen Sie den Inhalt über den Menüpunkt ***Bearbeiten, Inhalte einfügen*** mit der Option *Werte* als Zahl an derselben Stelle wieder ein. Die Zellen lassen sich später problemlos mit der Summenfunktion berechnen.

Sonderformate einsetzen

Excel verfügt bereits über diverse Sonderformate für die Formatierung von ISBN-Nummern, Versicherungsnachweis-Nummern sowie Postleitzahlen. Üblicherweise markieren Sie vorher den Zellbereich in der Tabelle und weisen anschließend das Sonderformat zu. Gleiche Texteingaben wie beispielsweise das Länderkennzeichen oder die Bindestriche entfallen, da sie durch das gewählte Format automatisch ergänzt werden. Die Eingabe des Wertes 3774217959 führt mit der Formatierung als ISBN-Nummer zur Ausgabe ISBN 3-7742-1795-9.

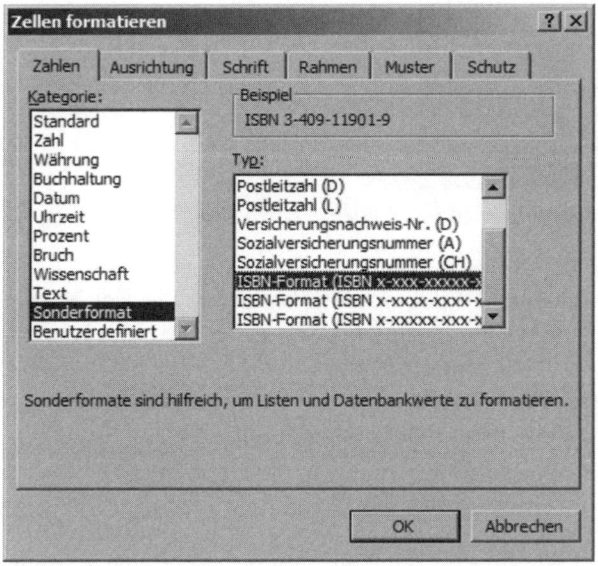

Abbildung 57: Die Kategorie Sonderformat in der Registerkarte Zahlen

Eigene Formate definieren

Sollten Sie bei den integrierten Zahlenformaten Ihre gewünschte Formatierung nicht finden, können Sie ein eigenes Format in der Kategorie *Benutzerdefiniert* eingeben. Aus einer Liste von Formatschablonen wählen Sie eine aus und entwickeln darauf aufbauend Ihr individuelles Zahlenformat. Über die Schaltfläche ***OK*** wird es der Liste *Benutzer-*

definiert hinzugefügt. Bei einem erneuten Aufruf erscheinen die eigenen Formate am Ende der Liste. Die selbst erstellten Formate sind an die jeweilige Arbeitsmappe gebunden und stehen nur dort zur Verfügung. Wird das Format dagegen in einer Vorlage gespeichert, können Sie darauf dauerhaft zugreifen (*siehe Seite 201, Speichern als Standard-Vorlage*).

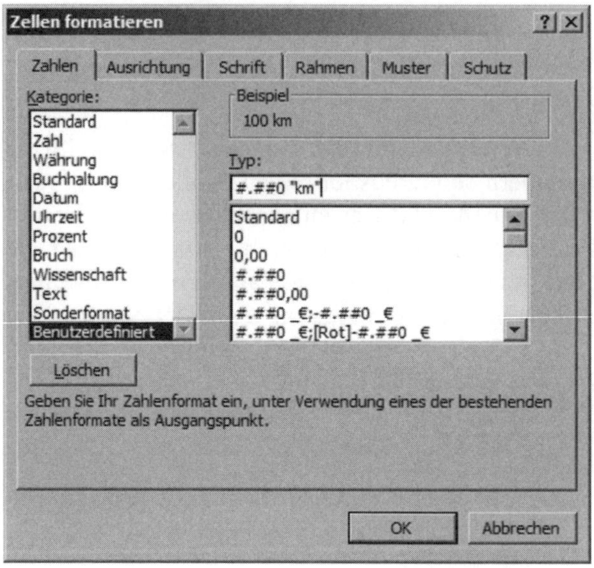

Abbildung 58: Die Kategorie Benutzerdefiniert in der Registerkarte Zahlen

In Abbildung 58 wurde die Format-Schablone #.##0 ausgewählt und in der Editierzeile um "km" ergänzt. Solche Textergänzungen wie beispielsweise Liter, km, kg, Tonnen, etc. werden nur in Anführungszeichen ("") akzeptiert. Kontrollieren Sie bei einem selbst definierten Format zunächst die Vorschau. Erscheint dort nicht das gewünschte Ergebnis, ist Ihnen in der Definition wahrscheinlich ein Fehler unterlaufen.

Den Code entschlüsseln

Wie Sie aus der unten dargestellten Liste ersehen können, definiert sich eine Formatschablone durch Kombination verschiedener Zeichen. Dabei können recht komplexe Muster entstehen. Die wichtigsten Formatzeichen finden Sie hier aufgeführt.

Code	**Auswirkung**
#	Das Zeichen (#) steht für beliebige Zahlen. Führende Nullen werden bei einer Zahl nicht angezeigt. Die Dezimalstellen richten sich nach der Anzahl Zeichen nach dem Komma. Der Betrag wird auf diese Anzahl optisch gerundet.

Code	**Auswirkung**
0	Das Zeichen (0) ist ebenfalls ein Platzhalter für beliebige Zahlen. Sind weniger Ziffern als Platzhalter vorhanden, werden führende und nachfolgende Nullen (0.123,00) ausgegeben. Der Betrag wird auf die Anzahl Stellen nach dem Komma optisch gerundet.
?	Das Fragezeichen funktioniert ähnlich wie der Code Null (0). Nur werden hier die Zahlen nicht mit Nullen aufgefüllt, sondern mit Leerschritten. Ein exaktes Ausrichten nach der Dezimalstelle ist somit möglich.
*	Das Sternchen bewirkt das Auffüllen der Zelle mit dem nachfolgenden Zeichen. Dieses Zeichen kann nur einmal verwendet werden, entweder vor oder nach dem Wert.

Durch geschickte Kombination der oben aufgeführten Zeichen lassen sich nun benutzerdefinierte Formate erstellen. Die folgende Tabelle zeigt einige Beispiele:

	A	B	C	D
1	Format	Wert	Ergebnis nach Formatierung	
2	000,00	12,345		012,35
3		123,4		123,40
4		1234		1234,00
5	#.##0,00	0,1234		0,12
6		123		123,00
7		12345,6		12.345,60
8	0,????	0,123456		0,1235
9		12,3		12,3
10		1234,567		1234,567
11	*-0,00	1,2345		----------- 1,23
12		123,456		--------123,46
13	€* #.##0,00	1,23		€ 1,23
14		1234,56		€ 1.234,56

Abbildung 59: Benutzerdefinierte Formate

Datumsformate

Auch bei den Datumsformaten eröffnen sich umfangreiche Gestaltungsmöglichkeiten. Die in der Tabelle aufgeführten Formatcodes lassen sich beliebig kombinieren. So zeigt der Code TTTT, T. MMMM JJJJ das Datum: Samstag, 1. März 2003. Für dieses

Beispiel wurden unterschiedliche Trennzeichen wie Komma (,) Punkt (.) und Leerzeichen verwendet. Folgende Formatcodes kommen bei Datumswerten zur Anwendung:

Code	**Anzeige**
T	Tage von 1 – 9 werden einstellig dargestellt.
TT	Tage erhalten eine führende Null (01 – 09).
TTT	Wochentag abgekürzt (Mo – So).
TTTT	Wochentag ausgeschrieben (Montag – Sonntag).
M	Monate von 1 – 9 werden einstellig dargestellt.
MM	Monate erhalten eine führende Null (01-09).
MMM	Monatsname abgekürzt (Jan - Dez).
MMMM	Monate ausgeschrieben (Januar – Dezember).
JJ	Jahre werden zweistellig dargestellt (00-99).
JJJJ	Jahre werden vierstellig dargestellt (1900-9999).

Speziell die Kombination mit Texten lässt sich bei Datumsformaten sinnvoll anwenden. Der Text muss dabei in Anführungszeichen ("") eingegeben werden. Der Formatcode "Bis zum" T.MM.JJJJ "besuchten die Ausstellung" umgibt die Datumseingabe mit dem Text.

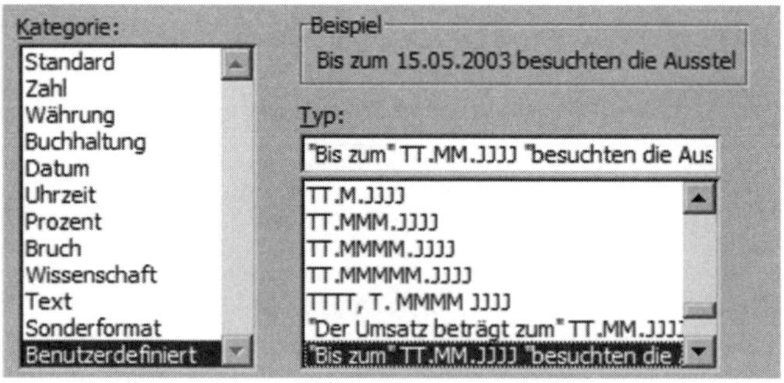

Abbildung 60: Benutzerdefiniertes Datumsformat (Ausschnitt)

Ermitteln Sie das Datum mit der Funktion HEUTE, wird die Anzeige in der Tabelle automatisch aktualisiert. Die Besucherzahl, die rechts anschließen würde, könnte dann mit einem benutzerdefinierten Format "Personen" ergänzt werden.

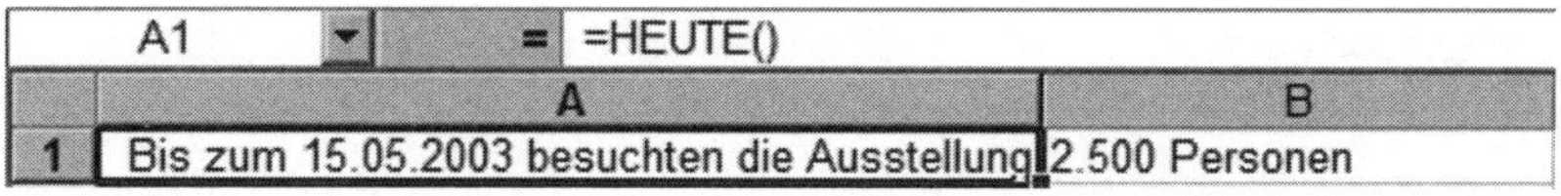

Abbildung 61: Die Funktion Heute mit individuellem Format

Zeitformate

Auch Zeitangaben lassen sich in Excel formatieren. Ähnlich wie bei den Datumsformaten bestimmen Sie durch die Anzahl der Platzhalter die ein- oder zweistellige Anzeige von Stunden, Minuten oder Sekunden. Allerdings stehen hier wesentlich weniger Darstellungsformen zur Verfügung.

Code	**Anzeige**
h	Darstellung der Stunde ohne führende Null.
hh	Darstellung der Stunde mit führender Null.
m	Minute ohne führende Null.
mm	Minute mit führender Null.
s	Sekunde ohne führende Null.
ss	Sekunde mit führender Null.
s,0	Sekunde mit Zehntelsekunde.
s,00	Sekunde mit Hundertstelsekunde.
AM/PM	Zeit im AM/PM Format.
[]	Zeitdarstellung >24 Stunden.

Die Addition von Stunden

Bei Zeitmessungen werden Sie häufig mehr als 24 Stunden erreichen. Excel zeigt Ihnen im Standardformat jedoch nur maximal 24 Stunden an. Um das korrekte Ergebnis darzustellen, benötigen Sie eine absolute Zeitangabe. Verwenden Sie dazu das Zeitformat [h]:mm:ss.

Abbildung 62: Das absolute Zeitformat [h]:mm

4.7 Zeit sparen bei der Formatierung

Die Funktion ***Autoformat*** nimmt Ihnen die Gestaltung der Tabelle weitgehend ab. Markieren Sie zunächst den gewünschten Tabellenbereich und wählen Sie dann den Menüpunkt ***Format, Autoformat***.

Aus einer Liste mit ansprechenden Tabellenformaten wählen Sie das gewünschte aus. Konkurrenzlos schnell wird Ihre Tabelle mit Farben, Schriften und Rahmen formatiert.

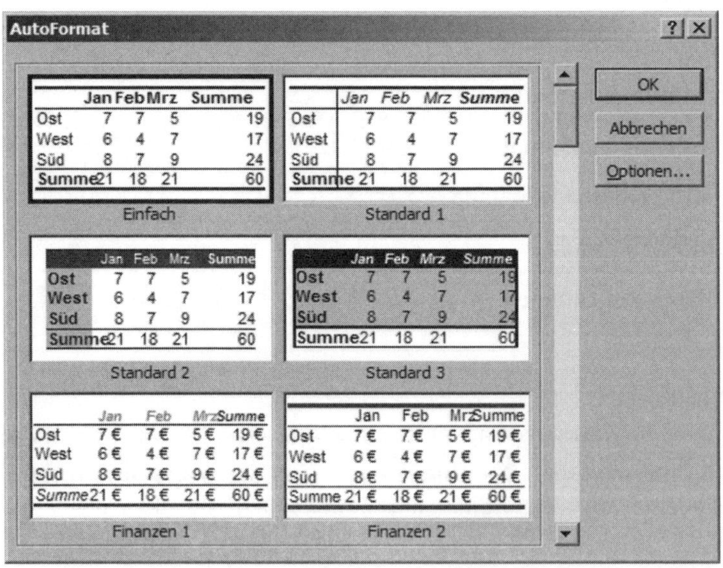

Abbildung 63: Tabellenformatierung mit der Funktion Autoformat

Mit der Schaltfläche ***Optionen*** bestimmen Sie, welche Formatierungen deaktiviert werden sollen. Falls Sie keine Schriftanpassung wünschen, deaktivieren Sie einfach das Kontrollfeld *Schriftart* durch einen Mausklick.

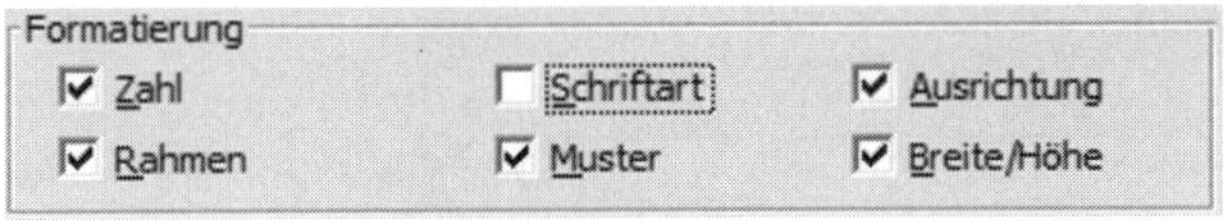

Abbildung 64: Optionen der Autoformat-Funktion

4.8 Schnell formatieren mit dem Pinsel

Hinter dem kleinen Pinsel in der *Standard*-Symbolleiste stecken noch weitaus mehr Fähigkeiten, als seine *QuickInfo* vermuten lässt. Geschätzt wird er wegen seiner Funktionalität, eine Formatierung zu einer anderen Zelle zu übertragen. Kaum bekannt ist jedoch, dass sich dies auch als Dauerfunktion einschalten lässt. Für eine schnelle Formatübertragung wählen Sie folgende Vorgehensweise:

1. Markieren Sie die Zelle, die das zu übertragende Format enthält. Eine Bereichsmarkierung ist bei diesem Befehl ebenfalls erlaubt.
2. Klicken Sie auf das Symbol ***Format übertragen***, wird die einmalige Übertragung aktiviert. Geben Sie auf das Symbol jedoch einen Doppelklick, aktivieren Sie die Dauerfunktion.
3. Markieren Sie nun die Zellen, denen Sie das Format zuweisen möchten.
4. Durch einen Klick auf das Symbol ***Format übertragen*** schalten Sie die Übertragungsfunktion wieder aus. Die Taste Esc führt ebenfalls zu einem Abbruch der Funktion.

Einsatzgebiete für den „Pinsel" sind neben der konventionellen Formatübertragung die Übernahme von vertikalen Linien sowie das „Löschen" unerwünschter Formatierungen.

4.9 Bedingte Formatierung

Eine ausgesprochen interessante Funktion bietet Excel mit der ***Bedingten Formatierung***. Mit ihr lassen sich Attribute wie Farben oder Umrandungen abhängig vom Wert des Eintrags bestimmen. Werte ab einer bestimmten Höhe können mit der Farbe Rot versehen werden und heben sich damit deutlich vom restlichen Zahlenmaterial ab. Bis zu drei Bedingungen lassen sich für eine Zelle oder einen Bereich festlegen. Ändern sich die Werte, passt sich die Formatierung automatisch an.

Eine Bedingung festlegen

Markieren Sie die betreffende Zelle oder den Bereich. Über den Menüpunkt ***Format, Bedingte Formatierung*** erhalten Sie das folgende Dialogfeld:

Abbildung 65: Die Bedingte Formatierung

In unserem Beispiel sollen Werte überwacht werden, die über 100.000 € liegen. Das erste Listenfeld mit dem Eintrag *Zellwert ist* bleibt unverändert. Das nächste Listenfeld präsentiert Ihnen Vergleichsoperatoren wie *gleich, größer als, kleiner als* in umgangssprachlichen Ausdrücken.

Je nach Operator werden von Ihnen im angrenzenden Feld ein oder zwei Werte erwartet. Der Operator *größer als* bezieht sich auf einen Wert, dagegen benötigt der Operator *zwischen* zwei Werte. Das Dialogfeld zeigt Ihnen dann auch zwei Eingabefelder an. Als Operanden können Sie Werte eintragen, Zellbezüge oder Formeln verwenden. Die folgende Abbildung zeigt drei unterschiedliche Bedingungen:

Abbildung 66: Verschiedene Bedingungen

Um eine Bedingung zu editieren, benutzen Sie ausschließlich den Mauszeiger für die Cursor-Positionierung. Mit den Cursortasten steuern Sie nach wie vor den Zellzeiger in Ihrer Tabelle und übernehmen dann den Zellbezug in das Eingabefeld.

Festlegen der Formatierung

Über die Schaltfläche ***Format*** bestimmen Sie die gewünschte Formatierung. In unserem Beispiel wurde die Farbe *Rot* und der Schriftschnitt *Fett* ausgewählt. Im Vorschaufenster wird Ihnen das Ergebnis anzeigt. Bitte beachten Sie, dass eine Auswahl der Schriftart und -größe bei dieser Funktion nicht möglich ist.

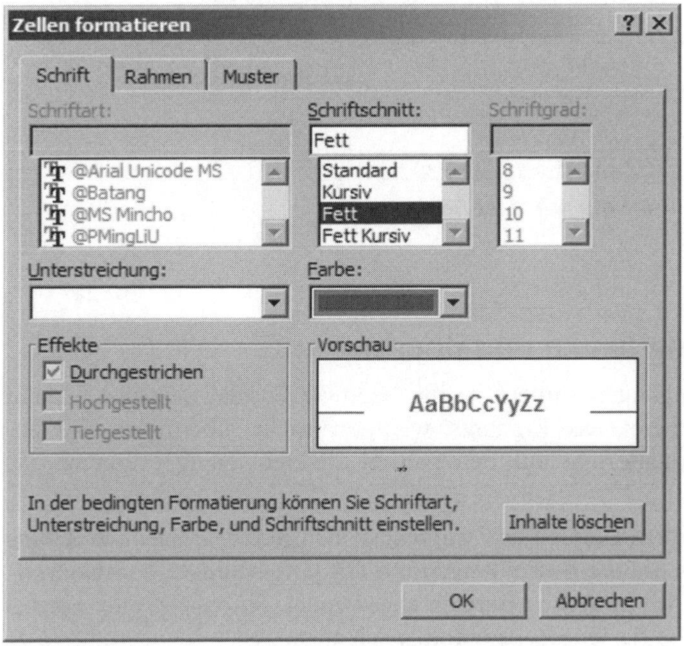

Abbildung 67: Formatierung mit Bedingungen

Mehrere Bedingungen definieren

Bis zu drei bedingte Formatierungen können für eine Zelle oder einen Zellbereich zugewiesen werden. Über die Schaltfläche ***Hinzufügen*** erhalten Sie die weiteren Auswahl- und Eingabefelder. Excel betrachtet die einzelnen Bedingungen unabhängig voneinander. Erfüllt ein Wert zwei oder sogar alle drei Bedingungen, wird die Formatierung der ersten Bedingung ausgeführt.

Bitte achten Sie darauf, dass sich die einzelnen Bedingungen nicht widersprechen. Excel überprüft nicht die Logik der Eingaben, sondern akzeptiert jeden Eintrag. Abbildung 68 zeigt Ihnen das Dialogfeld mit zwei bedingten Formatierungen.

Abbildung 68: Bedingte Formatierung mit zwei Bedingungen

Bedingte Formatierung testen und übertragen

Gerade bei komplexen Bedingungen sollten Sie das bedingte Format zunächst nur auf einer Zelle anwenden. Erscheint das Ergebnis wie gewünscht, übertragen Sie anschließend die bedingte Formatierung auf den ganzen Bereich. Hierfür können Sie folgende Techniken anwenden:

- Markieren Sie den kompletten Bereich und wählen Sie den Befehl ***Format, Bedingte Formatierung***. Bestätigen Sie die Einstellungen mit ***OK***. Die bedingte Formatierung der ersten Zelle wird auf den gesamten Bereich angewendet. Sofern Sie eine Formel eingesetzt haben, wird diese für jede Zeile automatisch angepasst.
- Markieren Sie die Zelle, die das bedingte Format enthält. Klicken Sie in der *Standard*-Symbolleiste auf das Symbol ***Format übertragen***. Markieren Sie nun den Zellbereich, dem ebenfalls die bedingte Formatierung zugewiesen werden soll. Achten Sie bitte darauf, dass der Mauszeiger beim Zuweisen der Formatierung als großes weißes Kreuz angezeigt wird.

Bedingte Formatierung finden

Excel zeigt Ihnen in der Tabelle keinen Hinweis auf einen Einsatz bedingter Formatierungen. Es sei denn, die Formatierung ist wirksam. Es gibt jedoch eine Möglichkeit herauszufinden, ob eine bedingte Formatierung in der Tabelle „versteckt" ist.

Öffnen Sie über den Menüpunkt ***Bearbeiten*** das Dialogfeld ***Gehe zu***. Klicken Sie dann auf die Schaltfläche ***Inhalte***. Im Dialogfeld ***Inhalte auswählen*** aktivieren Sie das Optionsfeld *Bedingte Formate*. Nach Bestätigung mit der Schaltfläche ***OK*** werden in Ihrer Tabelle alle Zellen mit bedingten Formatierungen markiert.

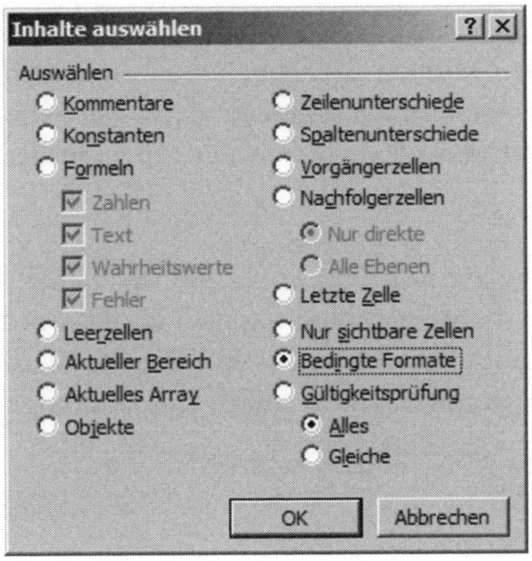

Abbildung 69: Bedingte Formatierungen finden

Bedingte Formatierung löschen

Um eine bedingte Formatierung zu entfernen, markieren Sie zunächst die Zelle oder den Zellbereich. Rufen Sie dann den Menüpunkt ***Format, Bedingte Formatierung*** auf und klicken Sie dort auf die Schaltfläche ***Löschen***. Deaktivieren Sie im Dialogfeld die Bedingungen, die Sie gerne löschen möchten.

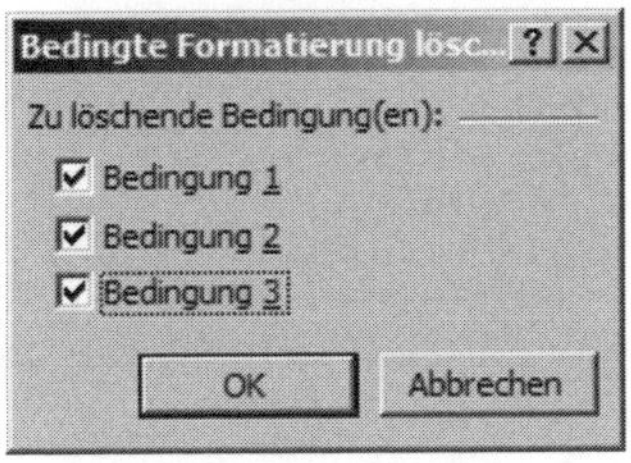

Abbildung 70: Bedingte Formatierung löschen

4.10 Gültigkeitsprüfungen durchführen

Vermeiden Sie Fehleingaben und aufwändige Korrekturen bereits während der Eingabe durch den Einsatz von Gültigkeitsprüfungen. So können Sie beispielsweise Wertebereiche definieren, die dann bei der Eingabe nicht unter- oder überschritten werden dürfen. Auch lassen sich die Eingaben auf bestimmte Werte einschränken.

Markieren Sie dazu den Bereich, für den Sie eine Prüfung festlegen möchten. Anschließend öffnen Sie den Menüpunkt ***Daten, Gültigkeit***. Im Dialogfeld ***Gültigkeits-***

prüfung wählen Sie in der Registerkarte ***Einstellungen*** aus dem Listenfeld *Zulassen* den gewünschten Datentyp. Für die meisten Datentypen können Sie über Operatoren den Wertebereich einschränken. In Abhängigkeit des Operators erscheinen dann ein oder zwei Eingabefelder. In unserem Beispiel führt der Operator *zwischen* zur Anzeige der Felder *Minimum* und *Maximum*.

Nach der Definition der Gültigkeitskriterien könnten Sie das Dialogfeld mit der Schaltfläche ***OK*** beenden. Excel weist Sie nun durch eine Fehlermeldung darauf hin, dass der eingegebene Wert nicht zulässig ist und verweigert den Eintrag. Die Eingabe wird jedoch wesentlich komfortabler, wenn Sie den Anwender schon vorab auf zulässige Werte hinweisen.

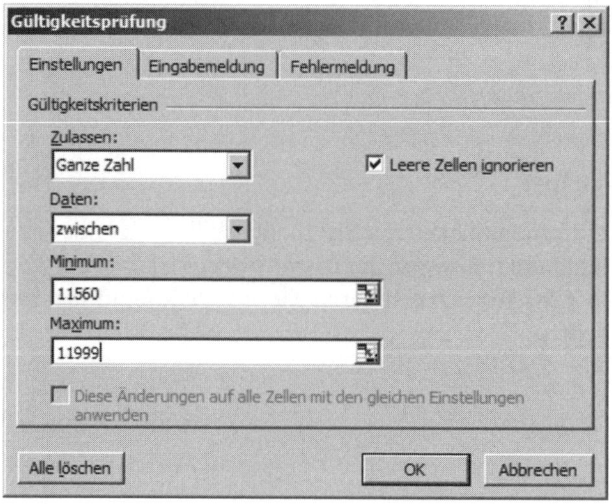

Abbildung 71: Das Dialogfeld Gültigkeitsprüfung

Eine Eingabemeldung festlegen

In der zweiten Registerkarte des Dialogfeldes ***Gültigkeitsprüfung*** können Sie einen Hilfetext hinterlegen. Dieser erscheint automatisch, sobald der Zellzeiger auf einer Zelle steht, für die eine Gültigkeitsprüfung definiert wurde. Die Meldung selbst besteht aus zwei Eingabefeldern, dem Titel der Meldung und dem eigentlichen Text. In der Eingabemeldung sollten Sie Informationen über die zulässigen Werte hinterlegen. Definieren Sie die Meldung nachträglich, müssen Sie vorher den Bereich erneut markieren.

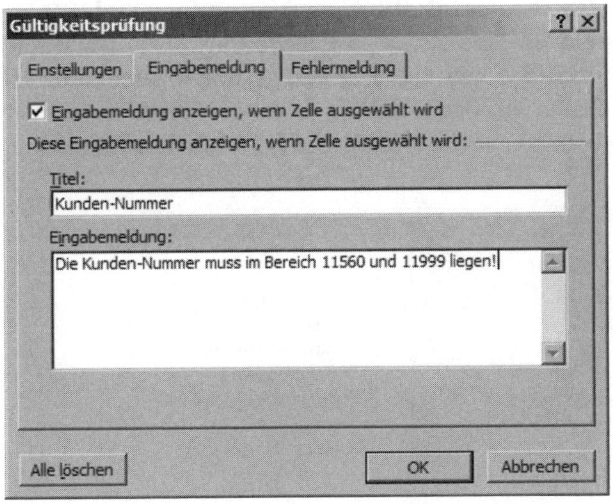

Abbildung 72: Eingabemeldungen bei der Gültigkeitsprüfung

Eine Fehlermeldung ausgeben

Normalerweise sollte die Eingabemeldung ausreichen, um den Anwender mit den erforderlichen Informationen zu versehen. Die Registerkarte ***Fehlermeldung*** im Dialogfeld ***Gültigkeitsprüfung*** lässt jedoch eine differenziertere Vorgehensweise zu. So können Sie beispielsweise im Listenfeld *Stil* definieren, wie Excel bei einer Fehleingabe reagieren soll. Der Eintrag *Stop* lässt eine falsche Eingabe nicht zu. Die Einträge *Information* oder *Warnung* zeigen zwar einen Hinweis an, akzeptieren jedoch bei Bestätigung auch die „falschen Werte".

Eigene Wertelisten definieren

Wertelisten eignen sich immer dann, wenn nicht zu viele unterschiedliche Werte in einem Feld vorkommen. Das können beispielsweise verschiedene Geschäftsbereiche sein, eine Auswahl der unterschiedlichen Mehrwertsteuersätze oder häufig vorkommende Namen. Positionieren Sie den Zellzeiger auf einer Zelle mit hinterlegter Werteliste, erscheint das Listenfeld automatisch und die Werte können aus der Liste per Mausklick übernommen werden. Die direkte Eingabe ist aber weiterhin möglich.

Markieren Sie zuerst den gewünschten Bereich für die Gültigkeitsprüfung und wählen Sie dann im gleichnamigen Dialogfeld im Feld *Zulassen* den Eintrag *Liste*. Daraufhin erscheint das Feld *Quelle*. Hier können Sie nun eigene Einträge durch Semikolon (;) getrennt eingeben und falls die Daten in der Tabelle vorhanden sind, diese per Markierung übernehmen. Der Zellbereich erscheint dabei in absoluten Bezügen mit vorangestelltem Dollarzeichen ($).

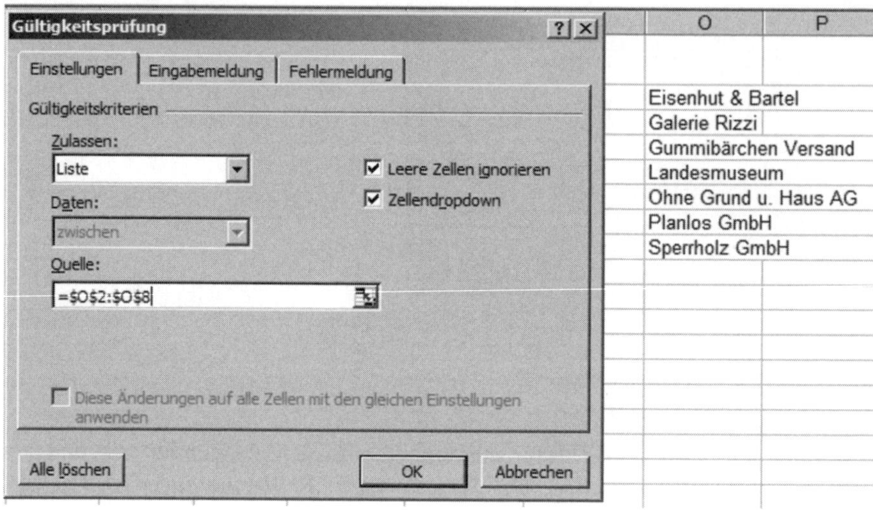

Abbildung 73: Wertebereiche festlegen

In der Tabelle präsentiert sich das Listenfeld wie in Abbildung 74 dargestellt.

Abbildung 74: Gültigkeitsprüfung mit Werteliste

Gültigkeitsprüfungen entfernen

Da die Eingabemeldungen und Listenfelder nur dann erscheinen, wenn die jeweilige Zelle angewählt wird, müssen Sie Excel danach suchen lassen. Dabei hilft Ihnen der Befehl ***Gehe zu*** im Menüpunkt ***Bearbeiten***. Das erste Dialogfeld präsentiert sich noch recht schlicht. Erst nach Anwahl der Schaltfläche ***Inhalte*** erhalten Sie ein Dialogfeld mit einer Vielzahl von Optionen.

Die Option *Gültigkeitsprüfung* finden Sie unten rechts. Der Eintrag *Alles* führt in der Tabelle zur Markierung aller Zellen mit Gültigkeitsprüfung. Dagegen bewirkt die Option *Gleiche*, dass nur solche Zellen markiert werden, denen die gleiche Gültigkeitsprüfung zugewiesen wurde. Dies setzt voraus, dass Sie vorher eine dieser Zellen markiert haben. Die Schaltfläche ***OK*** bestätigt Ihre Auswahl und führt Sie zurück in die Tabelle.

Liegen unterschiedliche Bedingungen im markierten Bereich vor, quittiert dies Excel mit folgendem Hinweis:

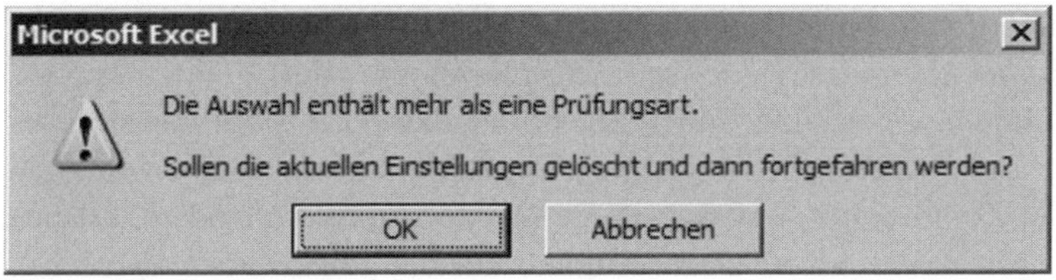

Abbildung 75: Unterschiedliche Gültigkeitsprüfungen im markierten Bereich

Mit der Schaltfläche ***OK*** löschen Sie die unterschiedlichen Gültigkeitsprüfungen. Im daraufhin erscheinenden Dialogfeld ***Gültigkeitsprüfung*** genügt ein Mausklick auf der Schaltfläche ***OK***, um den Vorgang abzuschließen.

5 Umfangreiche Tabellen bearbeiten

Bearbeiten Sie umfangreiche Tabellen in Excel, ist oftmals deren Darstellung am Bildschirm nicht optimal. Häufig geht beim Blättern der Bezug zur Überschriftenzeile verloren oder ausgerechnet die letzte Spalte wird nicht mehr am Bildschirm angezeigt. Mit den unten beschriebenen Einstellungen können Sie diese Probleme lösen.

5.1 Individueller Zoom

Für eine angenehme und gut lesbare Darstellung Ihrer Tabelle können Sie über den Menüpunkt ***Ansicht Zoom*** einen individuellen Vergrößerungs- oder Verkleinerungsfaktor einstellen. Die schnellere Variante finden Sie in der *Standard*-Symbolleiste über die Schaltfläche ***Zoom***. Die aufgeklappte Liste zeigt zunächst nur eine begrenzte Auswahl an, der gewünschte Zoomfaktor lässt sich im Feld jedoch direkt eingeben. Öffnen Sie hierzu nicht die Liste, sondern klicken Sie lediglich auf den angezeigten Wert. Der alte Wert lässt sich jetzt überschreiben. Bestätigen Sie die Eingabe anschließend mit der Taste [↵].

Falls Sie sich nicht sicher sind, mit welchem Wert Sie die optimale Darstellung erreichen, markieren Sie den gewünschten Bereich. Wählen Sie dann aus der Vorschlagsliste des Zoom-Feldes den Eintrag *Markierung*. Je nach gewähltem Bereich kann dies nun eine Verkleinerung oder Vergrößerung zur Folge haben.

5.2 Fixieren der Überschrift

Die erste Tabellenzeile oder -spalte bietet meistens die inhaltliche Orientierung für die Dateneingabe. Gerade bei langen oder breiten Tabellen führt ein Blättern zur nächsten Bildschirmseite zu einem „Verlust“ dieser wichtigen Informationen. Über die Funktion ***Fixieren*** können Sie diese Zeilen oder Spalten auch für Folgeseiten beibehalten.

Entscheidend für die Fixierung ist die Zellzeigerposition. Oberhalb und links neben dem Zellzeiger liegende Zeilen oder Spalten bleiben nach Anwahl des Befehls ***Fenster, Fenster fixieren*** dauerhaft am Bildschirm erhalten. Eine durchgezogene Linie macht den gewählten Befehl in der Tabelle optisch sichtbar. Um eine gesetzte Fixierung aufzuheben, wählen Sie im Menü ***Fenster*** den Befehl ***Fixierung aufheben***.

5.3 Seiteneinteilung in der Tabelle

Eine neue leere Arbeitsmappe in Excel enthält noch keine Seiteneinteilung. Erst nach Anwahl des Befehls ***Seitenansicht*** oder nach einem Ausdruck teilt Excel das Tabellenblatt in Seiten ein. Die einzelnen „Blätter" erscheinen dann durch gestrichelte Linien getrennt. Im Menüpunkt ***Extras, Optionen*** in der Registerkarte ***Ansicht*** können Sie diese Einstellung beeinflussen. Aktivieren Sie im Bereich *Fensteroptionen* den Eintrag *Seitenwechsel*, zeigt Excel die Seiteneinteilung in der Tabelle sofort an.

Eigene Seitenwechsel festlegen

Sollten Ihnen die von Excel vorgeschlagenen Seitenwechsel nicht zusagen, bietet der Menüpunkt ***Einfügen, Seitenwechsel*** die Möglichkeit der eigenen Definition. Entscheidend für die individuelle Wahl ist die Zellzeigerposition, da das Programm nicht nur horizontale, sondern auch vertikale Seitenwechsel setzen kann. Der Wechsel erfolgt dabei immer oberhalb der aktuellen Zeile (horizontaler Wechsel) und links neben dem Zellzeiger (vertikaler Wechsel). Möchten Sie nur einen horizontalen Seitenwechsel durchführen, positionieren Sie den Zellzeiger in Spalte A in der gewünschten Zeile.

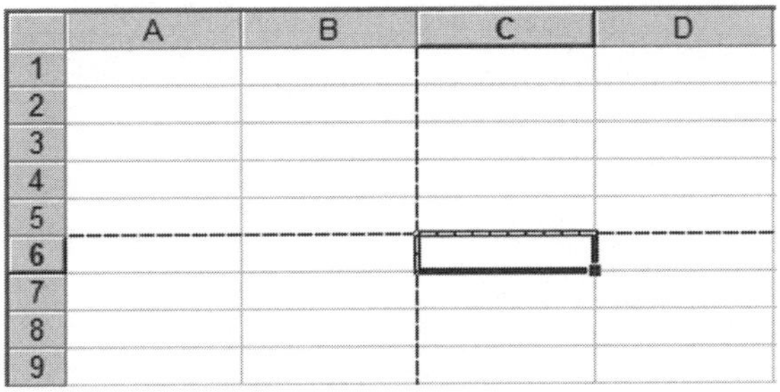

Abbildung 76: Seitenwechsel horizontal und vertikal

Der manuell eingestellte Seitenwechsel bleibt auch erhalten, wenn Sie Zeilen oder Spalten einfügen oder löschen. Sollte der eingefügte Bereich die Seitengröße überschreiten, erzeugt Excel zusätzlich einen automatischen Seitenwechsel. Den individuellen Seitenwechsel erkennen Sie in der Tabelle an den etwas längeren Strichen.

Seitenwechsel entfernen

Die Änderung der Tabellenstruktur macht es manchmal erforderlich, den gesetzten Seitenwechsel zu entfernen. Falls es sich um einen horizontalen Seitenwechsel handelt, positionieren Sie den Zellzeiger unterhalb der gestrichelten Linie. Im Falle eines vertikalen Seitenwechsels sollte der Zellzeiger links daneben stehen. Sofern der Zellzeiger richtig positioniert wurde, zeigt Ihnen das Menü ***Einfügen*** den Befehl ***Seitenwechsel aufheben*** an.

Alle Seitenwechsel entfernen

Falls die Seiteneinteilung der Tabelle Ihren Vorstellungen nicht entspricht, lassen sich alle gesetzten Seitenwechsel mit einem Befehl entfernen. Markieren Sie hierzu die komplette Tabelle. Dies erreichen Sie über die Tastenkombination [Strg]+[a] oder durch einen Klick auf die nicht beschriftete Schaltfläche neben der Spalte A. Der Menüpunkt ***Einfügen*** zeigt Ihnen dann den Befehl ***Alle Seitenwechsel zurücksetzen*** an.

6 Tabellen drucken

Nach erfolgter Eingabe und Berechnung am Bildschirm wird häufig eine übersichtliche Darstellung des Zahlenmaterials in Papierform gewünscht. Führt das Symbol ***Drucken*** in anderen Programmen des Office-Pakets zu durchaus erfreulichen Resultaten, ist das Ergebnis in Excel oftmals nicht zufrieden stellend. Die Annahme, dass alles auf ein Blatt passt, erweist sich häufig als falsch und führt manchmal zu einem geradezu inflationären Papierverbrauch.

Um solche „Überraschungen" zu vermeiden, sollten Sie vor dem Ausdruck immer einen kleinen „Abstecher" zur Seitenansicht (*siehe Seite 78, Die Seitenansicht*) unternehmen. Dort wird Ihnen Ihre Tabelle in Druckform präsentiert und bei Bedarf lassen sich weitere Anpassungen vornehmen.

6.1 Druckbereiche festlegen

Excel geht zunächst davon aus, dass die gesamte Tabelle gedruckt werden soll. „Gesamt" meint damit auch den nicht sichtbaren Leerschritt in einer entfernt liegenden Zeile, eine häufige Ursache für unerwünscht umfangreiche Ausdrucke. Durch die Definition eines Druckbereichs lässt sich jedoch auch ein bestimmter Tabellenteil ausdrucken. Hierbei unterscheidet Excel zwischen festen und temporären Bereichen.

Fester Druckbereich

Markieren Sie den gewünschten Tabellenbereich und wählen Sie im Menü ***Datei*** den Befehl ***Druckbereich, Druckbereich festlegen***. Der Druckbereich wird in der Tabelle durch eine gestrichelte Linie umrandet. Ein Klick auf das Symbol ***Drucken*** druckt nun immer diesen Tabellenteil aus. Um den Bereich aufzuheben, wählen Sie den Befehl ***Druckbereich aufheben***. Der Bereich muss dafür vorher nicht markiert werden.

Temporärer Druckbereich

Möchten Sie die Druckausgabe flexibel halten, definieren Sie den Bereich lediglich durch eine Markierung. Das Symbol ***Drucken*** führt in diesem Fall nicht zum gewünschten Ergebnis. Wählen Sie dagegen den Befehl ***Datei, Drucken*** und die Option *Markierung*, erhalten Sie nur den gewünschten Bereich. Über die Schaltfläche ***Vorschau*** wechseln Sie zur Seitenansicht und nehmen dort weitere Anpassungen vor.

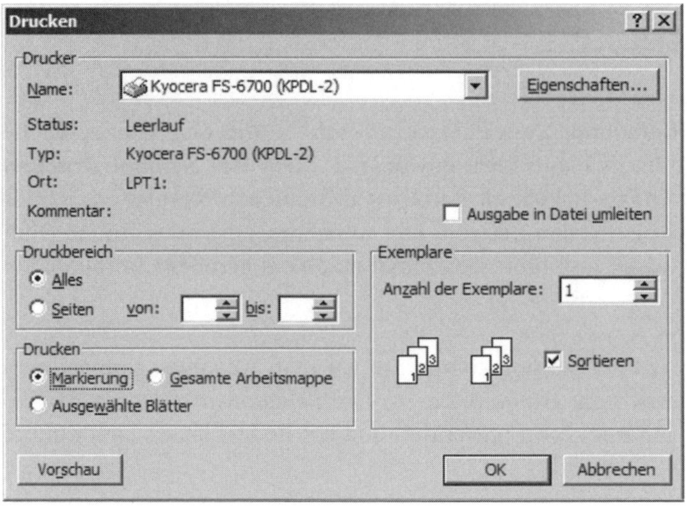

Abbildung 77: Das Dialogfeld Drucken

6.2 Die Seitenansicht

Um Überraschungen beim Druckergebnis vorzubeugen, sollten Sie Ihre Tabelle zuerst in der Seitenansicht kontrollieren. Achten Sie auf die Seitenangabe unten links. Sie gibt Auskunft darüber, wie umfangreich der Ausdruck sein wird. Durch einen Klick auf dem Tabellenblatt schalten Sie zwischen Vergrößerung und Verkleinerung der Seite um. Dies entspricht der Schaltfläche ***Zoom*** in der Symbolleiste.

Über die Schaltfläche ***Weiter*** bzw. ***Zurück*** wählen Sie die nächste oder vorherige Seite aus. Alternativ navigieren Sie in der Seitenansicht mit den Tasten [Bild↓] oder [Bild↑] sowie über die Bildlaufleiste. Starten Sie dafür in der Verkleinerung des Tabellenblatts, da Sie sonst lediglich die aktuelle Seite steuern.

Die Schaltfläche ***Drucken*** führt Sie in das gleichnamige Dialogfeld. Hier lassen sich nun Einstellungen hinsichtlich Seitenumfang sowie Anzahl der gewünschten Exemplare vornehmen. Nach erfolgter Bestätigung mit der Schaltfläche ***OK*** wird das Tabellenblatt erneut angezeigt.

Aktivieren Sie die Schaltfläche ***Ränder***, zeigt Ihnen Excel durch vertikale und horizontale Linien die Seitenränder sowie den Kopf- und Fußzeilenbereich an. Die Ziehpunkte am oberen Blattrand weisen Sie auf die jeweilige Spaltenbreite hin. Hier bietet sich bereits eine erste Möglichkeit, Einfluss auf das Tabellenlayout zu nehmen. Positionieren Sie den Mauszeiger auf einem Ziehpunkt, ändert er sich in ein Symbol mit Doppelpfeil. Durch Ziehen mit der linken Maustaste lässt sich dann die Breite der jeweiligen Spalte ändern. Mit der Schaltfläche ***Schließen*** verlassen Sie die Seitenansicht.

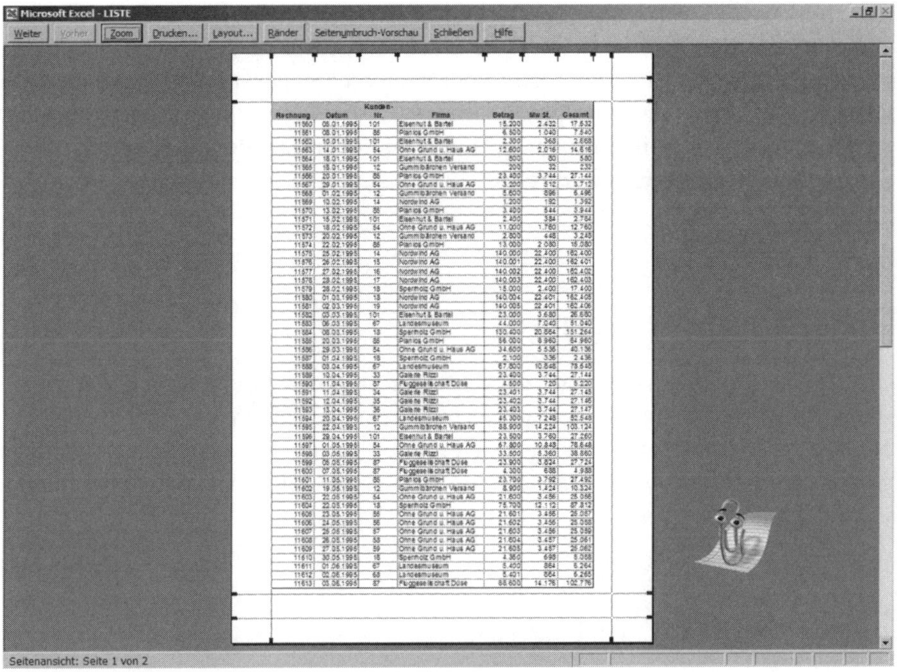

Abbildung 78: Die Seitenansicht

6.3 Die Seitenumbruch-Vorschau

Mittels dieser speziellen Vorschau verzweigen Sie in eine verkleinerte Tabellenansicht und können dort die Seitenwechsel für das aktive Tabellenblatt anpassen. In dieser Ansicht lässt sich ebenfalls die Größe des Druckbereichs ändern und das Tabellenblatt bearbeiten.

54	11612	02.06.1995	68	Landesmuseum	5.401	864	6.265
55	11613	03.06.1995	87	Fluggesellschaft Düse	88.600	14.176	102.776
56	11614	03.06.1995	69	Landesmuseum	5.402	864	6.266
57	11615	04.06.1995	88	Fluggesellschaft Düse	88.601	14.176	102.777
58	11616	04.06.1995	70	Landesmuseum	5.403	864	6.267
59	11617	05.06.1995	89	Fluggesellschaft Düse	88.602	14.176	102.778
60	11618	05.06.1995	12	Gummibärchen Versand	6.900	1.104	8.004
61	11619	05.06.1995	71	Landesmuseum	5.404	865	6.269
62	11620	06.06.1995	90	Fluggesellschaft Düse	88.603	14.176	102.779
63	11621	06.06.1995	13	Gummibärchen Versand	6.901	1.104	8.005
64							

Seite 2

Abbildung 79: Die Seitenumbruch-Vorschau (Ausschnitt)

Die vertikalen und horizontalen blau gestrichelten Linien weisen Sie auf die Seitenumbrüche hin. Das Ziehen der Linien führt zu einer Veränderung der Seiteneinteilung. Verändern Sie den Seitenwechsel nach unten oder nach rechts, passt Excel die Tabellengröße automatisch an. Über den Menüpunkt ***Ansicht, Normalansicht*** wechseln Sie zur Tabellenanzeige. Zurück zur Seitenansicht gelangen Sie über das gleichnamige Symbol. Dort führt Sie die Schaltfläche ***Normalansicht*** zurück zur Tabelle.

6.4 Das Tabellenlayout

Über die Schaltfläche ***Layout*** in der Seitenansicht oder über den Menüpunkt ***Datei, Seite einrichten*** bietet Ihnen Excel umfangreiche Gestaltungsmöglichkeiten für den Tabellenausdruck. Nicht alle Layout-Befehle lassen sich jedoch in der Seitenansicht anwählen. *Wiederholungszeilen* oder *-spalten* können Sie ausschließlich über den Menüpunkt ***Datei, Seite einrichten*** aktivieren.

6.5 Tabellengröße anpassen

Für welches Papierformat Sie sich entscheiden, ist in erster Linie vom Tabellenaufbau abhängig. Für breite Tabellen ist die Darstellung im Querformat besser geeignet als die Standardeinstellung Hochformat. Über die unten abgebildete Registerkarte ***Seite einrichten*** nehmen Sie den Wechsel vor.

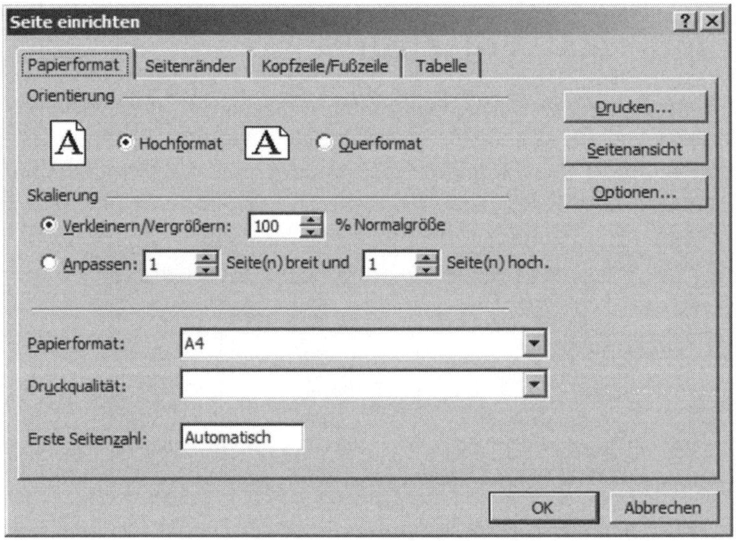

Abbildung 80: Die Registerkarte Papierformat

Passt die Tabelle nicht komplett auf eine Seite, erreichen Sie über das Optionsfeld *Anpassen: n Seite(n) breit und n Seite(n) hoch* die optimale Verkleinerungsstufe. Der Wert erscheint jedoch erst nach der Bestätigung mit der Schaltfläche ***OK*** und erneuter Anwahl der Registerkarte im Feld *Verkleinern/Vergrößern: % Normalgröße*.

Excel unterscheidet bei der Verkleinerung einer Tabelle zwischen *Seite(n) breit* und *Seite(n) hoch*. Gerade bei längeren Tabellen sind in den Feldern unterschiedliche Angaben erforderlich. Beispielsweise kann eine Tabelle auf *1 Seite/n breit* und *4 Seite/n hoch* angepasst werden. Die vier ursprünglichen Tabellenseiten werden beibehalten, es erfolgt lediglich eine Anpassung der Tabellenbreite auf ein Blatt.

Die prozentuale Eingabe im Feld *Verkleinern/Vergrößern* verwenden Sie hauptsächlich für eine Vergrößerung der Tabellendaten.

6.6 Die Tabelle zentrieren

Der Ausdruck einer Tabelle führt automatisch zu einer Ausrichtung auf der linken Blattseite. Dadurch entsteht oftmals ein Druckbild mit unterschiedlich breiten Rändern. Um ein ausgewogeneres Gesamtbild zu erreichen, wählen Sie die Registerkarte ***Seitenränder*** und den Befehl *Auf der Seite zentrieren, Horizontal.*

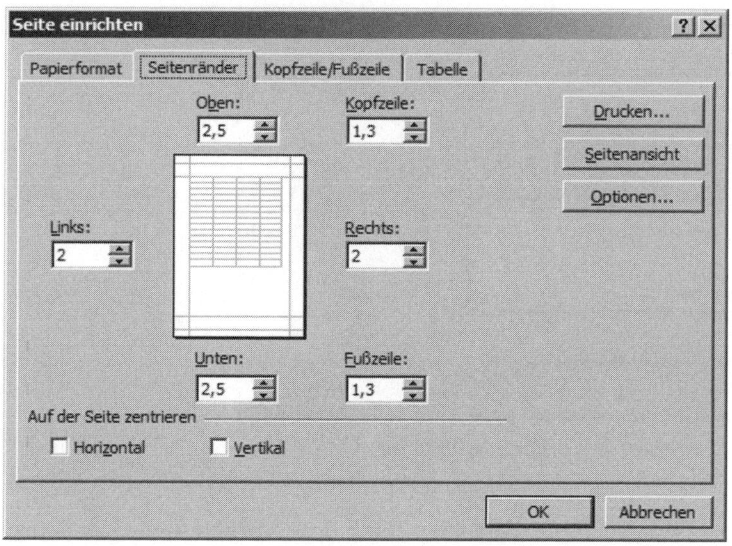

Abbildung 81: Die Registerkarte Seitenränder

6.7 Kopf- und Fußzeilen

Kopf- und Fußzeilen liegen außerhalb des normalen Tabellenbereichs und enthalten typischerweise Informationen wie Seitennummer, Gesamtseitenzahl sowie den Dateinamen. Zuverlässig erscheinen Sie anschließend bei umfangreichen Ausdrucken auf jeder Seite an der gleichen Position. Für die Anwahl der Kopf- und Fußzeilen bietet Excel gleich mehrere Möglichkeiten an:

- Über den Menüpunkt ***Ansicht*** können Sie bereits in der Tabelle in den Kopf- und Fußzeilen Eingaben vornehmen. Falls mehrere Tabellenblätter in einer Gruppe zusammengefasst wurden, richten Sie hier mit einem Befehl Kopf- und Fußzeilen für alle „Gruppenmitglieder" ein.
- In der Seitenansicht über die Schaltfläche ***Layout*** gelangen Sie ebenfalls zu den Kopf- und Fußzeilen. Allerdings lassen sich hier keine Kopf- und Fußzeilen für gruppierte Tabellenblätter setzen.
- Der Menüpunkt ***Datei, Seite einrichten*** stellt eine weitere Anwahlmöglichkeit dar. Diese Variante ist funktionsgleich mit dem Menüpunkt ***Ansicht, Kopf- und Fußzeile***.

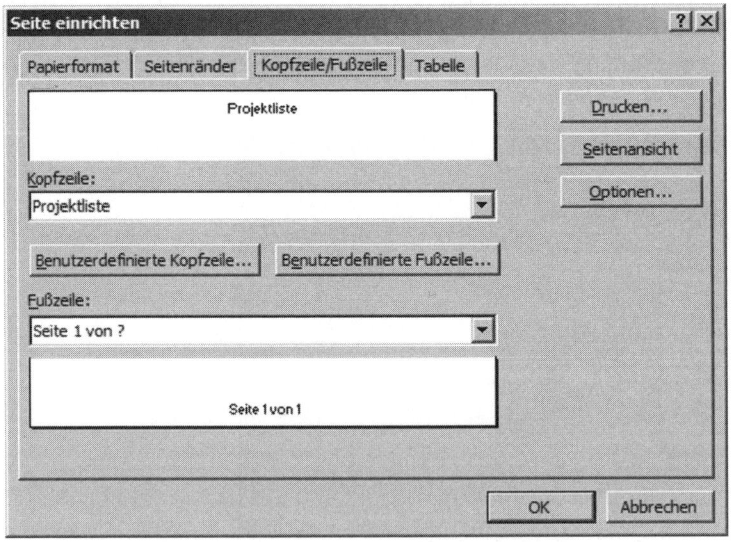

Abbildung 82: Die Registerkarte Kopfzeile/Fußzeile

In den Listenfeldern *Kopfzeile* und *Fußzeile* finden Sie bereits vorgefertigte Kopf- und Fußzeilentexte. Durch Klicken auf die gewünschte Variante wird diese anschließend im Vorschaufenster angezeigt. Um individuelle Informationen einzugeben, wählen Sie die benutzerdefinierte Variante aus. Der Aufbau des Dialogfeldes soll hier anhand einer benutzerdefinierten Kopfzeile dargestellt werden.

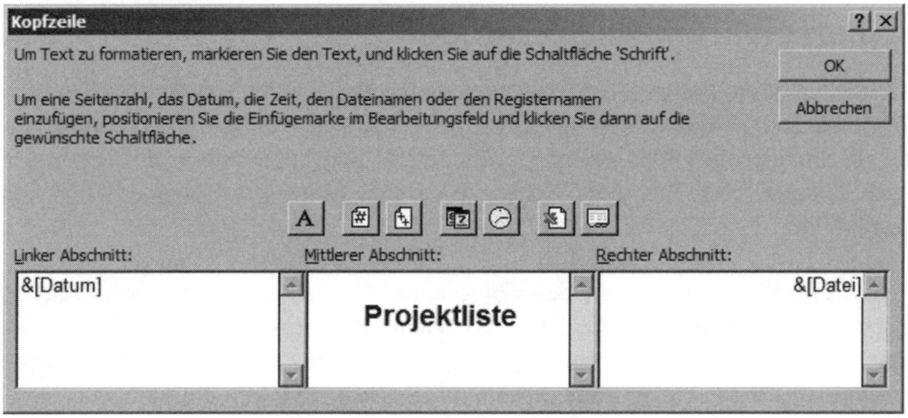

Abbildung 83: Die Benutzerdefinierte Kopfzeile

Durch einen Mausklick gelangen Sie zum gewünschten Abschnitt und können dort individuelle Texte eingeben oder über die angebotenen Symbole folgende Befehle wählen:

Symbol	**Funktionalität**
	Ändert die Schriftart, -größe und den Schriftschnitt des markierten Textes.
	Fügt die aktuelle Seitenzahl ein.
	Fügt die Gesamtseitenzahl ein.
	Fügt das aktuelle Datum ein.
	Fügt die aktuelle Uhrzeit ein.
	Der Name der Arbeitsmappe wird ausgegeben.
	Der Name des jeweiligen Tabellenblatts wird ausgegeben.

Abbildung 84: Symbole der benutzerdefinierten Kopf- und Fußzeile

Nach erfolgter Anwahl wird die Information durch einen „Platzhalter“ dargestellt. So führt die Kombination aus aktueller Seitenzahl und Gesamtseitenzahl zu folgender Darstellung: *Seite &[Seite] von &[Seiten]*. Erst nach Bestätigung mit der Schaltfläche ***OK*** zeigt Ihnen Excel die Informationen im Vorschaufenster vollständig an.

6.8 Überschriften wiederholen

Zu den wichtigsten Funktionen beim Ausdruck längerer Tabellen gehört das Wiederholen von Überschriften auf den Folgeseiten. In Excel wird diese Funktionalität als „Drucktitel" bezeichnet. Wählbar sind diese für Zeilen- und Spaltenüberschriften in der Registerkarte ***Tabelle***. Nur über den Menüpunkt ***Datei, Seite einrichten*** erhalten Sie aktive Eingabefelder.

Soll die erste Zeile Ihrer Tabelle auf den Folgeseiten wiederholt werden, positionieren Sie den Cursor durch einen Mausklick im Feld *Wiederholungszeilen oben*. Klicken Sie nun in Ihrem Tabellenblatt auf eine beliebige Zelle der ersten Zeile. Der Zellbezug wird daraufhin automatisch in Form einer absoluten Adresse ($1:$1) eingetragen. Kontrollieren Sie anschließend das Ergebnis über die Schaltfläche ***Seitenansicht***.

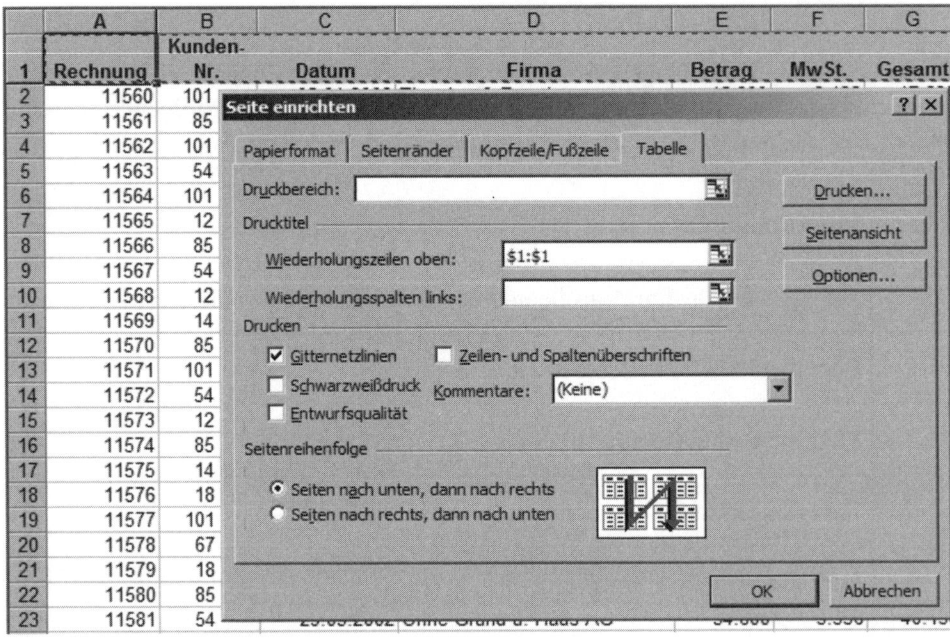

Abbildung 85: Die Registerkarte Tabelle

6.9 Gitternetzlinien drucken

Selbst umfangreiches Zahlenmaterial ist in der Tabelle durch die Gitternetzstruktur gut lesbar. Auch beim Ausdruck müssen Sie nicht auf die optische Trennung von Zeilen und Spalten verzichten. Wählen Sie den Menüpunkt ***Datei, Seite einrichten*** und aktivieren Sie in der Registerkarte ***Tabelle*** das Kontrollkästchen *Gitternetzlinien*.

7 Diagramme

Möchten Sie Zahlenmaterial aus Excel für Präsentationszwecke aufbereiten, ist die Tabellenform dazu nur bedingt geeignet. Können bei kleinen Tabellen die Zahlen noch gut aufgenommen werden, geht bei vielen Werten schnell der Überblick verloren. Wesentlich aussagefähiger sind grafische Darstellungen und so finden Sie in Excel ein einfach zu bedienendes Diagramm-Modul.

Voraussetzungen

Diagramme zeigen Entwicklungen, ermöglichen Vergleiche und stellen Beziehungen dar. Berücksichtigen Sie also bereits beim Aufbau Ihrer Tabelle, dass Sie das Zahlenmaterial grafisch darstellen möchten. Grundsätzlich eignen sich hierfür Zeitreihen, Umsatz- und Gewinnentwicklung sowie Daten, die in einer bestimmten Beziehung zueinander stehen.

Die Qual der Wahl

Excel bietet Ihnen eine umfangreiche Auswahl verschiedener Diagrammtypen. Für welchen Diagrammtyp Sie sich entscheiden, ist von der Aussage abhängig, die Sie mit dem Diagramm treffen möchten. Um eine Gewinnsteigerung zu verdeutlichen, entscheiden Sie sich eher für ein Liniendiagramm als für ein Kreisdiagramm. Möchten Sie mehrere Bereiche miteinander vergleichen, sind Balken- oder Säulendiagramme geeignet. Anteile innerhalb einer Gruppe lassen sich sehr gut mit Kreisdiagrammen darstellen.

7.1 Das Zahlenmaterial markieren

Vor der Diagrammerstellung markieren Sie den Datenbereich. Im folgenden Beispiel handelt es um einen zusammenhängenden Bereich. Hierzu gehören die Zeilen- und Spaltenüberschriften, nicht jedoch der Titel und die Zeile Gesamt.

	A	B	C	D
1	Gummibärchenversand			
2	Umsatzentwicklung			
3				
4		1999	2000	2001
5	Europa	135	146	175
6	USA	195	170	150
7	Asien	90	210	180
8				
9	Gesamt	2.419	2.526	2.506

Abbildung 86: Markierung zusammenhängend

Für das folgende Beispiel wurde mit der [Strg]-Taste eine Mehrfachmarkierung gesetzt, da nur die Zwischensummen im Diagramm erscheinen sollen. Bei den Zeilenüberschriften ist auch die leere Zelle (A2) in der Markierung enthalten. Achten Sie darauf, jede einzelne Zeile ohne Unterbrechung zu markieren.

	A	B	C	D
1	**Nord-Süd AG**			
2		Januar	Februar	März
3	Eva Müller			
4	München	4.320,00	7.530,00	11.450,00
5	Ulm	4.560,00	8.680,00	6.360,00
6	Augsburg	5.670,00	12.540,00	17.560,00
7	Umsatz Müller	14.550,00	28.750,00	35.370,00
8				
9	Udo Dürrschmidt			
10	Frankfurt	6.450,00	7.890,00	3.460,00
11	Wiesbaden	195.040,00	33.580,00	22.190,00
12	Umsatz Dürrschmidt	201.490,00	41.470,00	25.650,00
13				
14	Jürgen Graf			
15	Hamburg	8.350,00	11.530,00	12.390,00
16	Kiel	5.630,00	15.920,00	21.720,00
17	Bremen	3.580,00	2.930,00	3.490,00
18	Umsatz Graf	17.560,00	30.380,00	37.600,00

Abbildung 87: Markierung nicht zusammenhängend

7.2 Ein Diagramm per Knopfdruck erstellen

Markieren Sie das Datenmaterial und drücken Sie dann die Taste [F11]. Als Ergebnis präsentiert Ihnen Excel ein Standarddiagramm auf einem neuen Tabellenblatt. Ändern Sie das zweidimensionale Säulendiagramm in eine 3D-Variante, wechselt automatisch die Perspektive – das Diagramm erscheint nach hinten versetzt. Um nun wieder rechtwinkelige Achsen zu erhalten, wählen Sie den Menüpunkt ***Diagramm, 3D-Ansicht*** und aktivieren das Kontrollkästchen ***Rechtwinklige Achsen***.

7.3 Der Diagramm-Assistent

Schritt für Schritt führt Sie ein „Assistent" durch verschiedene Dialogfelder bis hin zum fertigen Diagramm. Markieren Sie den Zahlenbereich und klicken Sie dann auf das Symbol ***Diagramm-Assistent*** in der *Standard*-Symbolleiste.

Schritt 1 - Diagrammtyp

Im ersten Schritt wählen Sie den Diagrammtyp aus. Auf der Registerkarte ***Standardtypen*** finden Sie eine umfangreiche Auswahl der gängigen Diagrammtypen.

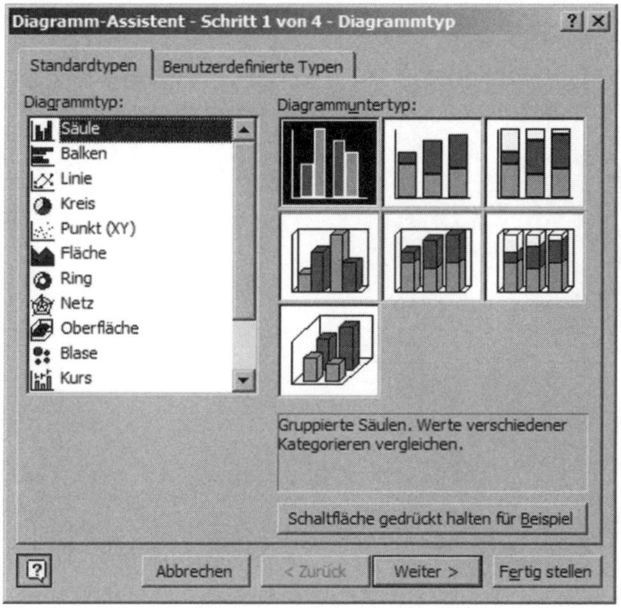

Abbildung 88: Diagramm-Assistent – Schritt 1, Diagrammtyp wählen

Mit einem Mausklick auf ***Schaltfläche gedrückt halten für Beispiel*** erhalten Sie einen ersten optischen Eindruck. Leider ist die Darstellung nicht immer optimal, weil das Fenster sehr klein ist.

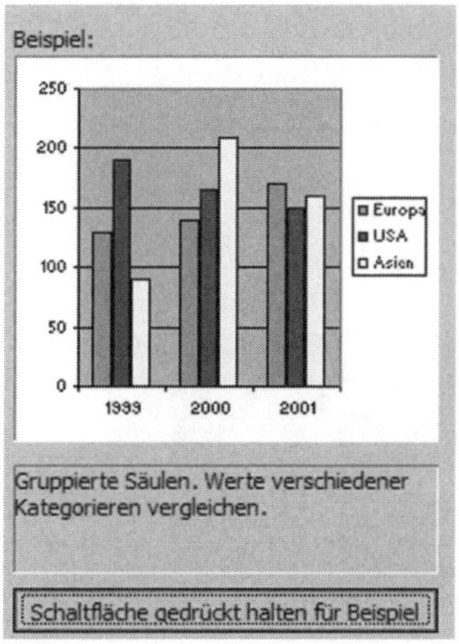

Abbildung 89: Die Diagramm-Vorschau (Ausschnitt)

Die Registerkarte ***Benutzerdefinierte Typen*** führt Sie in eine Sammlung bereits fertig formatierter Diagramme. Hier finden Sie auch Kombinationsdiagramme bestehend aus Säulen und Linien.

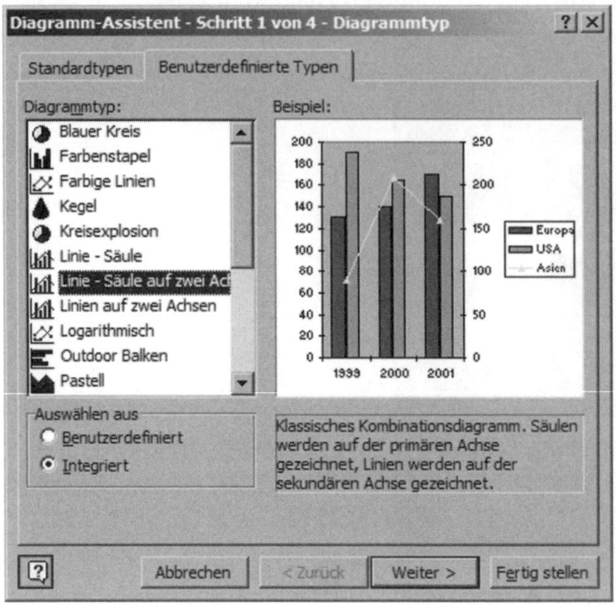

Abbildung 90: Benutzerdefinierte Typen

Schritt 2 – Diagrammquelldaten

Im Dialogfeld ***Diagrammquelldaten*** zeigt Ihnen Excel den markierten Tabellenbereich. Nachträgliche Änderungen können Sie im Feld *Datenbereich* über den Selektor auf der rechten Seite vornehmen. Über das Optionsfeld *Zeilen* oder *Spalten* beeinflussen Sie die Darstellung des Diagramms. Für welche Variante Sie sich entscheiden, hängt vom gewünschten Vergleich ab.

Darstellung in Reihen

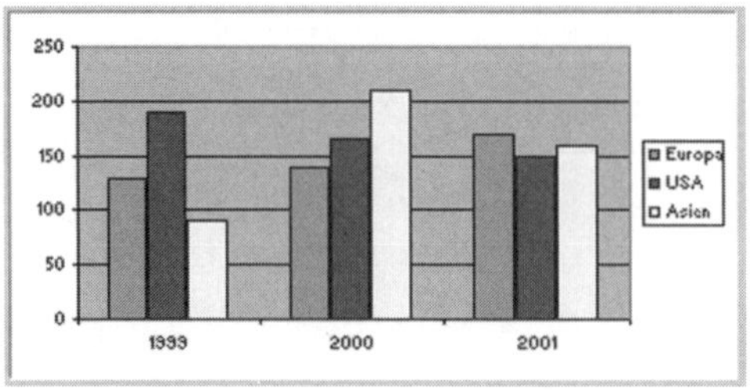

Darstellung in Spalten

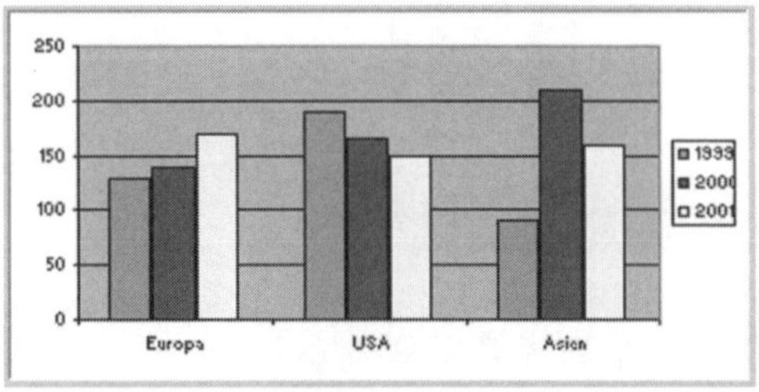

Abbildung 91: Diagrammassistent – Schritt 2, Diagrammquelldaten (Ausschnitt)

Die Registerkarte Reihe

In der Registerkarte ***Reihe*** fügen Sie Ihrem Diagramm weitere Datenreihen hinzu oder löschen bestehende.

Schritt 3 - Diagrammoptionen

Sicherlich ist es sinnvoll, bereits hier einen Diagrammtitel einzugeben. Mit einer kleinen Verzögerung erscheint dieser dann in der Vorschau. Über die diversen Registerkarten des Dialogfeldes können Sie das Layout Ihres neuen Diagramms beeinflussen.

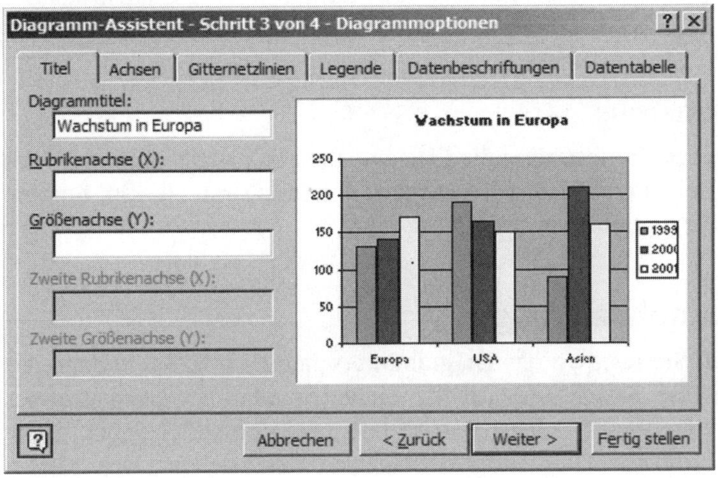

Abbildung 92: Diagramm-Assistent – Schritt 3, Diagrammoptionen

Die Registerkarte Achsen

Nutzen Sie diese Registerkarte um Achsen ein- oder auszublenden. Bei Diagrammen, die keine Achse enthalten, beispielsweise Kreisdiagramme, entfällt der Menüpunkt.

Die Registerkarte Gitternetzlinien

In dieser Registerkarte lassen sich für jede Achse getrennt ein Haupt- und ein Hilfsgitter einblenden. Bei Kreis- oder Ringdiagrammen wird dieser Punkt nicht angeboten.

Die Registerkarte Legende

Eine Legende hilft dabei, das Zahlenmaterial bestimmten Kategorien zuzuordnen. In dieser Registerkarte kann sie positioniert oder ausgeblendet werden. Standardmäßig erscheint die Legende rechts neben dem Diagramm. Manchmal ist es jedoch sinnvoller, die Legende unterhalb des Diagramms anzuzeigen. Das Zahlenmaterial hat dann mehr Platz, sich zu entfalten.

Die Registerkarte Datenbeschriftungen

In dieser Registerkarte wählen Sie, ob Sie eine Beschriftung der Datenreihen wünschen. Mit der Option *Wert anzeigen* wird für jeden Datenpunkt der entsprechende Wert ausgegeben. Bei 3D-Säulen oder 3D-Balken stehen die Werte fast immer zu nah an der Grafik und erschweren dadurch die Lesbarkeit. Bei der späteren Diagramm-Bearbeitung sollten Sie die Wertefelder durch Ziehen mit der Maus an günstigeren Stellen positionieren.

Die Registerkarte Datentabelle

Über diese Registerkarte legen Sie fest, dass die Datentabelle automatisch unterhalb des Diagramms gezeigt wird. Bei einem Ausdruck kann dies durchaus sinnvoll sein, für eine Präsentation nutzen Sie diese Option eher nicht.

Schritt 4 – Diagrammplatzierung

Im letzten Dialogfeld legen Sie fest, wo das Diagramm erscheinen soll. Sie können das Diagramm als Objekt in Ihre bestehende Tabelle einbetten oder als eigenständiges Tabellenblatt erstellen. Die Option *Als neues Blatt* ist fast immer besser geeignet, da sie ausreichend Platz bietet, um Ihr Diagramm detailgetreu darzustellen. Den vorgeschlagenen Tabellenblattnamen *Diagramm1* überschreiben Sie mit einem aussagekräftigen Namen. Schließen Sie die Diagrammerstellung mit der Schaltfläche ***Fertig stellen*** ab.

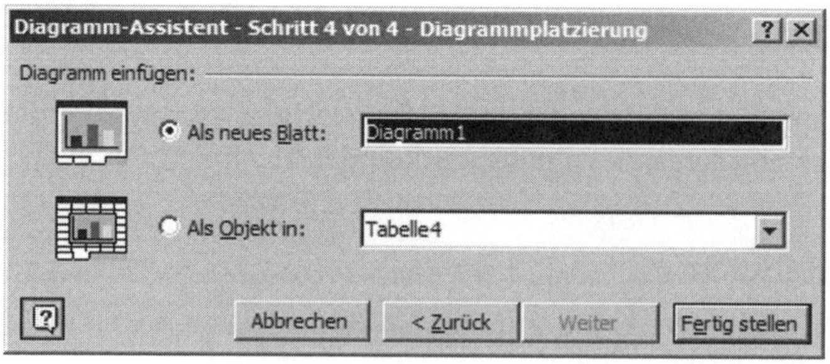

Abbildung 93: Diagramm-Assistent – Schritt 4

Diagramme nachträglich platzieren

Möchten Sie die Diagrammplatzierung nachträglich verändern, wählen Sie den Menüpunkt ***Diagramm*** und dort den Befehl ***Platzieren***. Im Dialogfeld ***Diagrammspeicherort*** bietet Excel erneut die Auswahl: *Als neues Blatt* oder *Als Objekt in*. Mit der Schaltfläche ***OK*** bestätigen Sie die gewählte Option.

Das Ergebnis

Das Diagramm erscheint in unserem Beispiel auf einem neuen Tabellenblatt. Excel blendet auch sofort eine Symbolleiste[2] ein, die bereits verschiedene Bearbeitungsmöglichkeiten enthält. Sicherlich werden Sie Ihr Diagramm noch gestalten, da der Assistent lediglich einen ersten Vorschlag erstellt.

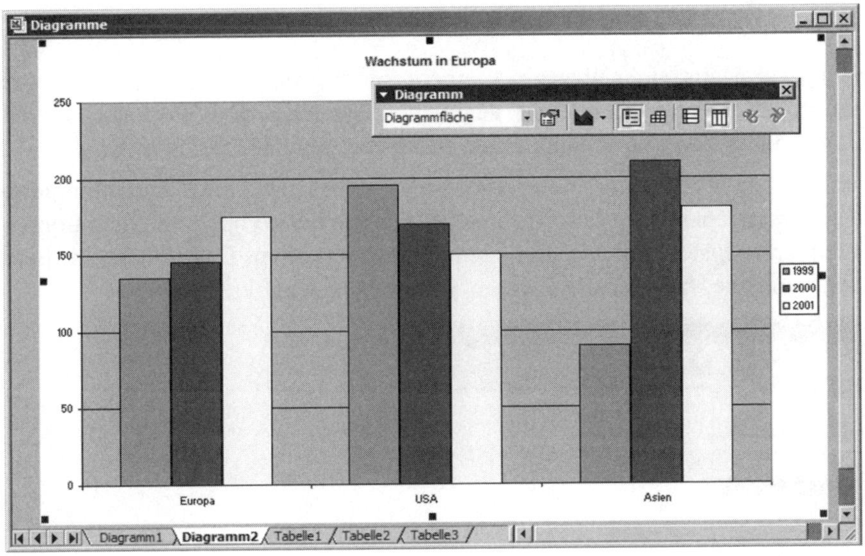

Abbildung 94: Der erste Entwurf

7.4 Diagramme bearbeiten

Bietet der Assistent zunächst einen Entwurf an, lässt sich im fertigen Diagramm jedes noch so kleine Detail beeinflussen. Erst hier bestimmen Sie das eigentliche Layout, wählen Farben, gestalten Achsen und beschriften weitere Elemente.

Ein Diagramm besteht aus vielen „Einzelteilen“. Daher ist es manchmal gar nicht so einfach, das richtige Element zu markieren. Machen Sie sich zuerst mit den verschiedenen Bezeichnungen und dem generellen Aufbau des Diagramms vertraut.

2 Falls die Symbolleiste nicht automatisch angezeigt wird, klicken Sie mit der rechten Maustaste in eine der angezeigten Symbolleisten und aktivieren im Kontextmenü die Symbolleiste *Diagramm*.

Excel unterscheidet beim Aufbau zwischen der *Diagrammfläche*, der *Zeichnungsfläche* sowie den *Wänden* (nur bei 3D-Diagrammen). Die *Diagrammfläche* umschließt die *Zeichnungsfläche*, den *Titel* sowie die *Legende*. Diese Objekte lassen sich auf der *Diagrammfläche* frei positionieren, vergrößern oder verkleinern. Die *Zeichnungsfläche* enthält das eigentliche Diagramm mit der *Achsenbeschriftung*.

Diagramm-Elemente markieren

Folgende Methoden helfen Ihnen, zielsicher das gewünschte Diagramm-Element auszuwählen:

- Wenn Sie mit dem Mauszeiger über ein Element fahren, zeigt Ihnen Excel in einem „Diagrammtipp" die Bezeichnung und gegebenenfalls auch den Wert an.[3] Durch einen Klick mit der linken Maustaste markieren Sie das gewünschte Element.
- In der Symbolleiste *Diagramm* bietet Ihnen das erste Listenfeld eine komplette Auswahl der vorhandenen Diagramm-Elemente. Gerade bei komplexen Diagrammen ist dies die zuverlässigste Methode, ein Element zu markieren. Das Listenfeld dient ebenfalls zur Kontrolle, falls Sie ein Element mit der Maus markiert haben.

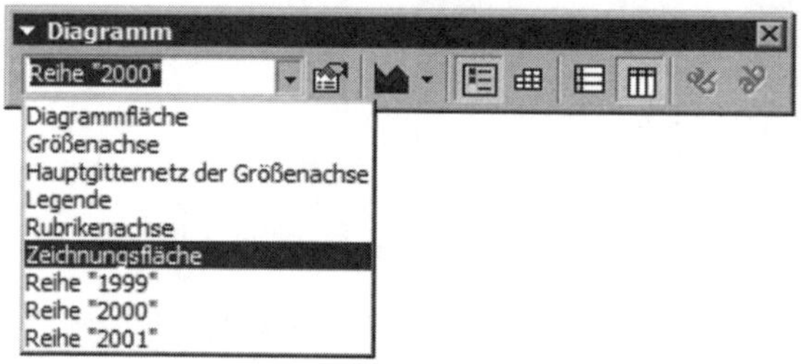

Abbildung 95: Die Symbolleiste Diagramm

Diagramm-Elemente bearbeiten

Da die Symbolleiste *Diagramm* relativ wenig Bearbeitungsmöglichkeiten enthält, gelangen Sie zu den jeweiligen Dialogfeldern mit einer der folgenden Techniken:

- Geben Sie einen Doppelklick auf das gewünschte Objekt.
- Markieren Sie das Objekt und wählen Sie den Menüpunkt ***Format***. Durch Anwahl des ersten Befehls erhalten Sie das jeweilige Dialogfeld.
- Markieren Sie das Objekt und klicken Sie in der Symbolleiste *Diagramm* auf das Symbol ***Bearbeiten***.

---

[3] Falls Sie keine QuickInfo angezeigt bekommen, aktivieren Sie diese im Menüpunkt *Extras, Optionen,* in der Registerkarte *Diagramm* im Bereich *Diagrammtipps: Namen anzeigen* und *Werte anzeigen*.

- Klicken Sie mit der rechten Maustaste auf das Objekt und wählen Sie im Kontextmenü den ersten Befehl.

Der Diagrammtyp

Die Wahl des Diagrammtyps hat entscheidenden Anteil daran, ob Ihre Aussage (Vergleich, Wachstum, Anteil) vermittelt wird. Vermutlich werden Sie mit dem Diagrammtyp zunächst etwas experimentieren, da Excel eine Vielzahl von Darstellungsmöglichkeiten bietet.

Die schnelle Änderung

Eine schnelle Änderung des Diagrammtyps erreichen Sie über die Schaltfläche ***Diagrammtyp*** in der Symbolleiste *Diagramm*. Allerdings wird hier nur eine stark eingeschränkte Auswahl angeboten.

Der Menüpunkt Diagrammtyp

Über den Menüpunkt ***Diagramm, Diagrammtyp*** erhalten Sie die komplette Liste. Dieses Dialogfeld ist identisch mit dem ersten Schritt des *Diagramm-Assistenten*.

Darstellung nach Reihen oder Spalten

Ein nachträglicher Wechsel der Darstellung erfolgt ganz unproblematisch über die beiden Symbole *nach Zeile* oder *nach Spalte* in der *Diagramm*-Symbolleiste. Ob Sie nun Datenreihen oder Datenspalten miteinander vergleichen, ist von der Aussage abhängig, die Sie mit dem Diagramm treffen möchten.

Die Legende positionieren

Unter gestalterischen Gesichtspunkten kann es durchaus sinnvoll sein, mit der Position der Legende zu experimentieren. Wird sie beispielsweise am unteren Rand angezeigt, kann das Diagramm sich oftmals besser entfalten. Eine schnelle Änderung erreichen Sie über den Menüpunkt ***Diagramm, Diagrammoptionen*** in der Registerkarte ***Legende***. Natürlich lässt sich die Legende auch manuell positionieren. Dies setzt jedoch fast immer eine Verkleinerung der Zeichnungsfläche voraus.

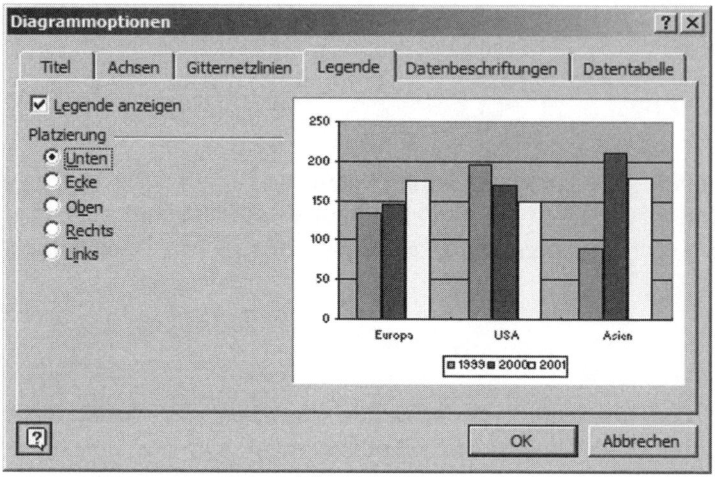

Abbildung 96: Die Legende positionieren

Gitternetzlinien ein- oder ausblenden

Aufgabe dieser horizontalen oder vertikalen Linien ist es, die Werte im Diagramm besser vergleichen zu können. Je nach gewähltem Diagrammtyp beinhaltet die Voreinstellung bereits Gitternetzlinien für die Größenachse. Diese Einstellung können Sie im Menüpunkt ***Diagramm, Diagrammoptionen*** in der Registerkarte ***Gitternetzlinien*** ändern.

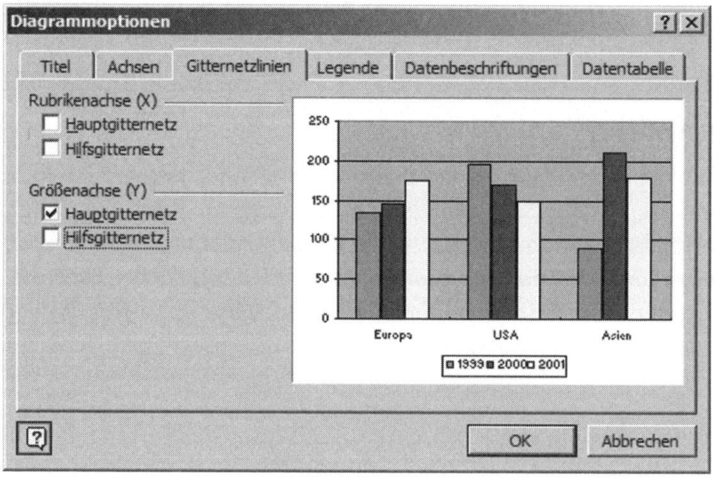

Abbildung 97: Gitternetzlinien ein- oder ausblenden

Achsen skalieren

Excel richtet die Skalierung der Größenachse automatisch nach dem Höchstwert der Daten aus. Um nun verschiedene Diagramme miteinander vergleichen zu können, führt dieser Automatismus zu einer „optischen Verfälschung“ der Werte. Erst mit der Festlegung des tatsächlichen Höchstwertes begrenzen Sie die Darstellung in beiden Diagrammen auf den gleichen Wert.

Das Dialogfeld ***Achsen formatieren*** (*siehe Seite 92, Diagrammelemente bearbeiten*) bietet jedoch noch weitere Einflussmöglichkeiten auf die Gestaltung der Größenachse. Neben dem Höchstwert können Sie den Kleinstwert sowie Intervalle zur Einteilung der Achse festlegen.

Die logarithmische Skalierung wird hauptsächlich für wissenschaftliche Zwecke benutzt und setzt positive Werte voraus. Die Einteilung der Achsen erfolgt automatisch in Zehnerpotenzen (10, 100, 1000 etc). Verblüffend daran ist, dass die Abstände der einzelnen Werte trotzdem gleich sind.

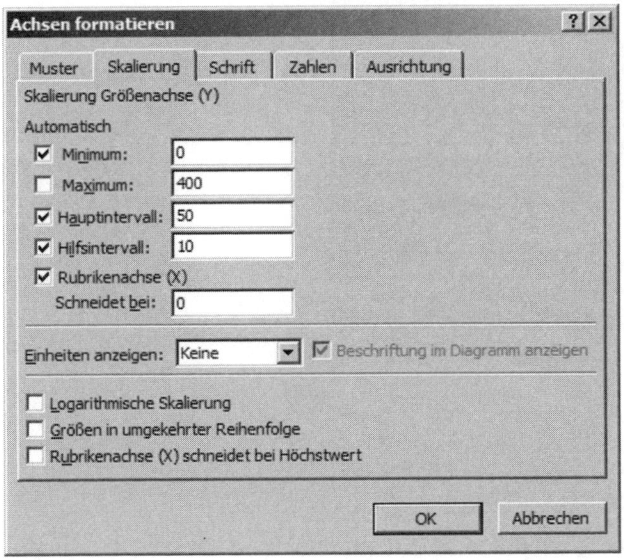

Abbildung 98: Das Dialogfeld Achsen formatieren

In unserem Beispiel wurde im Feld *Maximum* ein neuer Höchstwert (400) eingegeben. Bei der Eingabe eines individuellen Wertes wird das Häkchen vor dem Feld automatisch deaktiviert. Aktivieren Sie das Feld nachträglich, wird Ihr Wert ignoriert und Excel berechnet die Werte wieder selbst.

Optionen für Datenreihen einstellen

Größere Abstände zwischen den einzelnen Säulen oder Balken eines Diagramms führen oftmals dazu, dass die Werte optisch besser aufgenommen werden können. Um die Änderungen im Dialogfeld vorzunehmen, geben Sie einen Doppelklick auf eine beliebige Säule oder einen Balken. Im Dialogfeld ***Datenreihen formatieren*** wählen Sie die Registerkarte ***Optionen***. Ein Minuswert im Feld *Überlappung* führt zu einem größeren Abstand zwischen den Säulen. Mit dem Wert *Abstand* steuern Sie den Zwischenraum der einzelnen Gruppen untereinander.

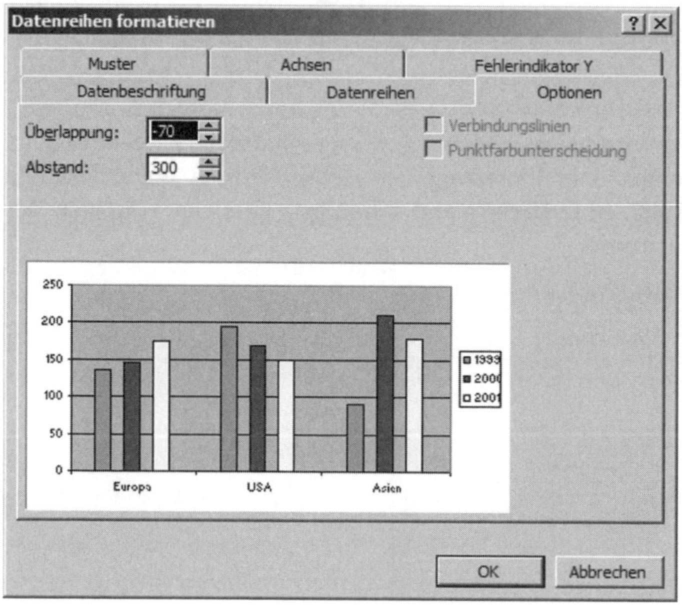

Abbildung 99: Optionen für 2D-Diagramme

3D-Darstellung beeinflussen

Neben den üblichen Gestaltungsmöglichkeiten in Diagrammen ist in der dreidimensionalen Darstellung eine Änderung der Perspektive möglich. Durch Ziehen an den Eckpunkten lässt sich „der Blick“ auf das Diagramm beeinflussen. Dies ist jedoch nur in Ausnahmefällen erforderlich, wenn nicht alle Werte im Diagramm sichtbar sind. Häufig führt eine Veränderung eher zu einer Verschlechterung der Darstellung. Über den Menüpunkt ***Diagramm, 3D-Ansicht*** erhalten Sie über das Feld *Rechtwinklige Achsen* die ursprüngliche Anzeige.

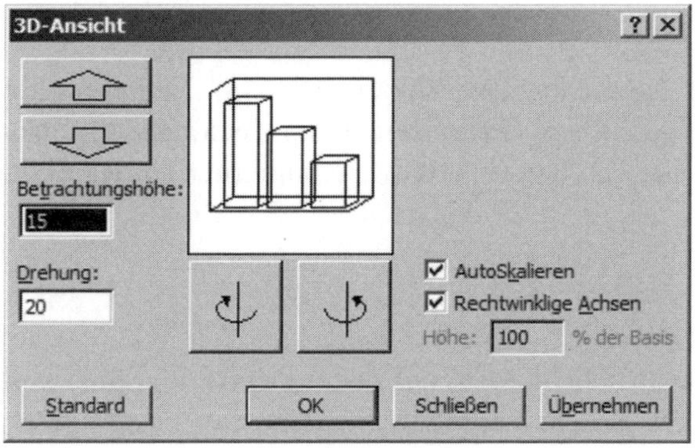

Abbildung 100: Das Dialogfeld 3D-Ansicht

Zurück zur Standardeinstellung

Falls Sie mit Ihren Änderungen nicht zufrieden sind, können Sie jederzeit auf die Excel-Standarddarstellung zurückgreifen. Wählen Sie einfach den ***Menüpunkt Diagramm, Diagrammtyp*** und entscheiden Sie sich erneut für den gewünschten Diagrammtyp. Ein Klick im Feld *Standardformatierung* setzt Ihr Diagramm auf die ursprüngliche Darstellung zurück.

7.5 Beschriftung im Diagramm

Im Diagramm unterscheidet man bei der Beschriftung zwischen dem Titel sowie den Achsen- und Datenbeschriftungen. Eine nachträgliche Eingabe oder Änderung ist über den Menüpunkt ***Diagramm, Diagrammoptionen*** in den Registerkarten ***Titel*** sowie ***Datenbeschriftungen*** möglich. Darüber hinaus können Sie individuelle Texte verwenden.

Textobjekte bearbeiten

Heben Sie Texte optisch hervor, um die Diagramm-Aussage zu verstärken. Markieren Sie dazu mit einem einfachen Mausklick den gewünschten Text. Bei freien Texten muss dazu das komplette Objekt markiert sein. Der Mauszeiger erscheint dabei als Vierfachpfeil. Für die Gestaltung der Texte sollten Sie auf die umfangreichen Optionen der *Format*-Symbolleiste zurückgreifen. Die hier gebotenen Möglichkeiten dürften für die meisten Schriftformatierungen ausreichen.

Mehrzeiliges Schreiben

Excel erlaubt auch in den Diagrammen die mehrzeilige Texteingabe. Im Diagrammtitel erzeugen Sie einen Zeilenumbruch mit der [Strg]-Taste. Bei freien Textobjekten funktioniert dies auch mit der [Alt]-Taste, die Sie bereits vom Zeilenumbruch in der Zelle kennen.

Datenbeschriftungen

Speziell bei 3D-Diagrammen landen die Beschriftungen auf dem „Dach" der Säule und sind oftmals nicht gut lesbar. Da sich die Beschriftungsfelder jedoch frei positionieren lassen, ziehen Sie mit der linken Maustaste das Feld einfach etwas nach oben.

Abbildung 101: Beschriftung positionieren (Ausschnitt)

Freien Text eingeben

Freie Texte lassen sich beliebig im Diagramm hinzufügen. Klicken Sie hierfür in die *Bearbeitungsleiste* und geben Sie dort den Text ein. Durch die Taste [↵] wird die Eingabe bestätigt und der Text als neues Objekt in der Mitte des Diagramms angezeigt. Durch Ziehen mit der linken Maustaste können Sie das Objekt an jeder Stelle im Diagramm positionieren.

Titel mit einer Zelle verknüpfen

Leider bietet die Registerkarte *Titel* kein Feld zur Eingabe eines Zellbezugs an. Es ist aber dennoch möglich, den Titel aus einer Tabellenzelle zu übernehmen. Dazu sind folgende Schritte erforderlich:

1. Erstellen Sie einen Titel über das Dialogfeld *Diagramm-Optionen*. Geben Sie im Titelfeld zumindest einen Leerschritt ein, um das Feld markierbar zu machen.
2. Markieren Sie das Titelfeld im Diagramm und klicken Sie in die *Bearbeitungsleiste*.
3. Geben Sie dort den Zellbezug ein und schließen Sie die Eingabe mit Taste [↵] ab.

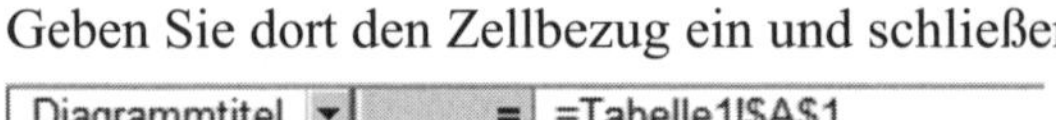

Abbildung 102: Verweis auf eine Zelle

Sollte sich das Datenmaterial auf einem anderen Tabellenblatt befinden, geben Sie beim Zellbezug zusätzlich den Blattnamen an. Gefolgt von einem Ausrufezeichen (!) schließt dann die eigentliche Zelladresse an. Falls Sie die Dollarzeichen nicht eingeben, wandelt Excel die Adresse trotzdem in einen absoluten Bezug um.

Das Textobjekt kann im Diagramm nicht mehr geändert werden, weil es an eine bestimmte Zelle gebunden ist. Möchten Sie die Zellbindung entfernen und wieder einen festen Titel eingeben, wählen Sie erneut das Dialogfeld und geben dort einen neuen Text ein. Der alte Zellbezug wird dadurch überschrieben.

7.6 Diagramme gestalten wie die Profis

Werfen Sie einen Blick in Wirtschaftszeitungen oder Magazine. Dort sitzen Profis, die sich mit der optischen Aufbereitung von Zahlen bestens auskennen. Bei den dargestellten Diagrammen finden Sie viele Ideen, die Ihre Excel-Diagramme noch professioneller wirken lassen.

Arbeiten mit Farbverläufen

Verwenden Sie für die ansprechende Gestaltung von Säulen- oder Balken-Diagrammen einen 2D-Typ mit folgendem Farbverlauf:

1. Doppelklicken Sie auf die Säule oder den Balken. Im Dialogfeld ***Datenreihen formatieren*** klicken Sie auf die Schaltfläche ***Fülleffekte.***

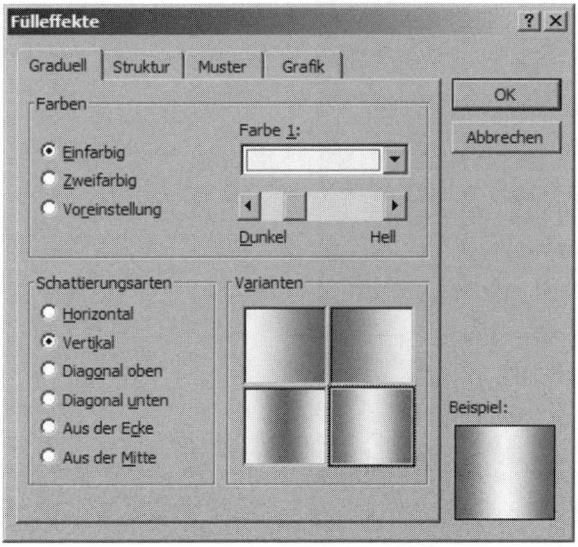

Abbildung 103: Das Dialogfeld Fülleffekte

2. Bei einem einfarbigen Verlauf in einem Säulendiagramm wählen Sie die Schattierungsart *Vertikal* und die letzte Variante unten rechts. In einem Balkendiagramm entscheiden Sie sich für eine horizontale Schattierung. Bestätigen Sie Ihre Änderungen mit der Schaltfläche ***OK***.

Der gewählte Verlauf bringt die Farben so richtig zum Leuchten und das Diagramm wirkt durch die dunkleren Außenseiten fast dreidimensional.

Hintergrundbilder

Ein Bild sagt mehr als tausend Worte. Im erweiterten Sinne gilt dies auch für die Präsentation von Zahlenmaterial. Setzen Sie ein Foto gezielt als Hintergrundbild ein, verstärken Sie dadurch die Wirkung des Diagramms. Achten Sie darauf, ein querformatiges Foto zu wählen, da dies eher dem Diagrammformat entspricht. Wählen Sie folgende Schritte, um ein Hintergrundbild zu positionieren:

1. Geben Sie einen Doppelklick auf die *Diagrammfläche*. Das gleichnamige Dialogfeld erscheint.
2. In der Registerkarte ***Muster*** klicken Sie auf die Schaltfläche ***Fülleffekte*** und wählen dort die Registerkarte ***Grafik***. Die Schaltfläche ***Grafik auswählen*** führt Sie dann zur Dateiauswahl. Das MS Office Paket ab der Version 2000 beinhaltet bereits mehr als 2.000 Fotos.

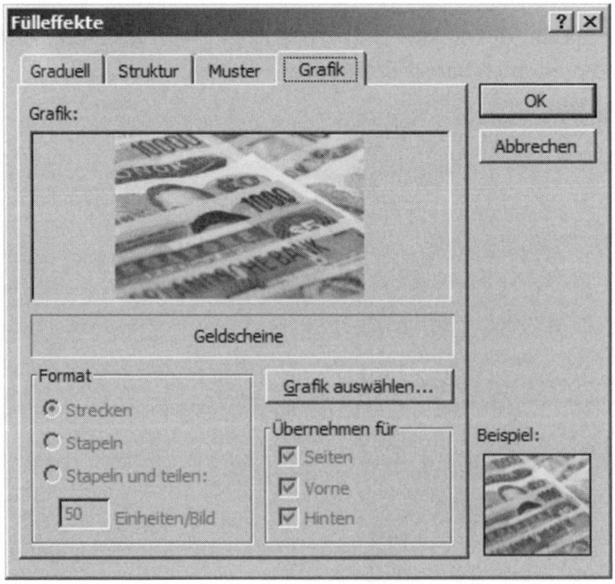

Abbildung 104: Die Registerkarte Grafik

3. Kontrollieren Sie das Foto im Vorschaufeld auf seine Eignung. Es sollte nicht zu kontrastreich sein, da das Diagramm sonst an Wirkung verliert. Bestätigen Sie Ihre Wahl mit der Schaltfläche ***Einfügen***.
4. Die Schaltfläche ***OK*** führt Sie zurück ins Diagramm.

Abbildung 105: Diagramm mit Foto als Hintergrund

Fülleffekte mit Grafiken

Einen ganz eigenen Diagrammstil erzielen Sie mit der Verwendung von Grafiken für Säulen, Balken oder Kreissegmenten. Als „Füllmaterial" dienen Bitmaps. Um beispielsweise eine Verkaufsstatistik von Immobilien darzustellen, könnten anstatt der üblichen Säulen kleine Häuser das Umsatzvolumen veranschaulichen.

1. Wählen Sie im Diagramm per Doppelklick auf einer Säule das Dialogfeld ***Datenreihen formatieren*** an. In der Registerkarte ***Muster*** klicken Sie auf die Schaltfläche ***Fülleffekte*** und verzweigen dann zur Registerkarte ***Grafik***.

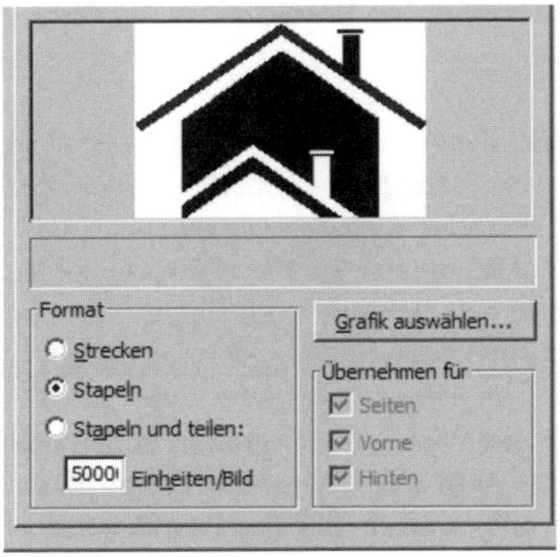

Abbildung 106: Fülleffekte mit Grafiken (Ausschnitt)

2. Fügen Sie dort über die Schaltfläche ***Grafik auswählen*** die gewünschte Grafik ein.
3. Mittels der Optionsfelder *Strecken, Stapeln, Stapeln und teilen* legen Sie die Anzahl der Grafiken fest.

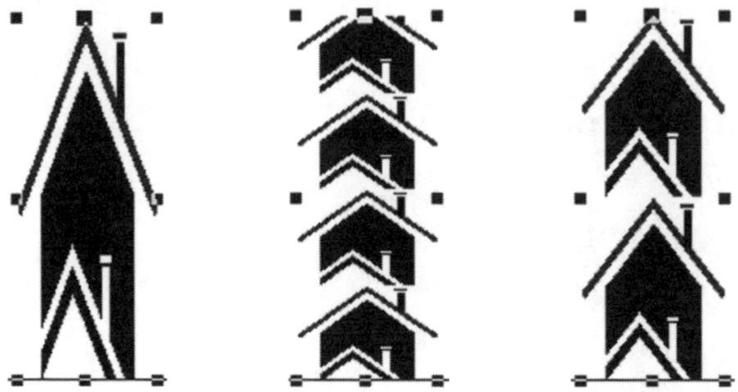

Abbildung 107: Die Optionen Strecken, Stapeln, Stapeln und teilen

4. Das Dialogfeld schließen Sie mit der Schaltfläche ***OK***. Ein weitere Bestätigung führt Sie zurück zum Diagramm.

Falls die Grafik als eingebettetes Objekt bereits vorliegt, lässt sie sich auch über die Befehle ***Kopieren*** und ***Einfügen*** in Säulen- und Balkendiagramme übertragen. Für die Diagrammformen *Kegel* und *Zylinder* bietet Excel keine Fülleffekte an.

7.7 Nachträgliche Änderung der Datenwerte

Wenn sich die Werte in der Excel-Tabelle ändern, führt dies immer zu einer automatischen Anpassung des Diagramms. Fügen Sie in Ihrer Tabelle außerhalb des markierten Bereiches eine neue Zeile oder Spalte hinzu, müssen diese Werte zuerst ins Diagramm übertragen werden.

Bei einem eingebetteten Diagramm funktioniert dies am schnellsten mittels *Drag & Drop*. Markieren Sie einfach den neuen Bereich (inklusive Spalten- oder Zeilenüberschrift) und ziehen Sie diesen Bereich in Ihr eingebettetes Diagramm. Liegt das Diagramm dagegen auf einem eigenen Tabellenblatt, nutzen Sie die Zwischenablage für den Datenaustausch. Kopieren Sie den markierten Bereich und fügen Sie ihn im Diagramm ein. Das neue Diagrammelement wird in beiden Fällen sofort angezeigt.

Bei einigen 2D-Diagrammen können Sie sogar die Werte im Diagramm selbst ändern. Diese Variante eignet sich hervorragend für eine grafische „Was-wäre-wenn-Analyse“. Markieren Sie eine Datenreihe im Diagramm und klicken Sie dann erneut auf einen einzelnen Datenpunkt. Die Höhe des Datenpunktes verändern Sie durch Ziehen des mittleren Kästchens; Excel ändert dabei selbständig den Wert in der Tabelle.

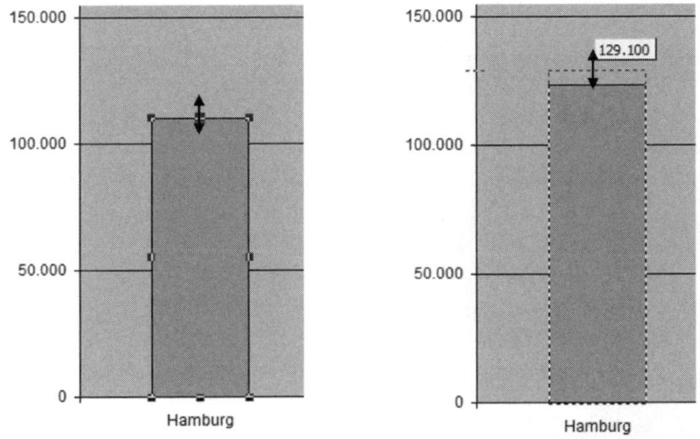

Abbildung 108: Werte ändern durch Ziehen der Datenpunkte

7.8 Diagrammtypen kombinieren

Kombinationsdiagramme eignen sich als Darstellungsform immer dann, wenn die Werte von zwei Datenreihen weit auseinander liegen. Um beispielsweise Umsatz und Gewinn in einem Diagramm darzustellen, kombinieren Sie ein Säulendiagramm mit einem Liniendiagramm. Möchten Sie die Werte an zwei Achsen darstellen, wählen Sie aus den benutzerdefinierten Diagrammen den Typ *Linie – Säule auf zwei Achsen*.

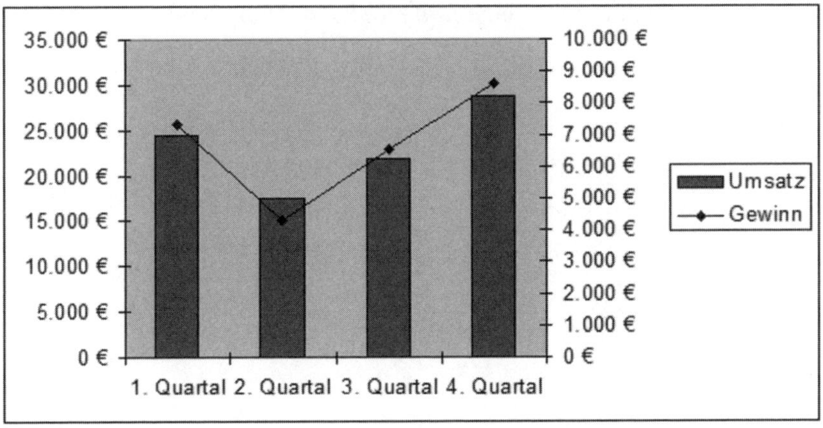

Abbildung 109: Klassisches Kombinationsdiagramm

Die Markierungspunkte stellen dabei eine Besonderheit dar. Um sie optisch stärker hervorzuheben, können Sie die Form, Farbe und Größe der Punkte ändern. Geben Sie einen Doppelklick auf die Linie und wählen Sie im Dialogfeld ***Datenreihen formatieren*** die Registerkarte ***Muster***.

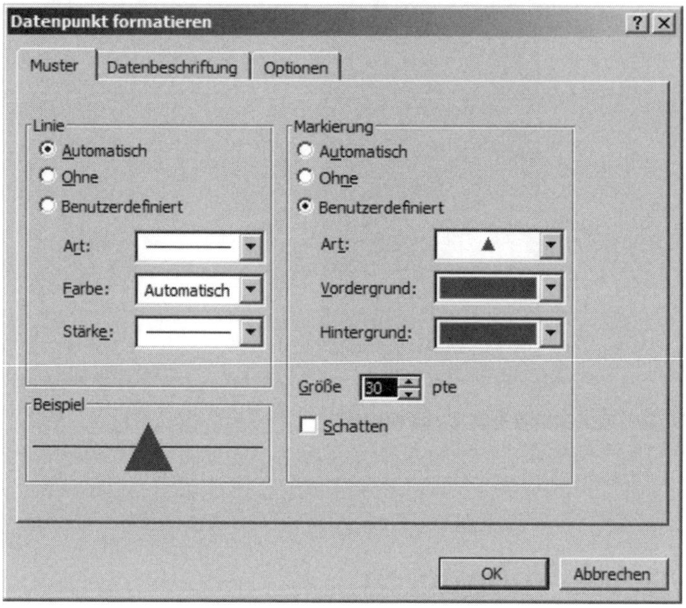

Abbildung 110: Markierungspunkte gestalten

Im Bereich *Markierung* stellt das Listenfeld *Art* verschiedene Markierungspunkte zur Wahl. Mit den Listenfeldern *Vordergrund* und *Hintergrund* lassen sich die Zeichen farblich gestalten. Um die Linie stärker hervorzuheben, experimentieren Sie mit den Listenfeldern *Art*, *Farbe* und *Stärke* im Bereich *Linie*, links im Dialogfeld.

8 Funktionen

Bei Funktionen handelt es sich um vorgefertigte Formeln, mit denen Sie zeitsparend und teilweise ohne große Detailkenntnisse schwierige mathematische Aufgaben berechnen können. Funktionen benötigen Werte, so genannte Argumente, die Sie in einer bestimmten Reihenfolge und Struktur eingeben müssen.

Funktionen beginnen genauso wie eine Formel mit dem Gleichheitszeichen (=), dann folgt jedoch ohne Leerschritt der Funktionsname. Excel unterscheidet bei der Eingabe nicht zwischen Groß- und Kleinschreibung. Allerdings wird der Funktionsname nach Abschluss der Eingabe automatisch in Großbuchstaben umgewandelt. Die öffnende Klammer schließt direkt an den Funktionsnamen an. Die sicherlich bekannteste Funktion ist SUMME.

Der Aufbau

Gleichheitszeichen (wenn die Funktion am Anfang der Zeile steht)
Name der Funktion
Argumente

=SUMME(C2:C100)

Klammern schließen die Argumente ein

Argumente

Die Funktion SUMME arbeitet häufig mit nur einem Argument, nämlich mit einem Bereich. In unserem Beispiel ist dies der Bereich von C2 bis (:) C100. Falls eine Funktion mehrere Argumente benötigt, werden diese durch Semikolon (;) getrennt. Die Funktion =SUMME(A3;B5;C8;D5) addiert die Werte der angegebenen Zellen. Das Maximum liegt bei 30 Argumenten.

Bei Argumenten kann es sich um Texte, Werte, Zellen, Zellbereiche oder komplexe Ausdrücke handeln – je nachdem, welche Argumente die Funktion erwartet.

8.1 Der Funktions-Assistent

Einfache Funktionen werden Sie sicherlich direkt in der Zelle eingeben. Bei einer komplexen Struktur empfiehlt sich jedoch der Einsatz des Funktions-Assistenten. Er zeigt Ihnen übersichtlich in Kategorien verpackt die unglaubliche Vielfalt der Excel Funktionen. Die dazugehörigen Hilfetexte sind gut aufgebaut und erläutern in kleinen Beispielen, wie Sie die Funktion einsetzen können.

1. Wählen Sie eine leere Zelle und klicken Sie in der *Standard*-Symbolleiste auf den Schalter ***Funktions-Assistent*** (f_x).
2. Im Dialogfeld ***Funktion einfügen*** entscheiden Sie sich für eine *Funktionskategorie*. Falls Sie sich nicht sicher sind, zu welcher Kategorie die Funktion gehört, wählen Sie den Eintrag *Alle*.

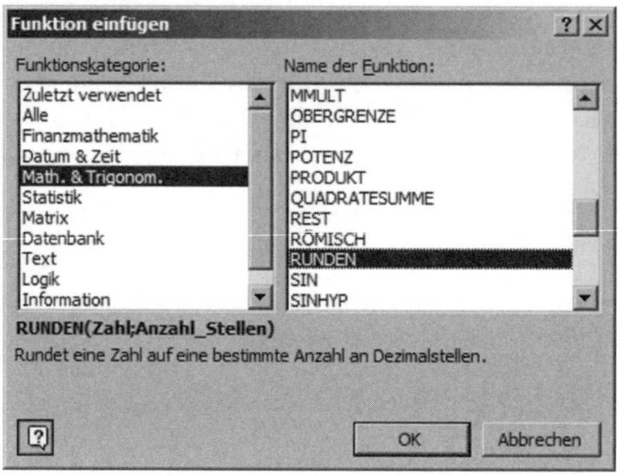

Abbildung 111: Der Funktions-Assistent

3. Im Listenfeld rechts daneben wählen Sie nun aus der sortierten Liste die gewünschte Funktion aus. Eine kurze Beschreibung sowie die Anzahl der Argumente wird Ihnen unterhalb der beiden Listenfelder angezeigt. Bestätigen Sie die Auswahl mit der Schaltfläche ***OK***.
4. Nun wird der Assistent aktiv. In einem eigenen Dialogfeld präsentiert Ihnen Excel verschiedene Eingabefelder (Argumente), wobei die Anzahl von der jeweils gewählten Funktion abhängig ist. Wählen Sie durch einen Klick mit der linken Maustaste oder mit der [↹]-Taste das gewünschte Feld.

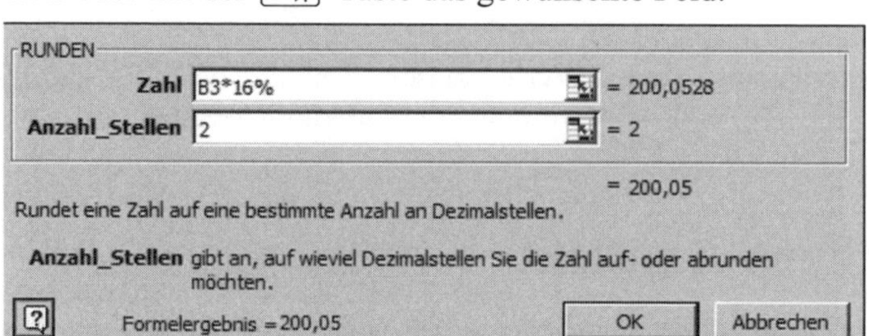

Abbildung 112: Der Funktions-Assistent mit eingetragenen Argumenten

Wahlweise können Sie hier direkt Werte oder Zellbezüge eintragen oder auch die gewünschte Zelle in der Tabelle anklicken. Falls das Dialogfeld die Werte verdecken sollte, ziehen Sie es einfach an eine andere Stelle.

5. Der *Selektor* rechts vom Eingabefeld führt Sie ebenfalls in die Tabelle. Allerdings wird dabei der Funktions-Assistent auf die jeweils aktive Eingabezeile reduziert.
6. Kontrollieren Sie das Formelergebnis und bestätigen Sie Ihre Eingaben mit der Schaltfläche ***OK***.

Funktionen nachträglich bearbeiten

Um eine Funktion nachträglich zu bearbeiten, positionieren Sie den Zellzeiger zunächst auf der Ergebniszelle. Klicken Sie nun auf das Gleichheitszeichen (=) in der *Bearbeitungsleiste*. Der Funktions-Assistent wird erneut angezeigt. Das gleiche Ergebnis erhalten Sie, wenn Sie in der *Standard*-Symbolleiste auf das Symbol ***Funktions-Assistent*** f_x klicken.

Funktionen direkt eingeben

Bei einfachen Funktionen mit wenigen Argumenten ist das Arbeiten mit dem Assistenten meist zu aufwändig. Ist Ihnen der Aufbau der Funktion geläufig, geben Sie diese direkt in der Zelle ein. Wichtig ist hierbei, dass Sie das Gleichheitszeichen (=) über die Tastatur eingeben. Jede andere Variante führt automatisch zum Start des Assistenten.

8.2 Die vielseitige Funktion SUMME

Die Summenfunktion gehört sicherlich zu den wichtigsten Funktionen eines Kalkulationsprogramms. In diesem Kapitel möchte ich in verschiedenen Beispielen die Leistungsfähigkeit dieser Funktion, aber auch ihre „Tücken“ vorstellen.

Der Klassiker

Wählen Sie die Ergebniszelle und klicken Sie in der *Standard*-Symbolleiste auf das Symbol ***AutoSumme*** (Σ).

	A	B	C	D
1	**Nord-Süd AG**			
2		Januar	Februar	März
3	Eva Müller			
4	München	4.320,00	7.530,00	11.450,00
5	Ulm	4.560,00	8.680,00	6.360,00
6	Augsburg	5.670,00	12.540,00	17.560,00
7	Umsatz Müller	=SUMME(B4:B6)		

Abbildung 113: Die Funktion SUMME, Variante I

Der Zahlenbereich oberhalb des Ergebnisfeldes wird mit einem Laufrahmen umrandet. Überprüfen Sie immer, ob tatsächlich alle Zahlen in dem Bereich liegen. Ein erneuter Klick auf dem Symbol ***AutoSumme*** (Σ) schließt die Formel ab. Die Taste [↵] beendet die Formel ebenfalls, allerdings wird hierbei der Zellzeiger eine Zelle nach unten bewegt. Kopieren Sie die Formel, indem Sie am Ausfüllkästchen nach rechts ziehen.

So werden Sie unschlagbar schnell

Markieren Sie zunächst alle Ergebnisfelder und klicken Sie einmal auf das Symbol ***AutoSumme*** (Σ). Die Summen erscheinen sofort in den markierten Feldern. Bevor Sie diese Technik einsetzen, kontrollieren Sie den ersten Zahlenbereich. Er muss komplett mit Werten gefüllt sein und darf keine Leerzellen enthalten.

	A	B	C	D
1	**Nord-Süd AG**			
2		Januar	Februar	März
3	Eva Müller			
4	München	4.320,00	7.530,00	11.450,00
5	Ulm	4.560,00	8.680,00	6.360,00
6	Augsburg	5.670,00	12.540,00	17.560,00
7	Umsatz Müller			

Abbildung 114: Die Funktion SUMME, Variante II

Eine sichere Variante

Markieren Sie den kompletten Zahlenbereich. Die Ergebniszeile muss nicht Bestandteil der Markierung sein, da Excel die Ergebnisse in der nächsten freien Zeile einträgt. Schließen Sie die Summe mit einem Klick auf das Symbol ***AutoSumme*** (Σ) ab.

	A	B	C	D
1	**Nord-Süd AG**			
2		Januar	Februar	März
3	Eva Müller			
4	München	4.320,00	7.530,00	11.450,00
5	Ulm	4.560,00	8.680,00	6.360,00
6	Augsburg	5.670,00	12.540,00	17.560,00
7	Umsatz Müller			

Abbildung 115: Die Funktion SUMME, Variante III

Die Gesamtsumme

Markieren Sie den Zahlenbereich inklusive der gewünschten Ergebniszeile. Klicken Sie anschließend auf das Symbol ***AutoSumme***. Die Formel lautet: =SUMME(B18;B12;B7) und addiert lediglich die Zellen, in denen mit der Funktion SUMME Ergebnisse gebildet wurden.

	A	B	C	D
1	**Nord-Süd AG**			
2		Januar	Februar	März
3	Eva Müller			
4	München	4.320,00	7.530,00	11.450,00
5	Ulm	4.560,00	8.680,00	6.360,00
6	Augsburg	5.670,00	12.540,00	17.560,00
7	Umsatz Müller	14.550,00	28.750,00	35.370,00
8				
9	Udo Dürrschmidt			
10	Frankfurt	6.450,00	7.890,00	3.460,00
11	Wiesbaden	195.040,00	33.580,00	22.190,00
12	Umsatz Dürrschmidt	201.490,00	41.470,00	25.650,00
13				
14	Jürgen Graf			
15	Hamburg	8.350,00	11.530,00	12.390,00
16	Kiel	5.630,00	15.920,00	21.720,00
17	Bremen	3.580,00	2.930,00	3.490,00
18	Umsatz Graf	17.560,00	30.380,00	37.600,00
19				
20	Gesamt			

Abbildung 116: Die Funktion SUMME, Variante IV

Besonderheiten der Funktion SUMME

Bei der Verwendung des Symbols ***AutoSumme*** markiert Excel den Zahlenbereich nur bis zur ersten auftretenden Leerzelle. Zahlen, die darüber liegen, sind nicht Bestandteil der Markierung. Um nun auch diese Werte zu berücksichtigen, markieren Sie den kompletten Zahlenbereich mit der Maus.

Markierung durch Excel

	A	B
1	**Mitarbeiter**	**Aufträge Stand 31.12.2002**
2	Dürrschmidt	7
3	Bergmann	6
4	Sorgatz	5
5	Graf	
6	Sülberg	6
7	Helmstädter	8
8	Müller	7
9	Rahmfeld	5
10	Sonntag	6
11		=SUMME(B6:B10)

Korrigierte Markierung

	A	B
1	**Mitarbeiter**	**Aufträge Stand 31.12.2002**
2	Dürrschmidt	7
3	Bergmann	6
4	Sorgatz	5
5	Graf	
6	Sülberg	6
7	Helmstädter	8
8	Müller	7
9	Rahmfeld	5
10	Sonntag	6
11		=SUMME(B2:B10)

Abbildung 117: Markierungsvorschläge bei der AutoSumme

Welche Werte das Symbol ***AutoSumme*** für eine Addition vorschlägt, ist stark vom Tabellenaufbau abhängig. Befindet sich eine Leerzeile zwischen Zahlen und Ergebniszeile, markiert Excel automatisch die Werte links neben dem Ergebnisfeld.

	A	B	C	D
1	**Umsatzzahlen nach Produktgruppen 2002 in T€**			
2				
3		PCA-IV	PCA-Dual	PCA-MC
4	Quartal 1	650	1130	3500
5	Quartal 2	678	3880	4200
6	Quartal 3	631	3670	3600
7	Quartal 4	615	2650	3540
8				
9	Gesamt	2574	11330	=SUMME(B9:C9)

Abbildung 118: Markierungsvorschläge bei der AutoSumme

8.3 Die unentbehrliche Funktion RUNDEN

Die Berechnung der Mehrwertsteuer oder das Umrechnen in andere Währungen führt in Excel häufig zu Beträgen mit vielen Nachkommastellen. Nach der Formatierung präsentiert sich der Betrag zwar scheinbar gerundet, jedoch wird später mit allen (auch den nicht sichtbaren) Stellen hinter dem Komma weitergerechnet. Dies führt manchmal zu überraschenden Ergebnissen bei der Summenbildung. Das folgende Beispiel soll dieses Problem verdeutlichen.

C3 = =B3*16%

	A	B	C	D
1	**Verkaufte Produkte**			
2		Einkaufs-preis	MwSt.	Verkaufs-preis
3	Produkt I	12,34	1,9744	14,3144
4	Produkt II	11,45	1,8320	13,2820
5	Gesamt			27,5964

D3 = =C3+B3

A	B	C	D
Verkaufte Produkte			
	Einkaufs-preis	MwSt.	Verkaufs-preis
Produkt I	12,34	1,97	14,31
Produkt II	11,45	1,83	13,28
Gesamt			27,60

Abbildung 119 : Ergebnisse der Berechnung; Formatierung mit zwei Nachkommastellen

Erstaunlich ist das Ergebnis der zweiten Abbildung. Die Addition der Verkaufspreise sollte eigentlich nur 27,59 ergeben. Betrachten Sie dagegen die nicht gerundeten Beträge der linken Abbildung, ergibt 27,5964 mit zwei Nachkommastellen folgerichtig 27,60.

Mit der Funktion RUNDEN lösen Sie dieses Problem. Folgende Argumente sind für die korrekte Berechnung erforderlich:

=RUNDEN(Zahl oder Ergebnis einer Berechnung;Anzahl Nachkommastellen)

Beim kaufmännischen Runden bei Euro-Beträgen legen Sie üblicherweise zwei Nachkommastellen zugrunde. Im Beispiel der Mehrwertsteuerberechnung sollte die Funktion bereits in der Zelle C3 zum Einsatz kommen. Das erste Argument ist das Ergebnis der Multiplikation, mit dem zweiten Argument (2) legen Sie die Anzahl der Stellen fest, auf die gerundet wird. Die korrekte Formel lautet in diesem Fall: =RUNDEN(B3*16%;2).

Falls Sie bei der Formelerstellung bereits an das Runden denken, starten Sie Ihre Formel mit dem Gleichheitszeichen (=). Dies vereinfacht die Formeleingabe, da durch einen Klick auf dem Schalter „=“ in der *Bearbeitungsleiste* automatisch der Funktions-Assistent aufgerufen wird. Natürlich lässt sich auch eine bestehende Formel um die Funktion RUNDEN erweitern.

Verwandte Funktionen:

=ABRUNDEN(123,456;2)	123,45
=AUFRUNDEN(123,456;2)	123,46

8.4 Statistische Funktionen

Zur Gruppe der Statistischen Funktionen gehören die Bildung des Mittelwertes, die Ermittlung des kleinsten oder größten Wertes sowie die Varianten zum Zählen von Werten. Alle aufgeführten Funktionen werten üblicherweise einen Bereich aus.

Auf den ***Funktions-Assistenten*** können Sie gut verzichten, da die vorgestellten Funktionen im Aufbau sehr einfach sind. Geben Sie daher das Gleichheitszeichen (=) direkt über die Tastatur ein, der Assistent unterlässt dann sein hilfreiches Werk. Sicherlich ist es auch bequemer, den Funktionsnamen in Kleinbuchstaben zu schreiben. Excel wandelt später die abgeschlossene Funktion automatisch in Großbuchstaben um. Mit der folgenden Vorgehensweise arbeiten die aufgeführten Funktionen korrekt:

1. Positionieren Sie den Zellzeiger auf der Ergebnisszelle.
2. Geben Sie das Gleichheitszeichen (=) über die Tastatur ein.
3. Ohne Leerschritt folgt nun der Funktionsname und direkt anschließend eine öffnende Klammer.
4. Markieren Sie den gewünschten Bereich.
5. Geben Sie eine schließende Klammer ein und beenden Sie die Funktion mit der Taste [↵].

Die Funktion MITTELWERT

Die Funktion MITTELWERT addiert die Werte eines Bereichs und dividiert anschließend durch die Anzahl der gefundenen Werte. Leere Zellen werden ignoriert, Zellen mit Nullwerten dagegen in die Berechnung integriert.

=MITTELWERT(Bereich)

Die Funktion MIN

Mit einem Minimum an Aufwand ermitteln Sie mit der Funktion MIN den kleinsten Wert eines Bereichs.

=MIN(Bereich)

Die Funktion MAX

Die Funktion MAX liefert als Ergebnis den größten Wert eines Bereichs.

=MAX(Bereich)

Verwandte Funktionen

=KGRÖSSTE(10;20;50;70;110;2)	ermittelt den zweitgrößten Wert, also 70
=KKLEINSTE(2;5;8;12;2;6;3)	ermittelt den drittkleinsten Wert, also 3

Die Funktionen ANZAHL und ANZAHL2

Für die Ermittlung der Anzahl von Werten bietet Ihnen Excel sogar zwei Funktionen an. Für welche Sie sich entscheiden, ist vom gewünschten Ergebnis abhängig. Die Funktion ANZAHL ermittelt ausschließlich die Anzahl numerischer Werte, ANZAHL2 dagegen zählt alle belegten Zellen. Das unten aufgeführte Beispiel soll dies verdeutlichen.

	A	B
1	Januar	Januar
2		
3	10:30	10:30
4	01.04.2003	01.04.2003
5	100 €	100 €
6	#DIV/0!	#DIV/0!
7	2,34	2,34
8	4	6
9	Die Funktion =ANZAHL(A1:A8) ermittelt das Ergebnis 4	Die Funktion =ANZAHL2(B1:B8) ermittelt das Ergebnis 6

Abbildung 120: Die Funktionen ANZAHL und ANZAHL2

8.5 Logikfunktionen

Komplexe Berechnungen in Excel sind ohne Logikfunktionen fast nicht durchführbar. Früher oder später wird Ihnen daher in Ihren Tabellen ein Vertreter dieser Gattung begegnen. Der Begriff Logikfunktionen rührt daher, dass Sie mit vergleichenden Operatoren (Boole'sche Operatoren) arbeiten. Es geht immer darum, ob der Inhalt einer Zelle im Verhältnis zu einem anderen Wert gleich oder ungleich, kleiner oder größer ist. In Abhängigkeit vom positiven oder negativen Ergebnis dieser Betrachtung werden dann unterschiedliche Werte ausgegeben oder weitere Berechnungen durchgeführt. Eine Liste der vergleichenden Operatoren finden Sie hier zusammengestellt.

Operator	**Bedeutung**
=	gleich
<>	ungleich
>	größer als
>=	größer gleich
<	kleiner als
<=	kleiner gleich

Die einfache WENN-Funktion

Die einfache Variante der WENN-Funktion kommt mit drei Argumenten aus. Zunächst legen Sie die Bedingung fest, die überprüft werden soll. Falls die Bedingung zutrifft, definieren Sie im zweiten Argument einen Wert oder eine Berechnung. Abgeschlossen wird eine WENN-Funktion immer mit dem dritten Argument. Hier definieren Sie das Ergebnis, falls die Bedingung nicht zutrifft.

=WENN(Bedingung;Wert-wenn-Bedingung-wahr;Wert-wenn-Bedingung-falsch)

Die Einsatzmöglichkeiten der WENN-Funktion sollen hier an mehreren Beispielen vorgestellt werden:

Die Provisionsberechnung

Ab einer Umsatzgröße von 10.000 € soll eine Provision in Höhe von 5% gezahlt werden. Liegt der Umsatz dagegen darunter, werden lediglich 3% gezahlt.

C4 = =WENN(B4>=10000;5%*B4;3%*B4)

	A	B	C	D
1	**Provisionsberechnung**			
2				
3	Name	Umsatz	Provison	
4	Wagner	9.800	294	
5	Burger	20.000	1.000	

Abbildung 121: Die einfache WENN-Funktion

=WENN(B4>=10000;5%*B4;3%*B4)

Die Funktion überprüft zunächst die Umsatzzahl in der Zelle B4. Wenn der Wert dort größer oder gleich (>=) 10.000 ist, werden im nächsten Schritt 5% Provision vom Umsatz berechnet. Falls die Bedingung nicht zutrifft, kann der Wert nur kleiner sein. In diesem Fall greift die Berechnung mit 3% Provision. Beachten Sie bitte, dass der Wert 10000 in der Formel ohne Tausenderpunkt und Nachkommastellen eingegeben wurde.

Die gewonnene Reise

Manchmal ist es erforderlich, als Ergebnis einer WENN-Funktion einen Text auszugeben. In unserem Beispiel werden Umsatzzahlen aus dem Vertrieb ausgewertet. Liegt der Umsatz über 250.000 €, gewinnt der Mitarbeiter eine Reise. Liegt er dagegen darunter, bleibt die Zelle leer.

C5 = =WENN(B5>=250000;"Reise nach Teneriffa";"")

	A	B	C	D
1	**Umsätze Geschäftsjahr 2002**			
2				
3	**Name**	**Umsatz**	**Provison**	
4	Wagner	125.000		
5	Burger	300.000	Reise nach Teneriffa	
6	Hofer	240.000		
7	Schmitt	249.000		

Abbildung 122: WENN-Funktion mit Textausgabe

=WENN(B5>=250000;"Reise nach Teneriffa";"")

Die Funktion überprüft zunächst, ob der Umsatz in der Zelle B4 über 250.000 € liegt. Wenn die Bedingung zutrifft, wird der Text „Reise nach Teneriffa“ ausgegeben. Texte geben Sie in der Formel grundsätzlich in Anführungszeichen ("") ein. Falls die Bedingung nicht zutrifft, wird nichts ("") ausgegeben. Da Excel die Anführungszeichen ("") als Text interpretiert, können Probleme bei nachfolgenden Berechnungen auftreten.

Fehlermeldungen der WENN-Funktion

Falls es sich um einen logischen Fehler handelt, hilft nur detektivischer Spürsinn. Viele „Fehler“ lassen sich jedoch ganz einfach beheben.

Die Meldung FALSCH

Diese Meldung charakterisiert den wohl häufigsten Fehler – das fehlende dritte Argument. Falls Sie es vergessen, quittiert dies Excel mit der Meldung FALSCH.

C4 = =WENN(B4>=10000;5%*B4)

	A	B	C	D
1	**Provisionsberechnung**			
2				
3	Name	Umsatz	Provison	
4	Wagner	9.800	FALSCH	
5	Broder	20.000	1.000	

Abbildung 123: Die Meldung FALSCH

FALSCH bedeutet dabei nicht, dass es sich um einen Rechenfehler handelt. Vielmehr macht Excel Sie darauf aufmerksam, dass die Bedingung (B4>=10000) beim Wert 9.800 in der Annahme falsch ist. Der Wert liegt nämlich darunter.

Die Meldung #WERT!

Bei der Meldung #WERT! handelt es sich tatsächlich um eine Fehlermeldung. Sie erscheint immer dann, wenn Sie mit der WENN-Funktion Texte ausgeben und mit diesen Zellen weitere Berechnungen durchführen.

E6 = =D6+C6

	A	B	C	D	E
1	**Umsatzzahlen**				
2					
3	**Name**	**Umsatz**	**Provision**	**Fixum**	**Gehalt**
4	Wagner	125.000	6.250,00	20.000,00	26.250,00
5	Broder	430.000	21.500,00	20.000,00	41.500,00
6	Gabler	90.000	Gespräch	20.000,00	#WERT!
7	Müller	249.000	12.450,00	20.000,00	32.450,00

Abbildung 124: Die Fehlermeldung #WERT!

Mit der Funktion SUMME könnten Sie bei unserem Beispiel die Provision und das Fixum addieren. Der Eintrag „Gespräch" in Zelle C6 wird bei der Summenbildung einfach ignoriert.

Die WENN-UND-Verknüpfung

Mit UND verknüpfte WENN-Funktionen erweitern die Abfrage um eine Bedingung. In diesem Fall müssen also zwei Einzelbedingungen zutreffen, damit ein Wert oder eine Berechnung durchgeführt werden kann. Die Syntax der Funktion lautet:

=WENN(UND(Bedingung1;Bedingung2);Wert-wenn-wahr;Wert-wenn-falsch)

In unserem Beispiel soll in Abhängigkeit vom Umsatz (D4>=200000) und des Grundgehalts (C4<=2500) eine Bonuszahlung erfolgen. Nur wenn beide Einzelbedingungen zutreffen, erfolgt eine Berechnung (10%*D4). Dies ist lediglich in Zeile 6 der Fall. Dort liegt der Umsatz über 200.000 € und das Grundgehalt unter 2.500 €.

E4 = =WENN(UND(D4>=200000;C4<=2500);10%*D4;0)

	A	B	C	D	E
1	**Umsätze Geschäftsjahr 2002**				
2					
3	**Pers.-Nr.**	**Name**	**Grund-Gehalt**	**Umsatz**	**Bonus**
4	110001	Wagner	2.600	125.000	0
5	120075	Burger	3.200	300.000	0
6	120121	Hofer	2.100	240.000	24.000
7	130080	Schmitt	2.600	249.000	0

Abbildung 125: Die WENN-UND-Verknüpfung

Die WENN-ODER-Verknüpfung

Die ODER-Verknüpfung führt ebenfalls zu einer Erweiterung der WENN-Funktion. Abgefragt werden zwei Einzelbedingungen, von der die eine ODER die andere zutreffen darf, damit ein Wert ausgegeben oder eine Berechnung durchgeführt werden kann. Die Struktur der Funktion ist gleichbleibend zur WENN-UND-Verknüpfung.

=WENN(ODER(Bedingung1;Bedingung2);Wert-wenn-wahr;Wert-wenn-falsch)

In unserem Beispiel betrachten wir erneut die Umsatztabelle. Liegt der Umsatz über 200.000 € (D4>=200000) oder das Grundgehalt unter 2.500 € (C4<=2500) erfolgt eine Bonus-Zahlung in Höhe von 10% (10%*B4). Da beide Betrachtungen voneinander unabhängig sind, führt dies zu einer erheblich umfangreicheren Bonus-Ausschüttung.

E4 = =WENN(ODER(D4>=200000;C4<=2500);10%*D4;0)

	A	B	C	D	E
1	Umsätze Geschäftsjahr 2002				
2					
3	Pers.-Nr.	Name	Grund-Gehalt	Umsatz	Bonus
4	110001	Wagner	2.600	125.000	0
5	120075	Burger	3.200	300.000	30.000
6	120121	Hofer	2.100	240.000	24.000
7	130080	Schmitt	2.600	249.000	24.900

Abbildung 126: Die WENN-ODER-Verknüpfung

Die geschachtelte WENN-Funktion

Bei komplexen Abfragen benötigen Sie häufig mehrere Rückgabewerte. Für diesen Fall können Sie die WENN-Funktion bis zu sieben Mal hintereinander aufrufen. Aufgrund ihrer Komplexität sind diese geschachtelten Funktionen häufig sehr lang und oft unübersichtlich. Deshalb sollten Sie prüfen, ob für diese Berechnung eine andere Funktion vielleicht besser geeignet ist (*siehe Seite 130, Die Funktion SVERWEIS*). Die Syntax für eine zweifach verschachtelte WENN-Funktion lautet:

=WENN(Bedingung1;wenn-wahr;WENN(Bedingung2;wenn-wahr;wenn-falsch))

Wenn die Bedingung zutrifft, wird der "wenn-wahr-Wert" zurückgegeben. Ist bereits die erste Bedingung wahr, erfolgt keine weitere Prüfung der Folge-Bedingungen. Sind alle Bedingungen unzutreffend, erfolgt die Rückgabe des "wenn-falsch-Wertes". Beachten Sie bitte, dass die schließenden Klammern erst am Ende der Funktion gesetzt werden. In unserem Beispiel wurde mit der geschachtelten WENN-Funktion eine Rabattstaffel erstellt.

E4 = =WENN(D4>=10000;7%*D4;WENN(D4>=5000;5%*D4;WENN(D4>=3000;3%*D4;0)))

	A	B	C	D	E	F
1	**Verkauf**					
2						
3	**Artikel**	**Stück**	**Preis**	**Gesamt**	**Rabatt**	
4	PCA-VI	250	20 €	5.000 €	250 €	
5	PCA-MC	45	15 €	675 €	- €	
6	PCA-XII	100	39 €	3.900 €	117 €	

Abbildung 127: Die geschachtelte WENN-Funktion

Diese komplexe Funktion prüft die Umsatzzahl in der Zelle D4 und ermittelt aufgrund der Höhe den jeweiligen Rabatt.

Die Funktion SUMMEWENN

Wie es der Name SUMMEWENN schon verrät, liegt hier eine Kombination von zwei Funktionen vor. Eigentlich gehört diese Funktion zur Kategorie *Mathematisch und trigonometrische Funktionen.* Da sie jedoch eine Addition von Werten nur dann durchführt, wenn eine bestimmte Bedingung zutrifft, wird sie bei den Logikfunktionen beschrieben. Die Funktion SUMMEWENN benötigt folgende Argumente:

=SUMMEWENN(Bereich_der_Auswertung;Suchkriterien;Bereich_der_Summe)

In unserem Beispiel werden Beträge von Reparaturen addiert, die für ein bestimmtes Gebäude entstanden sind.

B2 = =SUMMEWENN(A6:A12;A2;D6:D12)

	A	B	C	D
1	**Objekt**	**Ausgaben 2002**		
2	Hegelstraße	97.500		
3				
4				
5	**Objekt**	**Reparatur**	**Datum**	**Betrag**
6	Hegelstraße	Dach	01.05.2002	70.000 €
7	Wilhelmstraße	Treppenhaus	20.06.2002	25.000 €
8	Lisztstraße	Balkon	10.07.2002	12.000 €
9	Lisztstraße	Bad	01.08.2002	9.800 €
10	Wilhelmstraße	Fassade	05.09.2002	80.000 €
11	Hegelstraße	Bad	01.10.2002	12.500 €
12	Hegelstraße	Treppenhaus	01.12.2002	15.000 €

Abbildung 128: Die Funktion SUMMEWENN

Da die Struktur der Funktion recht komplex erscheint, ist es sicherlich sinnvoll, beim Aufbau den Assistenten (*siehe Seite 105, Der Funktions-Assistent*) zu bemühen. Für eine erfolgreiche Berechnung wählen Sie folgende Vorgehensweise:

1. Positionieren Sie den Zellzeiger auf dem Ergebnisfeld.
2. Klicken Sie auf das Symbol ***Funktions-Assistent*** (***f_x***).
3. Im Dialogfeld ***Funktion Einfügen*** wählen Sie die Funktion SUMMEWENN aus der Liste *Zuletzt verwendet* oder aus der Kategorie *Math. & Trigonom.* und bestätigen dies mit der Schaltfläche ***OK***.
4. Falls das Dialogfeld Ihr Zahlenmaterial verdeckt, ziehen Sie es mit gedrückter linker Maustaste zur Seite.
5. Markieren Sie in der Tabelle den Bereich, den Sie auswerten möchten. In unserem Beispiel sind dies die verschiedenen Objekte (A6:B12).
6. Klicken Sie in das Feld *Suchkriterien*. Markieren Sie in Ihrer Tabelle den Wert, den Sie finden möchten. In unserem Beispiel ist dies der Inhalt von Zelle A2. Das Feld *Suchkriterien* lässt auch die direkte Eingabe eines Wertes zu. Selbst komplexe Ausdrücke mit Vergleichsoperatoren (*siehe Seite 113, Boole'sche Operatoren*) sind in diesem Feld zulässig.
7. Wählen Sie nun das nächste Feld *Summe_Bereich*. Dies ist der Bereich, dessen Werte Sie addieren möchten. Falls das Zahlenmaterial bereits im Argument *Bereich* enthalten ist, entfällt das letzte Argument.

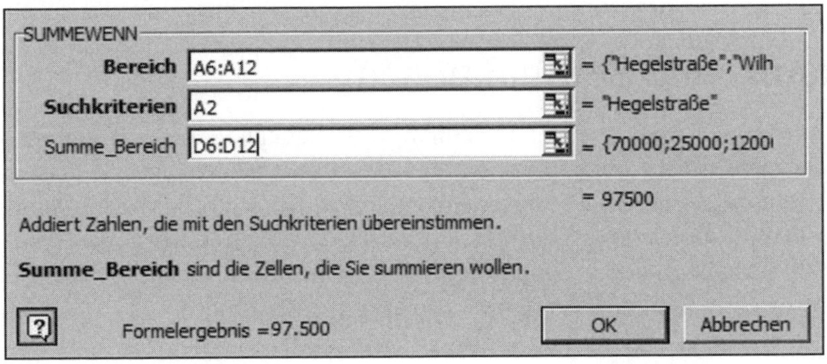

Abbildung 129: Der Funktions-Assistent mit SUMMEWENN

8. Bestätigen Sie das Dialogfeld mit der Schaltfläche ***OK***.

Die Funktion ZÄHLENWENN

Excel ordnet ZÄHLENWENN bei den statistischen Funktionen ein. Gezählt werden alle nicht leeren Zellen eines Bereichs, deren Inhalte mit den Suchkriterien übereinstimmen. Die Funktion kommt mit zwei Argumenten aus.

=ZÄHLENWENN(Bereich;Suchkriterien)

In unserem Beispiel soll die Funktion ZÄHLENWENN die Anzahl der Aufträge mit einem Volumen kleiner als 5.000 € ermitteln. Das erste Argument beschreibt den auszuwertenden Bereich E2 bis E7. Im zweiten Argument legen Sie das Suchkriterium kleiner als 5.000 (<5000) fest.

G8 =

	A	B	C	D	E
1	Rechungs-Nr.	Firma	Betrag	MwSt.	Gesamt
2	11560	Eisenhut & Bartel	15.200	2.432	17.632
3	11561	Eisenhut & Bartel	2.300	368	2.668
4	11562	Ohne Grund u. Haus AG	12.600	2.016	14.616
5	11563	Eisenhut & Bartel	500	80	580
6	11564	Gummibärchen Versand	200	32	232
7	11565	Ohne Grund u. Haus AG	3.200	512	3.712
8	.		Aufträge unter 5000 €		4

Abbildung 130: Die Funktion ZÄHLENWENN

8.6 Datums- und Zeitfunktionen

Eine weitere wichtige Rolle spielen in einem Tabellenkalkulationsprogramm die Datumsfunktionen. Schließlich können Sie damit Fälligkeiten berechnen und Fristen im Auge behalten. Berechnungen mit Datumsangaben sind in Excel grundsätzlich möglich, da hinter jedem Datum immer eine Dezimalzahl steckt. Die Zahl 1 wurde in Excel für den 1. Januar 1900 festgelegt. Der 1. Januar 2003 erreicht bereits die Zahl 37.622. Genau genommen wird aus einer Zahl erst durch die Formatierung ein Datum.

Die Funktion HEUTE

Mit der Funktion HEUTE ermitteln Sie immer das aktuelle Tagesdatum. Speziell für die Berechnung von Zahlungsfälligkeiten benötigen Sie die Kombination aus Rechnungsdatum und aktuellem Datum.

=HEUTE()

Auffällig bei der Funktion HEUTE ist, dass sie ohne Argument auskommt. Lediglich die Eingabe der beiden Klammern ist erforderlich.

Überfällige Rechnungen

Unser Beispiel bezieht sich auf eine vereinfachte Darstellung einer Auftragsliste mit offenen Rechnungen. Mit der Funktion HEUTE soll nun ermittelt werden, wie viele Tage die Rechnung bereits überfällig ist.

D7 = =C7-$B$4

	A	B	C	D	D
1	**Auftragsliste**				
2					
3					
4	*Tagesdatum*	28.02.2003			
5					
6	**Rechnungs-Nummer**	**Betrag**	**Zahlungs-ziel**	**überfällig?**	**überfällig?**
7	1002	81.254	15.01.2003	############	-44
8	1003	45.214	07.02.2003	############	-21
9	1004	3.200	15.02.2003	############	-13
10	1005	2.400	01.03.2003	01.01.1900	1
11	1006	9.843	07.03.2003	07.01.1900	7
12	1007	98.412	15.03.2003	15.01.1900	15
13	1008	65.422	19.03.2003	19.01.1900	19

Abbildung 131: Die Funktion HEUTE, rechts mit Formatierung

Das aktuelle Tagesdatum wird in der Zelle B4 mit der Funktion =HEUTE() ausgegeben. Die Zelle D7 enthält die eigentliche Berechnung. Die Differenz ergibt sich aus dem Datum des Zahlungsziels minus Tagesdatum oder als Formel dargestellt: C7-$B$4. Die absolute Adresse ist erforderlich, da die Formel kopiert werden soll (*siehe Seite 34, Relative und absolute Zellbezüge*).

Der erste Eindruck der Berechnung stimmt nicht so positiv. Hierbei handelt es sich jedoch lediglich um ein kleines Formatierungsproblem. Excel gibt nämlich die Ergebnisse im Datumsformat aus. Bei der ersten Berechnung ergibt sich eine Differenz von minus 44 Tagen (-44). Da Datumswerte nicht negativ sein können, rettet sich Excel durch die Anzeige der Rauten (#). Sobald Sie die Zellen mit einer Zahlenformatierung versehen, lassen die Werte eine korrekte Interpretation der Fälligkeiten zu.

Die Funktionen TAG, MONAT und JAHR

Diesen Funktionen liegt zugrunde, dass sie sich auf einen Datumswert beziehen und daraus den jeweiligen Tag, den Monat oder das Jahr extrahieren. Das Datum kann dabei in Form einer Zelladresse, als Funktion HEUTE() oder durch eine Eingabe in Anführungszeichen „11.11.2002“ vorliegen.

=TAG(Datumswert)

=MONAT(Datumswert)

=JAHR(Datumswert)

Das Sortieren einer Geburtstagsliste nach Monat und Tag setzt beispielsweise das Auflösen der einzelnen Datumsbestandteile voraus (*siehe Seite 199, Sortieren einer Geburtstagsliste*).

Die Funktion KALENDERWOCHE

Um für ein Auslieferungsdatum oder bei Projektlaufzeiten die Kalenderwoche zu ermitteln, bietet sich diese Funktion an. Bei dem Datumswert „11.05.2003“ ermittelt die Funktion die Kalenderwoche 19. Den jeweiligen Wochenwechsel nimmt Excel am Sonntag vor. Tragen Sie jedoch bei dem zweiten Argument den Wert 2 ein, erfolgt der Wechsel in die neue Woche am Montag.

=KALENDERWOCHE(Datumswert;2)

Falls die Funktion die Fehlermeldung #WERT! anzeigt, müssen Sie die Funktion zuerst aktivieren. Über den Menüpunkt ***Extras, Add-Ins-Manager*** wählen Sie dazu aus der Liste die Option *Analyse-Funktionen*.

Die Funktion JETZT

Als Ergänzung zur Funktion HEUTE bietet Ihnen diese Funktion zusätzlich die aktuelle Uhrzeit (Systemzeit Ihres Computers) an. Um nur die Uhrzeit darzustellen, formatieren Sie die Zelle mit einem Zeitformat.

=JETZT()

Die Funktionen STUNDE, MINUTE und SEKUNDE

Diese Funktionen ermitteln aus einem Zeitwert den Stunden-, Minuten- oder Sekundenanteil. Die Zeitwerte können in einem Zeitformat („13:19“) oder in der dezimalen Schreibweise (0,555) vorliegen. Der Einsatz der Funktion MINUTE berücksichtigt bei einem Zeitwert weder die Stunden noch die Sekunden. Aus der Uhrzeit 16:30:25 gibt die Funktion als Ergebnis die Zahl 30 zurück.

=STUNDE(Zeitwert)

=MINUTE(Zeitwert)

=SEKUNDE(Zeitwert)

8.7 Textfunktionen

Excel enthält eine umfangreiche Auswahl an Textfunktionen. Sie kommen häufig zur Anwendung, wenn Daten aus anderen Tabellen oder Anwendungen importiert wurden. Oftmals liegen diese nicht in der gewünschten Form vor, um sie sinnvoll weiterverarbeiten zu können.

Die Funktion VERKETTEN

Die Funktion VERKETTEN übernimmt die Aufgabe, Einträge verschiedener Zellen miteinander zu verknüpfen und in einer neuen Zelle auszugeben. In unserem Beispiel soll eine *Auftragsnummer* aus den Einträgen *Rechnungsnummer*, *Kunden-Nummer* sowie *Verkaufsgebiets-Nummer* gebildet werden. Die einzelnen Einträge werden jeweils durch einen Bindestrich (-) getrennt.

D2 = =VERKETTEN(A2;"-";B2;"-";C2)

	A	B	C	D	E	F
1	Rechnung	Kunden-Nr.	Verkaufs-gebiet	Auftrags-Nr.	Datum	Firma
2	11560	101	1	11560-101-1	05.01.2002	Eisenhut & Bartel
3	11561	85	2	11561-85-2	08.01.2002	Planlos GmbH
4	11562	101	1	11562-101-1	10.01.2002	Eisenhut & Bartel
5	11563	54	4	11563-54-4	14.01.2002	Ohne Grund u. Haus AG
6	11564	101	1	11564-101-1	18.01.2002	Eisenhut & Bartel
7	11565	12	4	11565-12-4	18.01.2002	Gummibärchen Versand

Abbildung 132: Die Funktion VERKETTEN

=VERKETTEN(A2;"-";B2;"-";C2)

Die Funktion VERKETTEN nimmt zunächst den Eintrag aus der Zelle A2 (11560) und trennt diesen durch einen Bindestrich "-" vom Eintrag der Zelle B2 (101). Durch einen weiteren Bindestrich getrennt, wird dann der Wert aus Zelle C2 übernommen. Die Eingabe individueller Texte oder Leerschritte erfolgt dabei immer in Anführungszeichen

(""). Beachten Sie bitte, dass die einzelnen Einträge (Argumente) immer mit einem Semikolon (;) getrennt werden.

Neben dieser Funktion kennt Excel einen speziellen Verkettungsoperator (&). Mit ihm können Sie schnell mehrere Zellinhalte miteinander verbinden. Die Formel würde dann wie folgt aussehen:

=A2&"-"&B2&"-"&C2

Die Funktion WERT

Falls Ihren Zahlen versehentlich ein Textformat zugewiesen wurde, sind Berechnungen nur noch eingeschränkt möglich. Da sich eine Textformatierung durch eine nachträgliche Formatänderung nicht mehr aufheben lässt, setzen Sie die Funktion WERT ein. Berechnungen sind anschließend uneingeschränkt möglich.

=WERT(Text)

B2 = =WERT(A2)

	A	B	C
1	Text	Umwandlung in einen Wert	Wert mit Formatierung
2	11NOV02	37571	11.11.02
3	100	100	100,00 €
4	12:30	0,520833333	12:30

Abbildung 133: Die Funktion WERT

In unserem Beispiel wurden Texte aus der Spalte A in Werte umgewandelt. Das nicht formatierte Ergebnis sehen Sie in Spalte B. Die Spalte C zeigt Ihnen die Werte mit Formatierung.

Die Funktionen LINKS und RECHTS

Mit beiden Funktionen erhalten Sie einen Ausschnitt eines Textes in einer bestimmten Länge. Sie variieren in ihrem Einsatz lediglich dadurch, ob der Text links oder rechts beginnend entnommen wird.

=LINKS(Text;Anzahl_Zeichen)

=RECHTS(Text;Anzahl_Zeichen)

Beide Funktionen arbeiten mit jeweils zwei Argumenten. Das Argument "Text" bezieht sich in unserem Beispiel auf den Inhalt einer Zelle. In unserem Beispiel trennen wir das Länderkennzeichen von der Postleitzahl.

A6 =

	A	B	C
1	D82031	D	82031
2			
3	**Die Funktionen**	=LINKS(A1;1)	=RECHTS(A1;5)

Abbildung 134: Die Funktionen LINKS und RECHTS

Die Funktion LINKS ermittelt aus der Zelle A1 links beginnend ein Zeichen. Die Funktion RECHTS übernimmt aus der Zelle A1 rechts beginnend fünf Zeichen. Beide Funktionen haben keinen Einfluss auf die Formatierung. Die ursprüngliche Zelle A1 beinhaltet eine Texteingabe. Die Zellen B1 und C1 behalten die Formatierung Text bei.

Die Funktion LÄNGE

Sie ermittelt die Anzahl der Zeichen eines Textes. Man könnte Sie aber auch für Zahlen und Datumswerte einsetzen. Das Ergebnis ist allerdings mehr als fragwürdig. So wird bei einem Datumswert die Länge der Dezimalzahl zurückgegeben und nicht die Länge der Anzeige.

=LÄNGE(Text)

B1 = =LÄNGE(A1)

	A	B
1	Ein Mensch in Reuequalen schrie	31

Abbildung 135: Die Funktion LÄNGE

Da die Länge eines Eintrags keinen sonderlich hohen Informationswert besitzt, finden Sie diese Funktion deshalb immer mit anderen Textfunktionen kombiniert.

Die Funktion FINDEN

Die Funktion FINDEN gibt als Ergebnis zurück, an welcher Stelle ein Text in einem anderen enthalten ist. Unser Beispiel bezieht sich auf eine Datenübernahme, in der einzelne Informationen (Name, Eintrittsdatum etc.) durch Bindestrich getrennt in einer Zelle stehen.

=FINDEN(Suchtext;Text;Erstes_Zeichen)

Die Funktion arbeitet mit drei Argumenten. Zunächst legen Sie den Text fest, den Sie finden möchten (Suchtext). Das zweite Argument beschreibt den zu durchsuchenden Text (Text). Hier werden Sie sich auf eine Zelle beziehen. Das dritte Argument ist optional. Hier könnten Sie die Startposition definieren, ab der gesucht werden soll.

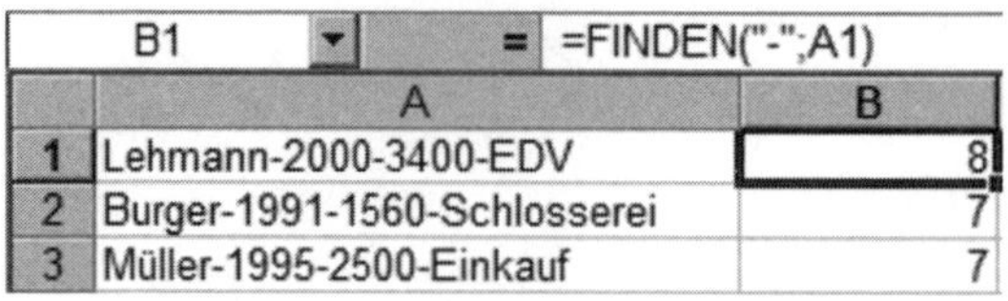
B1 = =FINDEN("-";A1)

	A	B
1	Lehmann-2000-3400-EDV	8
2	Burger-1991-1560-Schlosserei	7
3	Müller-1995-2500-Einkauf	7

Abbildung 136: Die Funktion FINDEN

Die Funktion FINDEN sucht den ersten Bindestrich (-) in der Zelle A1 und gibt als Ergebnis die Position 8 zurück. Auch hier ist der Informationscharakter eher dürftig. Kombinieren Sie die Funktion FINDEN jedoch mit weiteren Textfunktionen, lassen sich damit gezielt Informationen aus dem Text herauslösen.

Die Funktion SUCHEN

Die Funktion SUCHEN scheint zunächst mit der Funktion FINDEN identisch zu sein, zumal sie mit den gleichen Argumenten arbeitet. Allerdings unterscheidet sie nicht zwischen Groß- und Kleinschreibung. Die exakte Schreibweise des Suchtextes ist also nicht zwingend erforderlich. Darüber hinaus erlaubt die Funktion SUCHEN die Verwendung von folgenden Platzhalterzeichen:

Platzhalter	**Einsatz**
*	Verwenden Sie das Sternchen für eine beliebige Zeichenfolge.
?	Setzen Sie das Fragezeichen für ein einzelnes Zeichen ein.
~	Verwenden Sie die Tilde, um nach einem Sternchen oder Fragezeichen zu suchen. Die Tilde muss dann vor dem jeweiligen Zeichen eingegeben werden.

Die Funktion GLÄTTEN

Mit der sehr hilfreichen Funktion GLÄTTEN entfernen Sie alle überflüssigen Leerschritte aus Texteinträgen. Nicht nur führende und abschließende Leerschritte, sondern auch mehrfache Leerschritte zwischen den einzelnen Wörtern werden damit eliminiert.

=GLÄTTEN(Text)

Die Funktion kommt mit einem Argument aus. In unserem Beispieltext in Zelle A1 haben wir viele überflüssige Leerschritte verwendet. Das Ergebnis in Zelle B1 spricht für sich.

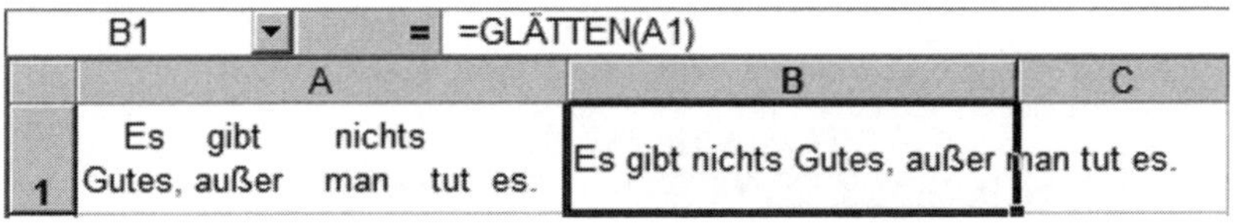

Abbildung 137: Die Funktion GLÄTTEN

Die Funktion TEIL

Die Funktion TEIL ermittelt ebenfalls einen Text aus einer Zelle. Neben der Anzahl der Zeichen bestimmen Sie mit dieser Funktion noch zusätzlich eine Startposition. Damit ist die Funktion TEIL wesentlich flexibler als ihre „Verwandten" LINKS und RECHTS.

=TEIL(Text;Erstes_Zeichen;Anzahl Zeichen)

Die Argumente Text sowie Anzahl Zeichen kennen Sie bereits von den Funktionen LINKS und RECHTS. Über das Argument Erstes_Zeichen legen Sie die Startposition fest, ab der der Text ausgelesen werden soll.

In unserem Beispiel beziehen wir uns auf ein Textfeld mit Datumsinhalt. Nur der dreistellige Monat soll extrahiert werden.

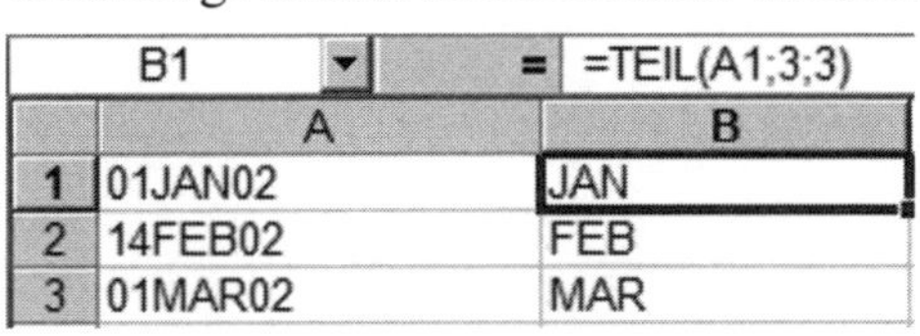

Abbildung 138: Die Funktion TEIL

Die Funktion TEIL bezieht sich auf die Zelle A1 mit dem Inhalt "01JAN02". Im zweiten Argument definieren Sie die Startposition (3). Die Länge des auszulesenden Textes legen Sie im dritten Argument (3) fest. Oftmals müssen Sie die Startposition erst ermitteln. Die Funktion FINDEN liefert dann das erforderliche Argument.

Komplexe Zeichenketten ermitteln

Manchmal kommt es vor, dass Sie Tabellendaten übernehmen und diese strukturelle Mängel aufweisen. Informationen wie Vorname und Nachname stehen gemeinsam in einem Feld. Der Eintrag ist dabei nur bedingt sortierfähig, von einer weiteren Verarbeitung mit der Serienbriefschreibung in Word ganz abgesehen. Um die Einträge in eigene Zellen zu übernehmen, kombinieren Sie verschiedene Textfunktionen. In unserem Beispiel trennen wir die Feldinhalte und übernehmen sie in eigene Felder.

C2 = Guntram Bach

	A	B	C	D	E
1	Kunden-Code	Anrede	Nachname	Vorname	Nachname
2	1	Herr	Guntram Bach		
3	2	Frau	Ida Müller		
4	6	Herr	Michael Maier		
5	10	Frau	Gisela Schmidt		

Abbildung 139: Strukturelle Probleme in der Tabelle

Die Funktion FINDEN

In der Spalte C wurde der Vorname und der Nachname durch einen Leerschritt getrennt. Im ersten Schritt geht es darum, zu ermitteln, an welcher Stelle dieser Leerschritt vorkommt. Wenn die Position des Leerschrittes bekannt ist, kennen Sie ebenfalls die Länge des Vornamens (Leerschrittposition minus 1).

D2 = =FINDEN(" ";C2)

	A	B	C	D	E
1	Kunden-Code	Anrede	Nachname	Vorname	Nachname
2	1	Herr	Guntram Bach	8	
3	2	Frau	Ida Müller	4	
4	6	Herr	Michael Maier	8	
5	10	Frau	Gisela Schmidt	7	

Abbildung 140: Die Funktion FINDEN

In unserem Beispiel findet die Funktion den Leerschritt (" ") in der Zelle C2 (Guntram Bach) auf der Position 8.

Die Funktion LINKS

Um nun einen Ausschnitt des Textes in einer bestimmten Länge zu erhalten, setzen Sie die Funktion LINKS ein.

Das Argument „Anzahl Zeichen" ist bekannt, da die Funktion FINDEN die Position des Leerschritts bereits ermitteln konnte. Da Sie den Leerschritt jedoch nicht in die neue Zelle übernehmen möchten, subtrahieren Sie den Wert 1 (-1).

D2 = =LINKS(C2;FINDEN(" ";C2)-1)

	A	B	C	D	E
1	Kunden-Code	Anrede	Nachname	Vorname	Nachname
2	1	Herr	Guntram Bach	Guntram	
3	2	Frau	Ida Müller	Ida	
4	6	Herr	Michael Maier	Michael	
5	10	Frau	Gisela Schmidt	Gisela	

Abbildung 141: Die Funktion LINKS kombiniert mit der Funktion FINDEN

Die Funktion LINKS bekommt die Information, aus der Zelle C2 (Guntram Bach) Text auszulesen. Mit dem zweiten Argument bestimmen Sie mit der Funktion FINDEN die Länge des auszulesenden Textes. Die Funktion FINDEN ermittelt den Leerschritt auf der Position 8. Subtrahieren Sie in einem weiteren Schritt den Wert 1 (-1), erhalten Sie den Teileintrag Vorname.

Leider können Sie mit der Funktion RECHTS nicht so einfach den Nachnamen auslesen, da Ihnen seine Länge nicht vorliegt. Bekannt ist bisher nur, dass der Leerschritt auf der Position acht sitzt. Wissen Sie allerdings die komplette Länge von Vor- und Nachnamen können Sie die Differenz errechnen und so den Nachnamen ermitteln.

Die Funktion LÄNGE

Die Funktion LÄNGE hilft uns dabei, die Zeichenanzahl des Nachnamens herauszufinden. Durch die Berechnung "Gesamtlänge des Textes minus Leerschrittposition zwischen Vor- und Nachnamen" (12 - 8) ergibt sich zwangsläufig die Zeichenanzahl für den Nachnamen.

Die Funktion RECHTS

Die Funktion RECHTS benötigt die Anzahl der Zeichen, die von rechts aus der Zelle ausgelesen werden sollen. Diese Zahl konnten Sie durch die Differenz "Gesamtlänge minus Leerschrittposition" (4) ermitteln.

E2 = =RECHTS(C2;LÄNGE(C2)-FINDEN(" ";C2))

	A	B	C	D	E
1	Kunden-Code	Anrede	Nachname	Vorname	Nachname
2	1	Herr	Guntram Bach	Guntram	Bach
3	2	Frau	Ida Müller	Ida	Müller
4	6	Herr	Michael Maier	Michael	Maier
5	10	Frau	Gisela Schmidt	Gisela	Schmidt

Abbildung 142: Die Funktionen RECHTS, LÄNGE, FINDEN

Mit der Funktion RECHTS soll der Nachname aus Zelle C2 (Guntram Bach) ausgelesen werden. Die Funktion LÄNGE ermittelte den Wert 12. Davon wurde die Leerschritt-Position (8) subtrahiert. Die Subtraktion 12 minus 8 ergibt 4. Nun kennt die Funktion RECHTS die auszulesende Länge und gibt den Namen "Bach" aus.

Verwandte Funktionen

GROSS	Wandelt alle Zeichen in Großbuchstaben um.
GROSS2	Wandelt das erste Zeichen eines Wortes in einen Großbuchstaben um.
KLEIN	Wandelt alle Zeichen in Kleinbuchstaben um.
SÄUBERN	Entfernt alle nicht druckbaren Steuerzeichen eines Textes.

8.8 Matrixfunktionen

Matrixfunktionen kommen immer dann zum Einsatz, wenn eine Formel auf eine Gruppe von Werten angewandt wird. Die Werte (Argumente) können dabei in Spalten oder Zeilen organisiert sein. Excel unterscheidet zwischen zwei verschiedenen Arten: Matrixbereiche und Matrixkonstanten. Die in diesem Kapitel vorgestellten Funktionen arbeiten mit Matrixkonstanten.

Die Funktion SVERWEIS

Die Funktion SVERWEIS überprüft einen vorgegebenen Wert in der ersten Spalte einer vertikal aufgebauten Matrix (daher senkrechter Verweis) und versucht, eine zu dem gefundenen Wert gehörende Information zu finden. Das hört sich etwas kompliziert an, wird aber am Beispiel der Provisionsberechnung verständlich. Die Funktion arbeitet mit folgender Syntax:

=SVERWEIS(Suchkriterium;Bereich;Spaltennummer;genaue Übereinstimmung)

In unserem Beispiel soll abhängig vom Umsatz der jeweilige Provisionssatz ermittelt werden. Die Provisionssätze sind in der Tabelle in einem eigenen Bereich (vertikale Matrix) hinterlegt. Der Übersichtlichkeit halber sind beide Bereiche nebeneinander angeordnet.

C4 = =SVERWEIS(B4;$E$4:$F$8;2)

	A	B	C	D	E	F
1	**Provisionsberechnung**					
2					**Provisionstabelle**	
3	**Name**	**Umsatz**	**Provision**		**Umsatz**	**Provision**
4	Wagner	8.850,00 €	3%		0	0
5	Broder	20.220,00 €	5%		5.000	3%
6	Gabler	33.500,00 €	7%		10.000	5%
7	Müller	3.500,00 €	0%		25.000	7%
8	Dürrschmidt	51.450,00 €	10%		50.000	10%

Abbildung 143: Die Funktion SVERWEIS

Das erste Argument der Funktion SVERWEIS ist der erreichte Umsatz 9.850 € in der Zelle B4. Dies ist Ihr Suchkriterium, mit dem Sie eine Übereinstimmung in der Matrix herstellen möchten.

Das zweite Argument bezieht sich auf den auszuwertenden Bereich. In unserem Beispiel ist dies die vertikal angeordnete und aufsteigend sortierte Provisionstabelle (E4 bis F8). Bitte achten Sie darauf, den Bereich in absoluten Adressen anzugeben, da sonst später Probleme beim Kopieren der Formel entstehen.

Das dritte Argument legt fest, in welcher Spalte der Matrix die Ergebnisse stehen. Hier erfolgt nun keine weitere Markierung, sondern lediglich die Eingabe einer Zahl. In unserem Beispiel stehen die Provisionssätze in der Spalte zwei. Die Zahl 2 ist somit das dritte Argument.

Das vierte Argument kommt in unserem Beispiel nicht zum Einsatz, da eine genaue Übereinstimmung der jeweiligen Umsatzzahl mit den Matrixwerten eher unwahrscheinlich ist. Der zu ermittelnde Provisionssatz liegt vielmehr in einem Wertebereich; 3% Provision werden für den Umsatzbereich von 5.000 € bis 9.999,00 € gezahlt.

Zusammenfassend dargestellt arbeitet die Funktion SVERWEIS wie folgt: Überprüft wird der Betrag 9.850 € und in der sortierten Matrix dem Wert größer als 5.000 und kleiner als dem nächsthöheren (10.000) zugeordnet. Aus der zweiten Spalte liefert die Funktion dann den passenden Wert 3%.

Die genaue Übereinstimmung

Sie wird immer dann erforderlich, wenn ein eindeutiger Wert gesucht wird. Dies ist der Fall bei Kunden-, Personal- oder Artikelnummern.

Im Formel-Assistenten wird dieses Argument mit *Bereich_Verweis* bezeichnet. Hierbei handelt es sich um einen logischen Wert[4], der angibt, ob Excel eine genaue oder eine ungefähre Entsprechung suchen soll. Bleibt das Argument unbesetzt, geht Excel von einer ungefähren Entsprechung aus. Dies war im Beispiel der Provisionsberechnung der Fall. Der fehlende Wert wird dann automatisch als WAHR interpretiert.

Geben Sie dagegen den logischen Wert FALSCH ein, sucht SVERWEIS eine genaue Entsprechung. Bei der Interpretation der Angabe hilft die Vorstellung, dass eine ungefähre Entsprechung FALSCH ist. Falls die Funktion keine Übereinstimmung herstellen kann, erhalten Sie den Fehlerwert #NV (**n**icht **v**erfügbar).

In unserem Beispiel kommen für die Kalkulation eines Angebotes verschiedene Artikel in Frage. Die Funktion SVERWEIS soll nun über die Artikel-Nummer eine Übereinstimmung in der Matrix herstellen und anschließend die Artikel-Beschreibung sowie den jeweiligen Preis ermitteln. Die Artikel-Daten sind in einem eigenen Tabellenblatt (*Artikel*) abgelegt.

	A	B	C
1	**Art.-Nr.**	**Bezeichnung**	**Preis**
2	442	CARSTENS Kühlelemente VR 247	699,00 €
3	820	Mundig Seitenverschalung 404	699,00 €
4	821	Mundig Seitenverschalung GV 414	799,00 €
5	452	Winisonic Rückwand NV-SD 25EG	1.399,00 €
6	522	Rochnics SC-CH950	1.599,00 €
7	630	DAWA NSX-540	2.299,00 €

Abbildung 144: Die Artikel-Tabelle

Auf einem weiteren Tabellenblatt werden nun die Daten mit der Funktion SVERWEIS zusammengestellt.

B4 = =SVERWEIS($A4;Artikel!$A$2:$E$7;2;FALSCH)

	A	B	C
1	**Kalkulation**		
2			
3	**Artikel-Nr.**	**Beschreibung**	**Einzelpreis**
4	522	Rochnics SC-CH950	1599
5	452	Winisonic Rückwand NV-SD 25EG	1399
6	630	DAWA NSX-540	2299
7		#NV	#NV

Abbildung 145: Die Funktion SVERWEIS mit genauer Übereinstimmung

Die Funktion ist in dieser Form schon deutlich umfangreicher geworden. Zunächst überprüft sie in Zelle B4 die Artikel-Nummer in der Zelle A4 und versucht, über die

[4] Unter logischen Werten versteht Excel die Angaben WAHR oder FALSCH.

Artikel-Nummer 522 eine Übereinstimmung herzustellen. Möchten Sie die gleiche Formel später in Spalte C einsetzen, macht dies einen gemischten Zellbezug ($A4) erforderlich (*siehe Seite 35, Gemischte Zellbezüge*).

Mit dem zweiten Argument sucht Excel in der Tabelle *Artikel* im Bereich A2 bis E7 eine Übereinstimmung mit der Artikel-Nummer. Dieser Bereich wird ebenfalls mit einem absoluten Bezug eingegeben, da die Formel später nach unten kopiert wird. Die zweite Spalte (2) liefert dann den eigentlichen Wert: die Beschreibung. Das vierte Argument legt die genaue Übereinstimmung fest. Hier geben Sie bitte FALSCH ein.

8.9 Die hilfreiche Funktion VERGLEICH

Die Funktion VERGLEICH wird Ihnen kaum alleine in Tabellen begegnen. Vielmehr wird sie zur Ergebnisfindung von anderen Funktionen genutzt, die in einer Liste (Matrix) einen bestimmten Wert finden sollen. Hat die Funktion VERGLEICH diesen Wert gefunden, kann die vorgeschaltete Funktion dann damit weiter arbeiten. Die Funktion arbeitet mit folgender Syntax:

=VERGLEICH(Suchkriterium;Suchmatrix;Vergleichstyp)

Für den eingegebenen IATA-Code in Zelle D1 (LEJ) ermittelt die Funktion VERGLEICH in der Matrix (B5 bis B14) die sechste Stelle (6).

D2 = =VERGLEICH(D1;B5:B14;0)

	A	B	C	D
1	**Geben Sie den gewünschten Code ein:**			LEJ
2			Ergebnis:	6
3				
4		**IATA-Code**	**Ort**	
5		CGN	Köln	
6		DUS	Düsseldorf	
7		FRA	Frankfurt	
8		HAJ	Hannover	
9		HAM	Hamburg	
10		LEJ	Leipzig	
11		MUE	München	
12		NUE	Nürnberg	
13		STR	Stuttgart	
14		TXL	Berlin	

Abbildung 146: Die Funktion VERGLEICH

Das erste Argument definiert das Suchkriterium. In unserem Beispiel wird der Eintrag der Zelle D1 überprüft. Mit dem gefundenen Wert LEJ versucht die Funktion nun eine

Übereinstimmung in der Suchmatrix (B5:B14) herzustellen. Mit dem dritten Argument (0) legen Sie fest, dass die Funktion eine genaue Übereinstimmung sucht. Die Listenelemente müssen in diesem Fall nicht sortiert vorliegen.

Ist das dritte Argument dagegen mit dem Wert 1 besetzt, muss die Liste aufsteigend sortiert vorliegen. Gesucht wird dann ein Wert, der kleiner oder gleich dem Suchkriterium ist. Der Wert -1 setzt eine absteigende Sortierung voraus. Die Funktion sucht in diesem Fall einen Wert, der größer oder gleich dem Suchkriterium ist.

Die Fehlermeldung #NV (**n**icht **v**erfügbar) erscheint immer dann, wenn die Funktion keinen passenden Wert finden konnte.

8.10 Die mächtige Funktion INDEX

Ihre Aufgabe ist es, einen bestimmten Wert aus einem Zellbereich zu ermitteln. Der Zugriff erfolgt dabei über Spalten- und Zeilenindizes. Eine zweite Variante dieser Funktion kann sogar gleich mehrere Bereiche auswerten. Wir begnügen uns zunächst mit der Matrixvariante und stellen diese in einem einfachen Beispiel vor. Die Funktion INDEX arbeitet mit folgender Syntax korrekt:

```
=INDEX(Matrix;Zeile;Spalte)
```

In unserem Beispiel der IATA-Codes ermittelt die Funktion INDEX, basierend auf der Zeilenangabe 3 und der Spaltenanzahl 2, in der Tabelle den Eintrag Frankfurt.

D1 = =INDEX(B4:C13;3;2)

	A	B	C	D
1		Ergebnis der INDEX-Funktion:		**Frankfurt**
2				
3		**IATA-Code**	**Ort**	
4		CGN	Köln	
5		DUS	Düsseldorf	
6		FRA	Frankfurt	
7		HAJ	Hannover	
8		HAM	Hamburg	
9		LEJ	Leipzig	
10		MUE	München	
11		NUE	Nürnberg	
12		STR	Stuttgart	
13		TXL	Berlin	

Abbildung 147: Die Funktion INDEX

Die Funktion INDEX benötigt als erstes Argument den Bereich (B4:C13). Dieser Bereich kann durchaus aus mehreren Spalten bestehen. Mit dem zweiten Argument legen Sie fest, in welcher Zeile (3) der Wert steht, mit dem eine Übereinstimmung hergestellt werden soll. Das dritte Argument definiert die Spalte (2), aus welcher der Wert zurückgegeben wird. Die Funktion INDEX findet also in der Matrix das Ergebnis Frankfurt in der dritten Zeile und in der zweiten Spalte.

Sicherlich haben Sie die manuelle Eingabe der Zeilenbezüge als nicht sehr praxisgerecht empfunden. Hilft jedoch die Funktion VERGLEICH bei der Ermittlung der Bezüge, kann die INDEX-Funktion darauf aufbauen.

8.11 Werte finden mit INDEX und VERGLEICH

In unserer Flughafen-Liste möchten Sie entweder durch die Eingabe eines IATA-Codes den passenden Städtenamen oder nach Eingabe des Städtenamens den dazugehörigen IATA-Code angezeigt bekommen. Um diese Funktionalität zu erreichen, kombinieren Sie die beiden Funktionen INDEX und VERGLEICH.

Um diese komplexe Formel besser zu verstehen, wurden die Eingabefelder (Zellen B1 und B2) direkt über der auszuwertenden Matrix angeordnet. Die Liste der IATA-Codes und der dazugehörigen Orte könnte natürlich auch auf einem anderen Tabellenblatt stehen oder in einer anderen Arbeitsmappe gespeichert sein.

C1 = =INDEX(B5:C14;VERGLEICH(B1;B5:B14;0);2)

	A	B	C	D
1	**Bitte Code eingeben:**	LEJ	**Leipzig**	
2	**Bitte Ort eingeben:**	Leipzig	**LEJ**	
3				
4		**IATA-Code**	**Ort**	
5		CGN	Köln	
6		DUS	Düsseldorf	
7		FRA	Frankfurt	
8		HAJ	Hannover	
9		HAM	Hamburg	
10		LEJ	Leipzig	
11		MUE	München	
12		NUE	Nürnberg	
13		STR	Stuttgart	
14		TXL	Berlin	

Abbildung 148: Die Funktionen INDEX und VERGLEICH

Die INDEX-Funktion in der Zelle C1 startet mit dem auszuwertenden Bereich (B5:C14). In dieser Matrix sind die Codes mit den dazugehörigen Orten enthalten. Die Ermittlung des zweiten Argumentes wird von der Funktion VERGLEICH übernommen. Sie prüft zuerst die Eingabe in der Zelle B1 und findet dort den Eintrag LEJ. Anschließend versucht sie, eine Übereinstimmung in dem Bereich der IATA-Codes (B5:B14) herzustellen. Die 0 als drittes Argument definiert eine nicht sortierte Liste und den Wunsch nach einer genauen Übereinstimmung des Wertes.

Die Funktion VERGLEICH findet den Eintrag LEJ in der Zeile 6 und liefert so für die INDEX-Funktion das zweite Argument. Mit dem dritten Argument, der Zahl 2, bekommt die Funktion die Information, aus welcher Spalte der Wert geliefert werden soll. In der zweiten Spalte enthält die Matrix die Orte. Folgerichtig erscheint als Ergebnis der Ort *Leipzig*.

Nach dem gleichen Prinzip lässt sich auch nach Eingabe des Ortes der dazugehörige IATA-Code ermitteln. Hierzu ändern Sie lediglich zwei Argumente. Die Funktion VERGLEICH versucht über die Orte (C5:C14) eine Übereinstimmung herzustellen. Die Funktion findet den Eintrag *Leipzig* in der Zeile 6. In der ersten Spalte (1) findet die Funktion INDEX die dazugehörige Angabe LEY. Ihre Funktion lautet also:

```
=INDEX(B5:C14;VERGLEICH(B2;C5:C14;0);1)
```

9 Tabellen verknüpfen

Mit einer Verknüpfung beziehen Sie sich auf Daten anderer Tabellenblätter. Sie können diese Daten übernehmen und mit ihnen im aktuellen Tabellenblatt weiterrechnen. So lassen sich beispielsweise die Ausgaben der einzelnen Quartale (*Tabelle1* bis *Tabelle4*) in einem neuen Tabellenblatt *Gesamt* zusammenfassen. Excel arbeitet standardmäßig mit einer dynamischen Verbindung – ändern sich die Originaldaten, sehen Sie die aktuellen Werte sofort im Tabellenblatt *Gesamt*.

9.1 Einen Übertrag erstellen

Möchten Sie mit dem Wert eines anderen Tabellenblatts weiterrechnen, positionieren Sie den Zellzeiger auf der Zelle, die den Wert erhalten soll. Starten Sie wie gewohnt Ihre Formel-Eingabe mit dem Gleichheitszeichen (=). Klicken Sie nun auf das Tabellenregister, das den gewünschten Wert enthält. Im Tabellenblatt erfolgt ein erneuter Klick auf die gewünschte Zelle. Die Verknüpfung beenden Sie mit der Taste [↵].

Der Aufbau eines Übertrags wird hier anhand der Zelle D35 erläutert. In der *Bearbeitungsleiste* wird die Verknüpfung mit der Syntax =Tabelle1!D35 dargestellt. Ein Ausrufezeichen (!) trennt dabei den Namen des Tabellenblatts von der Zelladresse. Mit dieser Technik lassen sich nicht nur Zahlen, sondern beliebige Zelleinträge an andere Stellen übernehmen.

9.2 Externe Bezüge auf andere Blätter

Unser Beispiel bezieht sich auf Umsatzzahlen der Niederlassungen *Hamburg*, *Frankfurt* und *München*. Für jede Niederlassung wurde ein eigenes Tabellenblatt angelegt.

	A	B	C	D	E
1	***Umsatzzahlen Hamburg***				
2					
3	**Produktgruppe**	**1. Quartal**	**2. Quartal**	**3. Quartal**	**4. Quartal**
4	A	8.105,87 €	6.822,55 €	3.119,27 €	2.861,71 €
5	B	6.203,47 €	5.221,34 €	3.211,01 €	2.945,88 €
6	C	10.339,12 €	8.702,23 €	8.990,83 €	8.248,46 €
7	D	8.105,87 €	6.822,55 €	10.550,46 €	9.679,32 €
8	**Summe**	**32.754,34 €**	**27.568,67 €**	**25.871,56 €**	**23.735,38 €**

Abbildung 149: Tabelle Niederlassung Hamburg

Ziel ist es nun, in einer weiteren Tabelle die Umsätze der Filialen untereinander darzustellen, und den Gesamtumsatz zu bilden. Ihre Vorgehensweise könnte so aussehen:

1. Erstellen Sie zuerst das Tabellenblatt, in dem Sie die Werte aus den einzelnen Tabellen übernehmen möchten. Der Aufbau sollte dem der Filialen entsprechen. Eventuell kopieren Sie sich ein bereits vorhandenes Tabellenblatt und löschen nicht benötigte Zellen.
2. Positionieren Sie den Zellzeiger auf der gewünschten Zelle und leiten Sie die Formel wie gewohnt mit dem Gleichheitszeichen (=) ein.
3. Klicken Sie auf das erste Tabellenregister. In unserem Beispiel handelt es sich dabei um *Hamburg*. Wählen Sie dort mit einem weiteren Mausklick die Zelle mit der ersten Umsatzzahl für das Quartal 1 (B8) aus. Schließen Sie die Formel mit der [↵]-Taste ab.

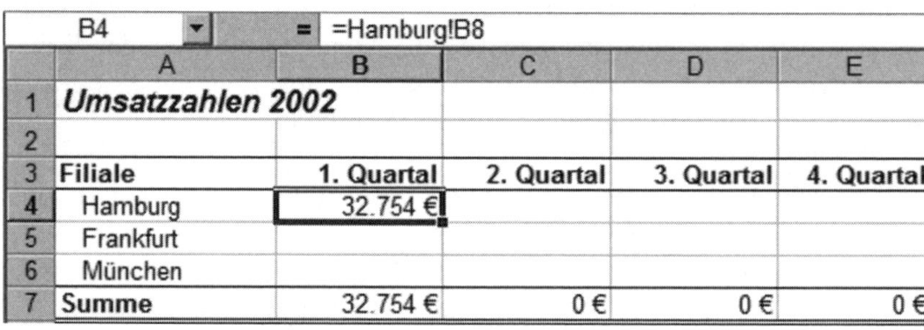
B4 = =Hamburg!B8

	A	B	C	D	E
1	**Umsatzzahlen 2002**				
2					
3	**Filiale**	**1. Quartal**	**2. Quartal**	**3. Quartal**	**4. Quartal**
4	Hamburg	32.754 €			
5	Frankfurt				
6	München				
7	**Summe**	32.754 €	0 €	0 €	0 €

Abbildung 150: Die Tabelle Gesamt

4. Bei der Formel =Hamburg!B8 handelt es sich um einen relativen Bezug. Da die Werte für die weiteren Quartale im Tabellenblatt *Hamburg* unmittelbar an die Zelle B8 angrenzen, kommt nun das Ausfüllkästchen (*siehe Seite 46, Das geniale Ausfüllkästchen*) zum Einsatz. Ziehen Sie die Formel in die rechts angrenzenden Zellen, werden Sie sofort mit den weiteren Quartalsergebnissen aus Hamburg belohnt.

Die Übernahme der Ergebnisse aus *Frankfurt* und *München* erfolgt nach dem gleichen Schema.

9.3 Externe Bezüge auf andere Mappen

Im Wesentlichen funktioniert ein externer Bezug auf eine andere Arbeitsmappe nach dem bereits beschriebenen Modell. Wichtig bei dieser Form von Bezügen ist das vorherige Öffnen der anderen Arbeitsmappe. Mit der Tastenkombination [Strg]+[⇆] können Sie dann bequem zwischen „Ziel" und „Quelle" wechseln.

Haben Sie den externen Bezug hergestellt, wird dieser als absoluter Bezug eingetragen. Falls Sie mit dem Ausfüllkästchen die Verknüpfung auf angrenzende Zellen kopieren möchten, müssen Sie zuerst den absoluten Bezug in einen relativen Zellbezug wandeln. Entfernen Sie zu diesem Zweck die Dollarzeichen ($) oder drücken Sie im *Bearbeitungsmodus* mehrfach die Taste [F4].

Umfasst der externe Bezug einen ganzen Bereich, können Sie auch die folgende Technik anwenden: Markieren Sie das zu verknüpfende Zahlenmaterial und wählen Sie den Befehl ***Kopieren***. Wechseln Sie dann zur Zieltabelle und positionieren Sie den Zellzeiger auf der „Startzelle". Über die Schaltfläche ***Verknüpfen*** im Menüpunkt ***Bearbeiten, Inhalte einfügen*** stellen Sie dann den externen Bezug her.

9.4 3D-Bezüge

Mit der „dritten Dimension" einer Verknüpfung beziehen Sie sich auf mehrere Tabellenblätter. Hierbei kommen dann Funktionen wie SUMME, MITTELWERT, MIN, MAX etc. zum Einsatz. Voraussetzung ist allerdings, dass der Wert in jedem Tabellenblatt an der gleichen Stelle steht.

Das hört sich wesentlich komplizierter an, als es eigentlich ist. Stellen Sie sich ganz einfach vor, Ihre Arbeitsmappe enthält zwölf Tabellenblätter mit den jeweiligen Monatsumsätzen. Die Umsatzzahl für den aktuellen Monat steht in jedem Tabellenblatt an der gleichen Stelle in der Zelle E25. Bei der konventionellen Vorgehensweise müssten Sie für die Berechnung des Gesamtumsatzes zwölf verschiedene Tabellenblätter anklicken und dort mit einem weiteren Klick die Zellen für die Addition auswählen. Mit einem 3D-Bezug erstellen Sie diese Formel mit einem Minimum an Aufwand. Mit der folgenden Vorgehensweise erstellen Sie einen 3D-Bezug:

1. Positionieren Sie den Zellzeiger auf der Zelle, die das Ergebnis erhalten soll und klicken Sie auf das Symbol ***AutoSumme*** (Σ).
2. Klicken Sie auf das erste Tabellenregister und dort auf die gewünschte Zelle. Geben Sie anschließend einen Doppelpunkt (:) ein. Damit leiten Sie einen „von-bis-Bezug" ein.
3. Halten Sie nun die [⇧]-Taste gedrückt und klicken Sie auf das letzte Tabellenregister, von dem Sie den Wert addieren möchten.
4. Bestätigen Sie die Funktion mit der Taste [↵].

Das Ergebnis wird sofort angezeigt und Ihre Formel erscheint mit folgender Syntax: =SUMME(Januar:Dezember!E25:E25).

9.5 Navigation in verknüpften Tabellen

Wurde der Wert einer Tabelle durch eine Verknüpfung erzeugt, können Sie sehr schnell zum ursprünglichen Wert gelangen. Handelt es sich um eine externe Verknüpfung, öffnet sich hierbei sogar die jeweilige Arbeitsmappe. Sie müssen lediglich den Doppelklick auf einer Zelle „umprogrammieren", damit er Sie zur Originalstelle führen kann. Über den Menüpunkt ***Extras, Optionen*** in der Registerkarte ***Bearbeiten*** deaktivieren Sie „*Direkte Zellbearbeitung aktivieren*" und bestätigen dies mit ***OK***. Schon führt Sie der Doppelklick auf einer Verknüpfung zu den ursprünglichen Daten.

Normalerweise hat der Doppelklick die Aufgabe, die aktuelle Zelle in den *Bearbeitungsmodus* zu bringen. Da Sie diesen Modus auch über die *Bearbeitungsleiste* sowie mit der Taste [F2] erreichen können, sollten Sie ruhig den komfortablen Sprung zur Verknüpfung nutzen. Sofern Sie in einer anderen Arbeitsmappe gelandet sind, springen Sie mit der Tastenkombination [Strg]+[⇆] wieder zurück zur ursprünglichen Zelle. Sind mehrere Arbeitsmappen geöffnet, müssen Sie die Tastenkombination entsprechend oft wiederholen.

9.6 Die Kontrolle

Um sich einen Überblick über die externen Bezüge einer Tabelle zu verschaffen, werfen Sie einen Blick in den Menüpunkt ***Bearbeiten, Verknüpfungen***. In einer Liste erscheinen die Quelldateien, zu denen externe Bezüge existieren. Sollte die automatische Aktualisierung nicht aktiviert sein, bietet die Schaltfläche ***Jetzt aktualisieren*** die Gelegenheit dazu.

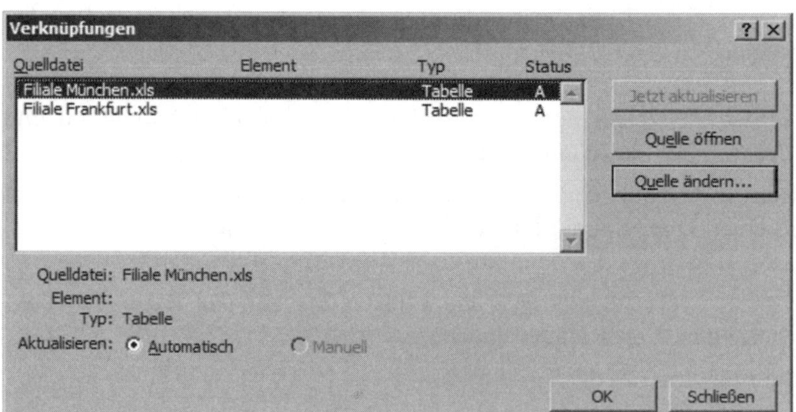

Abbildung 151: Das Dialogfeld Verknüpfungen

10 Mehr Transparenz mit Namen

Gerade bei umfangreichen Berechnungen führen Zelladressen wie A43 oder B25 nicht unbedingt zu gut lesbaren Formeln. Statt der üblichen Zellbezüge erlaubt Excel auch die Vergabe von Namen. Benennen lassen sich einzelne Zellen oder ganze Bereiche. Statt der Zelladresse verwenden Sie dann in der Formel nur noch den entsprechenden Namen. Schließlich ist die Formel =SUMME(Umsatz) wesentlich besser zu verstehen, als =SUMME(C3:C20). Die Vorteile der Namensvergabe sind:

- Namen können anstatt üblicher Zellbezüge in Formeln eingesetzt werden.
- Excel behandelt benannte Zellen wie absolute Bezüge.
- Benannte Zellen erlauben eine besonders schnelle Navigation in der Tabelle.

10.1 Die Namensvergabe

Am schnellsten benennen Sie die Zellen über das *Namenfeld* links außen in der *Bearbeitungsleiste.* Dieses Feld finden Sie oberhalb des Spaltenbuchstabens A. Markieren Sie zuerst eine einzelne Zelle oder einen Bereich. Durch einen Klick im *Namenfeld* erscheint die Zelladresse des Zellzeigers und kann mit einem Text überschrieben werden. In unserem Beispiel wurde die Zelle D1 markiert und mit „Pfund" benannt. Anschließend bestätigen Sie Ihre Eingabe mit der Taste [↵].

Pfund = 0,66

	A	B	C	D
1	**Preiskalkulation Ausland**		Aktueller Kurs £	0,66
2				
3				
4	**Art.-Nr.**	**Bezeichnung**	**Preis in €**	**Preis in £**
5	442	CARSTENS Kühlelemente VR 247	699,00 €	
6	820	Mundig Seitenverschalung 404	699,00 €	

Abbildung 152: Arbeiten mit dem Namenfeld

Leider beziehen sich die Namen immer auf die komplette Arbeitsmappe und nicht auf das jeweilige Tabellenblatt. Um beispielsweise in zwölf Tabellenblättern, beschriftet mit Januar bis Februar, das jeweilige Umsatzfeld anzusprechen, benötigen Sie eindeutige Namen. Mit einem vorangestellten Zeichen oder mit einer Ergänzung wie *Umsatz_Jan*, *Umsatz_Feb*, etc. können Sie sich behelfen.

Namenskonventionen

Die Namen für benannte Zellbereiche dürfen bis zu 255 Zeichen lang sein, jedoch keine Leerschritte enthalten. Des Weiteren muss das erste Zeichen ein Buchstabe sein, dann dürfen beliebige Zeichen folgen. Excel unterscheidet dabei nicht zwischen Groß- und Kleinschreibung. Möchten Sie mehrere Wörter eingeben, trennen Sie diese mit einem Unterstrich (_).

Namen vergeben über das Menü

Alternativ können Sie auch den weiteren Weg über das Menü ***Einfügen*** nehmen. Dort öffnen Sie mit dem Befehl ***Name*** das Dialogfeld ***Definieren***. Excel schlägt die Zell-Beschriftung *Aktueller Kurs* automatisch als Name vor. Diesen Vorschlag können Sie akzeptieren oder beliebig ändern. Die letzte Zeile *Bezieht sich auf* macht Sie auf den gewählten Bereich aufmerksam. Hier sehen Sie auch, dass der Bezug in absoluten Adressen gesetzt wurde. Eine Änderung des Zellbezugs ist an dieser Stelle ebenfalls erlaubt. Mit der Schaltfläche ***OK*** bestätigen Sie Ihre Eingabe.

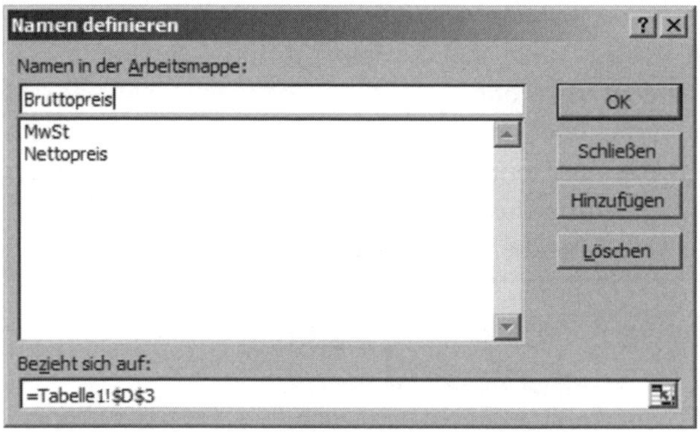

Abbildung 153: Das Dialogfeld Namen definieren

Namen ändern

Die Änderung eines Namens bezieht sich weniger auf die vergebene Beschriftung als vielmehr auf den gewählten Zellbereich. Gerade beim Einsatz in Funktionen ist es oftmals erforderlich, den gesetzten Bereich zu erweitern. Leider unterstützt Excel keine Änderung über das *Namenfeld* in der *Bearbeitungsleiste*. Um den Bereich zu erweitern oder den Namen zu ändern, müssen Sie daher den Menübefehl ***Einfügen, Name, Definieren*** anwählen und dort die Änderungen vornehmen.

Die schnelle Navigation

Üblicherweise zeigt das *Namenfeld* in der *Bearbeitungsleiste* die aktuelle Zelladresse an. Durch einen Mausklick auf dem kleinen Schalter rechts daneben öffnen Sie die Namen-Liste. Excel zeigt Ihnen daraufhin die benannten Bereiche alphabetisch sortiert an.

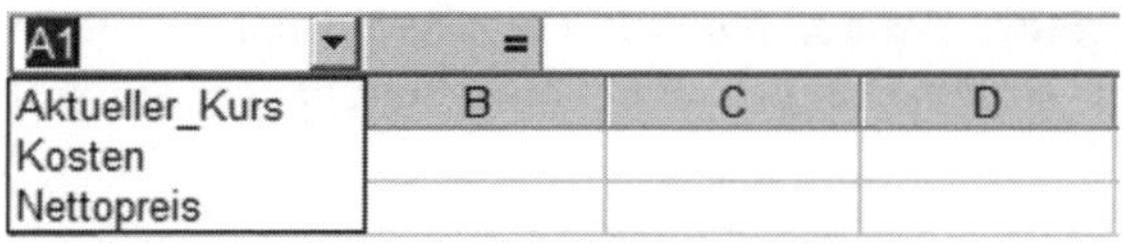

Abbildung 154: Namen auswählen

Durch einen Mausklick wählen Sie den benannten Zellbereich aus. Befinden sich die benannten Zellen nicht im aktuellen Tabellenblatt, blendet Excel automatisch den richtigen Bereich ein und markiert ihn. Alternativ präsentiert Ihnen der Befehl ***Gehe zu*** im Menü ***Bearbeiten*** ebenfalls eine Liste der benannten Zellen.

10.2 Namen in Formeln verwenden

Sofern Sie sich die Namen gut merken können, geben Sie diese bei der Formeleingabe einfach ein. Die Eingabe =Umsatz-Kosten führt in unserem Beispiel zum gleichen Ergebnis wie die konventionelle Form =B3-B4. Komfortabler ist es allerdings, die gewünschten Namen während der Formeleingabe in einer Liste nachzuschlagen. Dies spart Schreibarbeit und reduziert natürlich auch die Fehlerhäufigkeit.

Da bei der Formeleingabe das *Namenfeld* in der *Bearbeitungsleiste* ausgeblendet ist, drücken Sie die Taste [F3]. Im eingeblendeten Dialogfeld ***Namen einfügen*** wählen Sie durch einen Mausklick den gewünschten Namen aus und bestätigen dies mit ***OK***. Der Name erscheint daraufhin automatisch in Ihrer Formel.

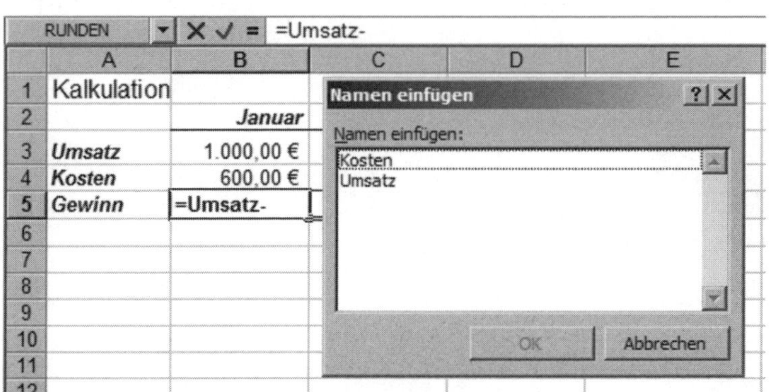

Abbildung 155: Namen in Formeln einfügen

Namen übernehmen

Wenn die Tabellenstruktur dafür geeignet ist, kann Excel die Namen sogar automatisch zuweisen. In unserem Beispiel eignen sich hierfür die Spalten- oder Zeilenbeschriftungen. Markieren Sie zuerst den Bereich inklusive der jeweiligen Bezeichnungen und wählen Sie dann den Menüpunkt ***Einfügen, Name, Namen erstellen***. Im Dialogfeld legen Sie anschließend fest, aus welchen Beschriftungen der Name erstellt werden soll und bestätigen dies mit der Schaltfläche ***OK***.

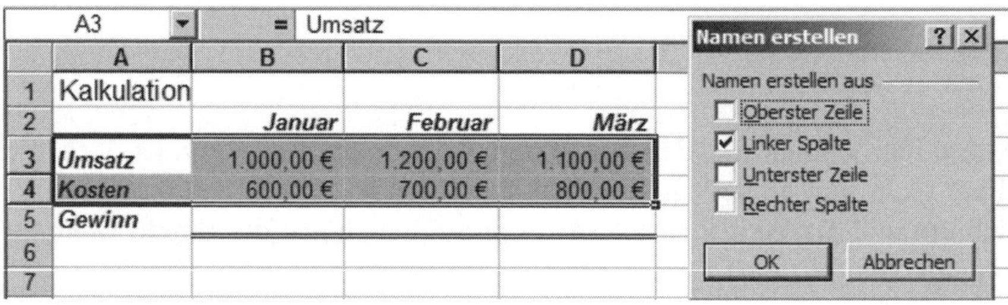

Abbildung 156: Das Dialogfeld Namen erstellen

Namen ausgeben

Aus Gründen der Übersichtlichkeit kann es manchmal sinnvoll sein, die vergebenen Namen in der Tabelle auszugeben. Suchen Sie sich hierfür einen leeren Bereich aus und wählen Sie dann den Menüpunkt ***Einfügen, Name, Namen einfügen***. Die Schaltfläche ***Liste einfügen*** gibt die Namen mit ihren dazugehörigen Zellbereichen in der Tabelle aus.

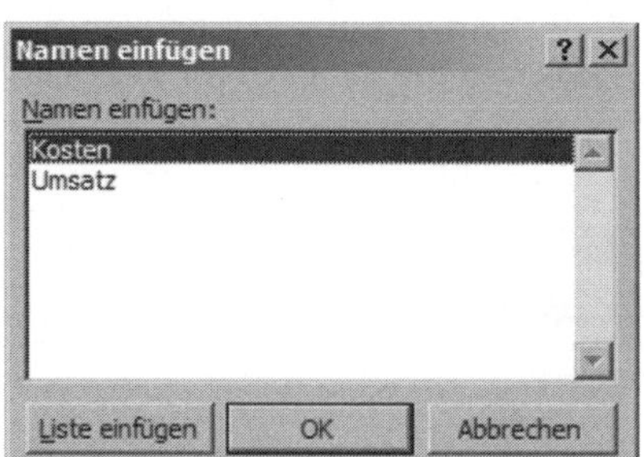

Abbildung 157: Namen in der Tabelle einfügen

Namen löschen

Bereichsnamen lassen sich auch wieder entfernen. Öffnen Sie dazu im Menü ***Einfügen, Name*** das Dialogfeld ***Definieren***. Wählen Sie aus der Liste den Namen aus und klicken

Sie anschließend auf die Schaltfläche ***Löschen***. Leider erfolgt beim Löschen keine Prüfung, ob der Name noch in einer Formel verwendet wird. Die Formel reagiert in diesem Fall mit der Fehlermeldung #NAME?.

10.3 Einsatz von Namen in 3D-Bezügen

Da ein Name nur einmal in der Arbeitsmappe vorkommen darf, bieten die 3D-Bezüge eine willkommene Erweiterung dieser Regelung. Mit ihnen lassen sich Zellbereiche auf mehreren Tabellenblättern unter einem Namen zusammenfassen. Allerdings muss es sich hierbei immer um die gleichen Zellen handeln. Genau genommen handelt es sich dabei um einen „Von-bis-Bezug“.

In unserem Beispiel besteht eine Arbeitsmappe aus zwölf Tabellenblättern, jeweils beschriftet mit den Monatsnamen. In jedem Tabellenblatt befindet sich in der Zelle C50 (also genau an der gleichen Stelle) die Summe der PKW-Kosten. Diese Zellen sollen später in der Summenfunktion über den Namen PKW adressierbar sein.

1. Klicken Sie im Tabellenblatt *Januar* auf die Zelle *C50.*
2. Wählen Sie im Menüpunkt ***Einfügen, Name*** den Befehl ***Definieren***.
3. Geben Sie den gewünschten Namen ein; in unserem Beispiel ist dies *PKW*.
4. Positionieren Sie den Cursor hinter der Eingabe *=Januar!$C$50* im Feld ***Bezieht sich auf:*** und ergänzen Sie diese mit einem Doppelpunkt (:).
5. Sie könnten nun in der gleichen Syntax den Dezember eingeben. Wesentlich einfacher lässt sich der Bezug jedoch über die Maus herstellen. Halten Sie die [⇧]-Taste gedrückt und klicken Sie in der Tabelle auf das Tabellenregister *Dezember* (*siehe Seite 23, Markierungsvarianten*).

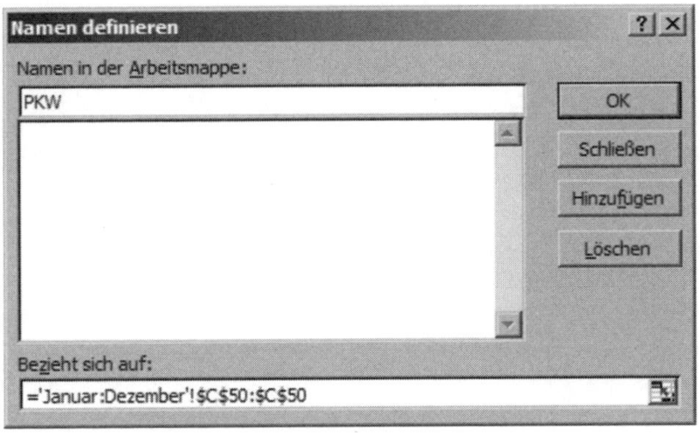

Abbildung 158: 3D-Bezüge herstellen

6. Bestätigen Sie Ihre Eingaben mit der Schaltfläche ***OK***.

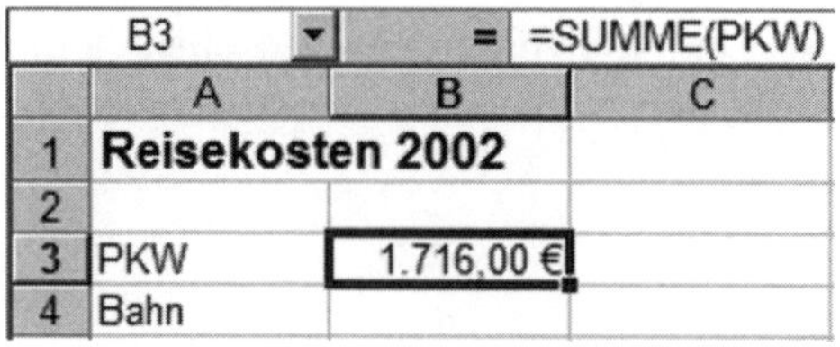

Abbildung 159: Die Formel mit 3D-Bezug

11 Symbolleisten anpassen

Symbolleisten bieten mit den enthaltenen Befehlen schnellen Zugriff auf häufig benötigte Funktionen. Die Grafiken auf den Schaltflächen sind meist selbsterklärend, eine kleine Hilfe ist jedoch auch in Form einer *QuickInfo* abrufbar. Positionieren Sie hierfür den Mauszeiger auf einem Symbol. Nach einer kleiner Zeitverzögerung erscheint dann die Information.

Excel startet automatisch mit der Anzeige von drei Symbolleisten, wobei sich zwei davon sogar eine Zeile teilen. Reicht der Platz für die Anzeige aller Symbole nicht aus, erscheint automatisch eine kleine Schaltfläche am Ende der Symbolleiste. Ein Klick führt dann zur Anzeige der restlichen Symbole.

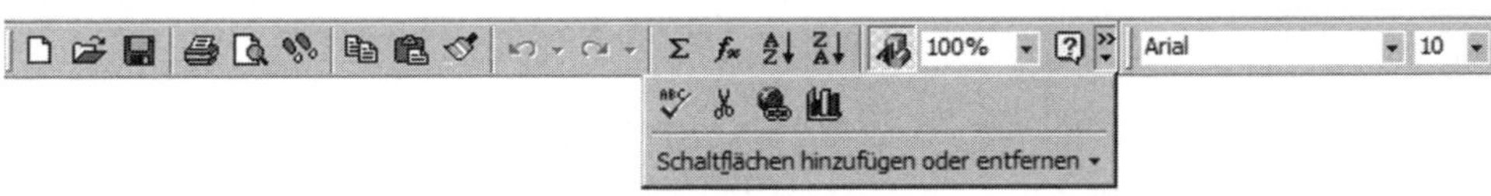

Abbildung 160: Weitere Symbole einblenden

Der Befehl ***Schaltflächen hinzufügen oder entfernen*** erlaubt die schnelle Änderung der angewählten Symbolleiste. Hierüber lassen sich weitere Symbole aktivieren oder deaktivieren. In diesem Zusammenhang erwähnenswert ist der Befehl ***Zurücksetzen***. Die ursprüngliche Zusammenstellung Ihrer Symbolleiste ist darüber immer wieder herstellbar.

11.1 Symbolleisten ein- und ausblenden

Excel kennt jede Menge Symbolleisten, die je nach aufgerufener Funktion automatisch am Bildschirm erscheinen. Einen vollständigen Überblick über die vorhandenen Symbolleisten erhalten Sie über den Menüpunkt ***Ansicht, Symbolleisten***.

Vorzuziehen ist aber der wesentlich schnellere Weg über das Kontextmenü. Klicken Sie dafür in der Menüzeile oder in einer Symbolleiste mit der rechten Maustaste. Über das Menü lassen sich nun weitere Symbolleisten aktivieren oder deaktivieren. Häkchen auf der linken Seite kennzeichnen dabei die bereits sichtbaren Symbolleisten.

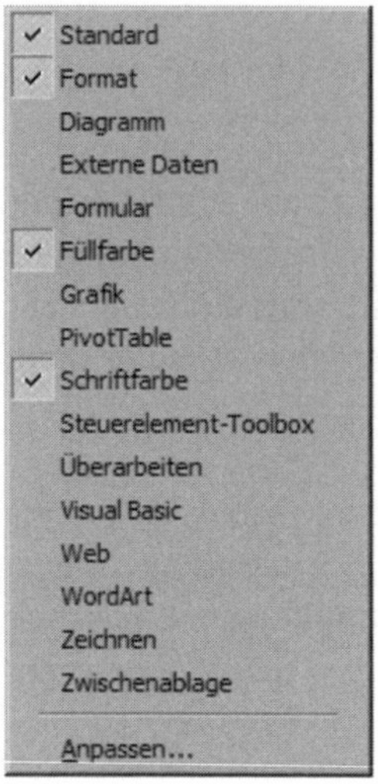

Abbildung 161: Die Symbolleisten im Überblick

11.2 Standardeinstellungen ändern

Die Anzeige der *Standard-* und *Format*-Symbolleiste in einer Zeile ist sicherlich nicht unbedingt sinnvoll, da meistens nicht genügend Platz vorhanden ist, um alle Symbole anzuzeigen. Ändern Sie diese Standardeinstellung im Kontextmenü über den Befehl ***Anpassen***. In der Registerkarte ***Optionen*** deaktivieren Sie den Befehl *Standard- und Formatsymbolleiste teilen sich eine Zeile.*

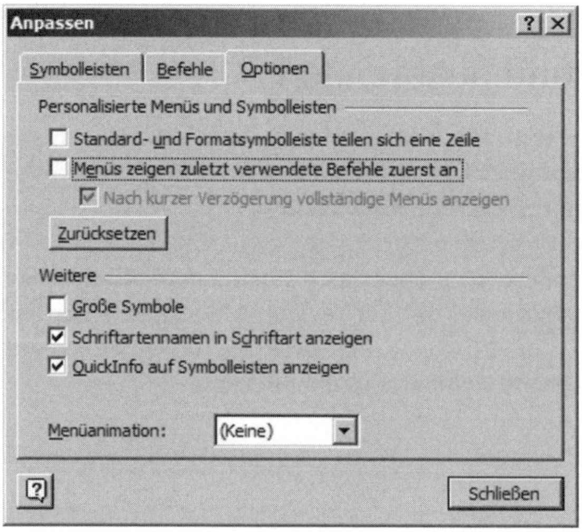

Abbildung 162: Das Dialogfeld Anpassen mit der Registerkarte Optionen

Die Option *Menüs zeigen zuletzt verwendete Befehle zuerst an* sollten Sie an dieser Stelle ebenfalls deaktivieren, da die Reihenfolge der Menübefehle sonst ständig variiert. Mit der Schaltfläche ***Schließen*** übernehmen Sie die Änderungen.

Symbolleisten positionieren

Die angezeigten Symbolleisten befinden sich in einer Verankerung außerhalb des Tabellenbereichs. Allerdings lassen sie sich relativ leicht aus dieser Position lösen. Sobald Sie im Hintergrund oder am linken Rand der Symbolleiste ziehen, erscheint sie unverankert im Tabellenbereich und präsentiert sich mit einer Titelleiste. Der Doppelklick auf einem Symbolleisten-Hintergrund führt übrigens zum gleichen Resultat.

Abbildung 163: Die unverankerte Symbolleiste Standard

Erscheint eine Symbolleiste überraschenderweise im Tabellenbereich, übt das Schließfeld rechts oben (x) eine geradezu magische Anziehungskraft aus. Damit blenden Sie die Symbolleiste jedoch aus, und erst die Aktivierung über das Menü bringt sie wieder zurück. Konsequent erscheint sie dabei an ihrer letzten Position. Um die Symbolleiste nun wieder zu verankern, geben Sie einen Doppelklick auf die angezeigte Titelleiste. Wenn Sie eine andere Positionierung wünschen, ziehen Sie die Symbolleiste mit der linken Maustaste an die neue Stelle.

11.3 Bestehende Symbolleisten erweitern

Für eine effektive Arbeitsweise in Excel sollten Sie die bestehenden Symbolleisten um häufig benötigte Befehle erweitern. Vielleicht möchten Sie sich sogar zu diesem Zweck eine eigene Symbolleiste erstellen. Wählen Sie zunächst im Kontextmenü den Befehl ***Anpassen*** und verzweigen Sie dann zur Registerkarte ***Befehle***.

Der Befehl ***Anpassen*** beinhaltet eine recht umfassende Funktionalität. Beispielsweise können Sie die Anordnung der Schaltflächen ändern oder eine nicht benötigte Schaltfläche aus der Symbolleiste herausziehen. Da sich der Originalzustand über die Schaltfläche ***Zurücksetzen*** in der Registerkarte ***Symbolleiste*** immer wieder herstellen lässt, sind Ihrer Experimentierfreude keine Grenzen gesetzt.

Die Auswahl einer Kategorie führt in der rechts angrenzenden Liste zur Anzeige der jeweils verfügbaren Befehle. In unserem Beispiel wurde der Befehl ***Zeilen einfügen*** ausgewählt. Ziehen Sie nun diesen Befehl mit gedrückter linker Maustaste in eine bestehende Symbolleiste. Bei korrekter Positionierung erscheint neben dem Mauszeiger ein Pluszeichen (+). Das Kreuzchen (x) weist Sie dagegen auf eine nicht zulässige Position hin.

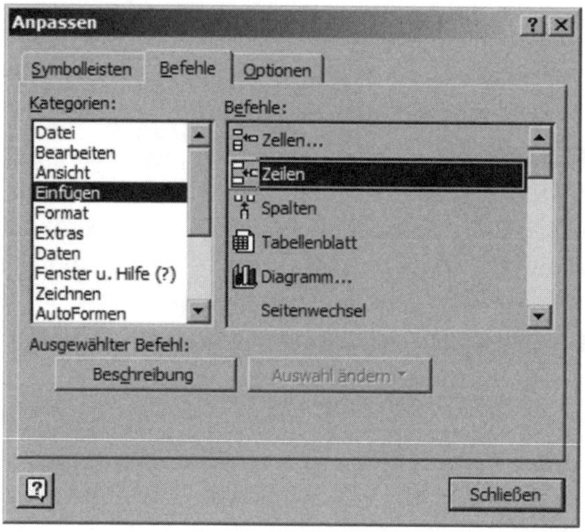

Abbildung 164: Das Dialogfeld Anpassen mit der Registerkarte Befehle

11.4 Eigene Symbolleisten erstellen

Eigene Symbolleisten eignen sich hervorragend, um aufgabenorientierte Befehle zusammenzustellen. Da die bestehenden Symbolleisten durch Standardfunktionen sowieso schon ziemlich gefüllt sind, umgehen Sie damit gleichzeitig das Platzproblem.

1. Klicken Sie mit der rechten Maustaste auf eine beliebige Position in einer angezeigten Symbolleiste.
2. Wählen Sie anschließend im Kontextmenü den Befehl ***Anpassen*** und dort die Registerkarte ***Symbolleisten***.
3. Über die Schaltfläche ***Neu*** erstellen Sie eine eigene Symbolleiste.

Abbildung 165: Eigene Symbolleisten erstellen

4. Überschreiben Sie den vorgeschlagenen Namen mit einem aussagekräftigen Text und bestätigen Sie die Eingabe mit ***OK***. Die neue Symbolleiste erscheint neben dem Dialogfeld ***Anpassen***.
5. Wechseln Sie zur Registerkarte ***Befehle*** und ziehen Sie mit der linken Maustaste die gewünschten Befehle in die neue Symbolleiste. Die Größe der neuen Symbolleiste passt sich dabei automatisch dem Inhalt an.

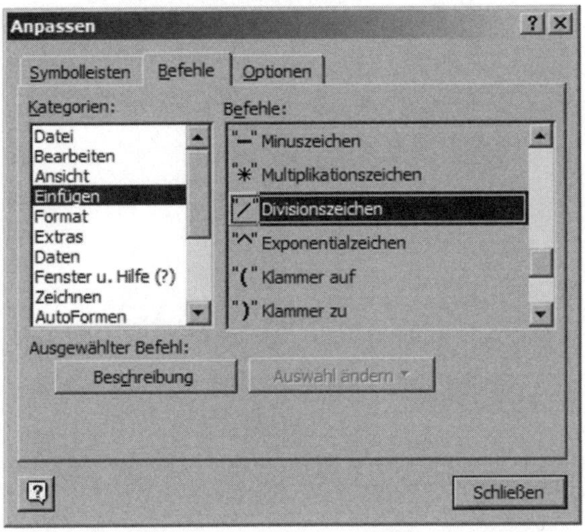

Abbildung 166: Symbole in die eigene Symbolleiste übernehmen

6. Mit der Schaltfläche ***Schließen*** beenden Sie die Funktion.
7. Positionieren Sie nun die Symbolleiste an der gewünschten Stelle.

Symbole zuweisen

Einigen Befehlen sind keine Symbole zugewiesen. Die Schaltfläche erscheint in diesem Fall mit einer Textanzeige. In unserem Beispiel wurde der Befehl *Kopf- und Fußzeile* in die *Standard*-Symbolleiste übernommen. Um die Darstellung des Symbols zu verändern, gehen Sie wie folgt vor:

1. Klicken Sie mit der rechten Maustaste auf eine beliebige Position in einer Symbolleiste.
2. Wählen Sie anschließend im Kontextmenü den Befehl ***Anpassen*** und dort die Registerkarte ***Befehle***.
3. Klicken Sie nun in der Symbolleiste mit der rechten Maustaste auf die zu ändernde Textschaltfläche. Der konventionelle Weg über die linke Maustaste funktioniert über die Schaltfläche ***Auswahl ändern***. Dieser Schalter ist im Dialogfeld nur dann aktiviert, wenn vorher ein Symbol in der Symbolleiste ausgewählt wurde.

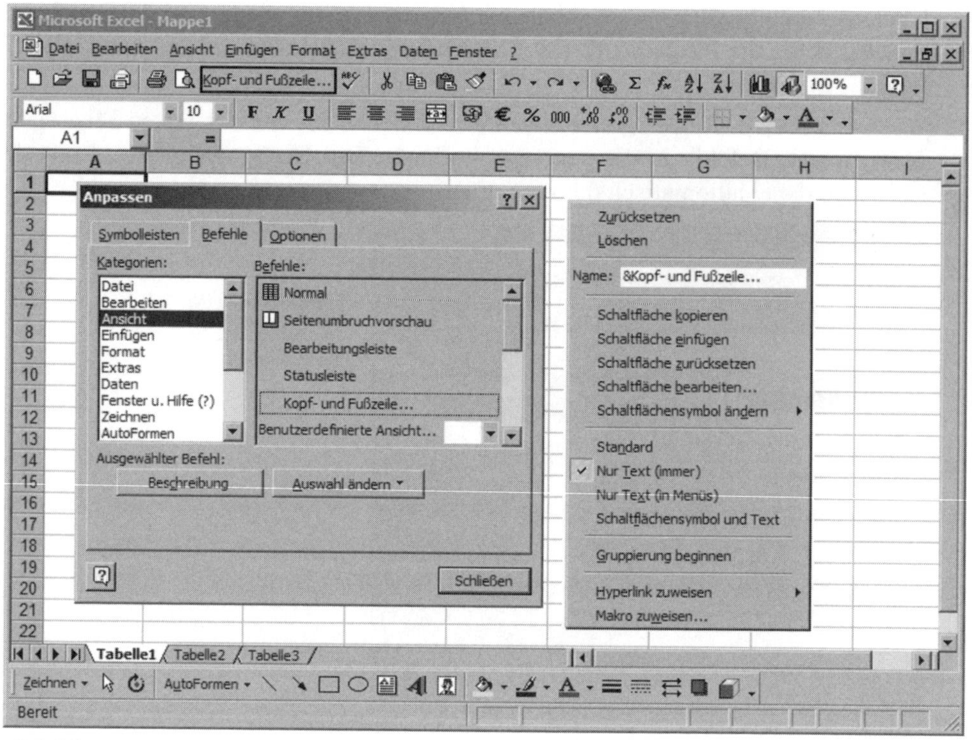

Abbildung 167: Auswahl ändern

4. Im aufgeklappten Menü lässt sich im Feld *Name* die Schaltflächenbeschriftung ändern. Eine kleine Palette vorgefertigter Symbole erhalten Sie über den Befehl ***Schaltflächensymbol ändern***. Falls möglich, weisen Sie dort ein Symbol zu, das die Funktionalität der Schaltfläche annähernd beschreibt.

Abbildung 168: Die Palette der Schaltflächensymbole

5. Im nächsten Schritt blenden Sie den Text auf der Schaltfläche aus. Hierzu wählen Sie erneut das Symbol mit der rechten Maustaste aus und aktivieren im Kontextmenü den Befehl ***Standard***. Das Ergebnis ist eine individuell definierte Schaltfläche.

11.5 Eigene Symbole gestalten

Manchmal trifft keines der abgebildeten Symbole so richtig die Funktionalität der Schaltfläche. Excel sieht deshalb die Gestaltung eigener Symbole mittels eines speziellen Editors vor. Klicken Sie auf die zu ändernde Schaltfläche mit der rechten Maustaste und wählen Sie im Kontextmenü den Befehl ***Schaltfläche bearbeiten***.

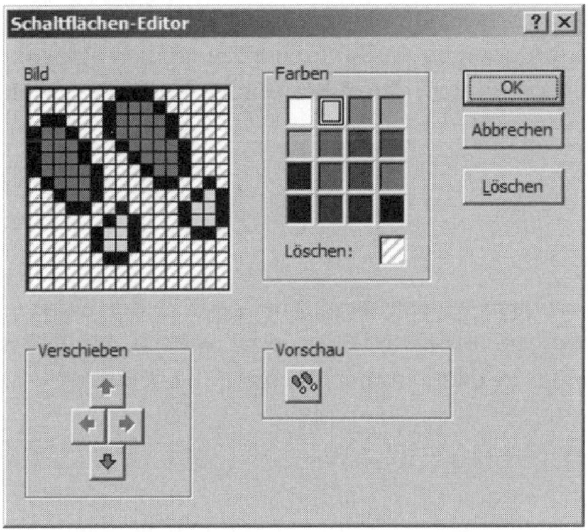

Abbildung 169: Der Schaltflächen-Editor

Das Gestalten eines Bildes mit der Maus ist recht aufwändig, da die kleinen Quadrate erst durch einen Mausklick mit der ausgewählten Farbe gefüllt werden.

12 Arbeiten im Team

Speziell für das Arbeiten in einem Team bietet Excel ausgesprochen interessante Funktionen. So lassen sich über Kommentare Informationen weitergeben und über eine Protokollfunktion Änderungen in der Arbeitsmappe besser nachvollziehen. In freigegebenen Arbeitsmappen können sogar mehrere Personen zeitgleich in derselben Datei arbeiten. Dies stellt natürlich erhöhte Anforderungen an die Sicherheit solcher Arbeitsmappen. Über spezielle Schutzmechanismen sollten daher bestimmte Bereiche gegen Änderungen gesperrt werden.

12.1 Kommentare

Mittels Kommentaren können Sie Informationen weitergeben. Aber auch in den eigenen Tabellen machen Kommentare Berechnungen nachvollziehbar oder weisen auf einen besonderen Sachverhalt hin. Der Kommentar ist dabei immer an eine Zelle geknüpft.

Kommentare eingeben

Positionieren Sie den Zellzeiger auf der gewünschten Zelle und wählen Sie dann den Menüpunkt ***Einfügen, Kommentar***. Der Name des Anwenders ist bereits eingetragen, so dass später sehr gut nachvollziehbar ist, von wem welche Anmerkung stammt.

Zwar gibt es hinsichtlich der Textmenge keine Begrenzung, jedoch ist die Funktion eher für kurze Notizen gedacht, da die spätere Anzeige in der voreingestellten Fenstergröße erfolgt.

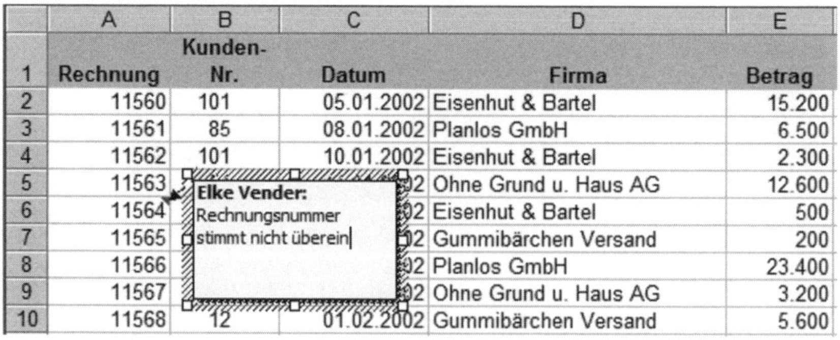

	A	B	C	D	E
1	Rechnung	Kunden-Nr.	Datum	Firma	Betrag
2	11560	101	05.01.2002	Eisenhut & Bartel	15.200
3	11561	85	08.01.2002	Planlos GmbH	6.500
4	11562	101	10.01.2002	Eisenhut & Bartel	2.300
5	11563		02	Ohne Grund u. Haus AG	12.600
6	11564		02	Eisenhut & Bartel	500
7	11565		02	Gummibärchen Versand	200
8	11566		02	Planlos GmbH	23.400
9	11567		02	Ohne Grund u. Haus AG	3.200
10	11568	12	01.02.2002	Gummibärchen Versand	5.600

Abbildung 170: Kommentare eingeben

Eine Verkleinerung oder Vergrößerung des Feldes erfolgt bei aktiviertem Kommentar über die Anfasspunkte (kleine Kästchen) des Randbereichs. Sollte das Kommentarfeld wichtige Informationen in der Tabelle verdecken, ziehen Sie es einfach am schraffierten Rand an eine neue Position.

Die Eingabe eines Kommentars beenden Sie durch einen Mausklick außerhalb des Feldes oder durch Drücken der Taste [Esc].

Kommentare anzeigen

Bei einem ausgeblendeten Kommentar sehen Sie in der rechten oberen Ecke der Zelle ein kleines rotes Dreieck. Sobald Sie mit dem Mauszeiger auf diese Zelle zeigen, wird der entsprechende Kommentar eingeblendet. Hier handelt es sich um eine temporäre Anzeige, die sofort wieder verschwindet, wenn der Zellzeiger an eine andere Position bewegt wird.

Die dauerhafte Anzeige der Kommentare erreichen Sie über den Menübefehl ***Ansicht, Kommentare***. Dieser Befehl wirkt wie ein Schalter – ein erneuter Aufruf blendet die Kommentare wieder aus.

Einen umfangreichen Befehlsvorrat zum Bearbeiten von Kommentaren finden Sie in der Symbolleiste ***Überarbeiten***. Hierüber lassen sich Kommentare ändern, nacheinander ansteuern, ein- und ausblenden sowie löschen. Selbst an die Übernahme nach Outlook wurde gedacht.

Abbildung 171: Die Symbolleiste Überarbeiten

Kommentare ändern

Bei ausgeblendeter Anzeige klicken Sie mit der rechten Maustaste auf die Zelle, die den Kommentar enthält und wählen aus dem Kontextmenü den Befehl ***Kommentar bearbeiten***. Alternativ finden Sie diesen Befehl auch in der Symbolleiste ***Überarbeiten***.

Kommentare löschen

Kommentare löschen Sie am schnellsten über das Kontextmenü. Klicken Sie mit der rechten Maustaste auf die entsprechende Zelle und wählen Sie den Befehl ***Kommentar löschen***. Die Symbolleiste ***Überarbeiten*** enthält diesen Befehl ebenfalls. Falls die Kommentare in der Tabelle bereits eingeblendet sind, klicken Sie auf den schraffierten Randbereich und drücken Sie die Taste [Entf].

12.2 Tabellen schützen

Neben der ganzen Arbeitsmappe lassen sich auch einzelne Tabellenblätter schützen. Dieser Schutz ist jedoch recht umfassend, eine neue Eingabe oder eine Änderung bestehender Daten ist dann nicht mehr möglich. Sinnvollerweise schalten Sie daher die Schutzfunktion bei den Zellen aus, die für eine individuelle Eingabe vorgesehen sind. Markieren Sie die Zellen, bei denen Sie Eingaben oder Änderungen zulassen möchten. Wählen Sie dann im Menüpunkt ***Format, Zellen*** die Registerkarte ***Schutz*** und entfernen Sie das Häkchen im Feld *Gesperrt*.

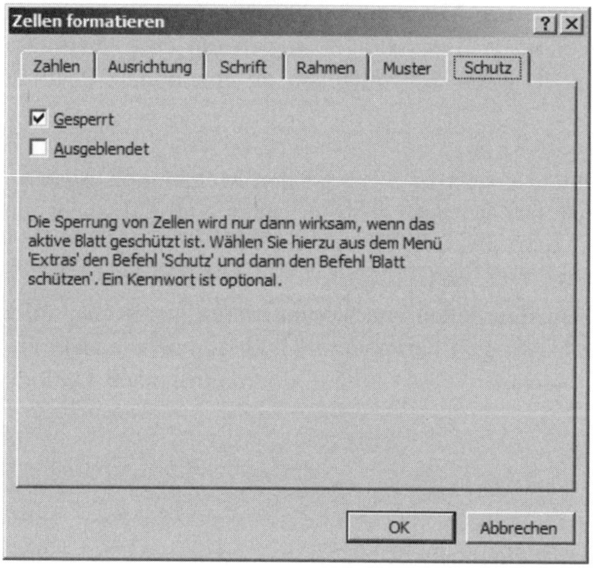

Abbildung 172: Zellen schützen

Um den Zellschutz zu aktivieren, wählen Sie im Menü ***Extras*** den Befehl ***Schutz, Blattschutz***. Im folgenden Dialogfeld geben Sie ein Kennwort ein und bestätigen dies mit ***OK***.

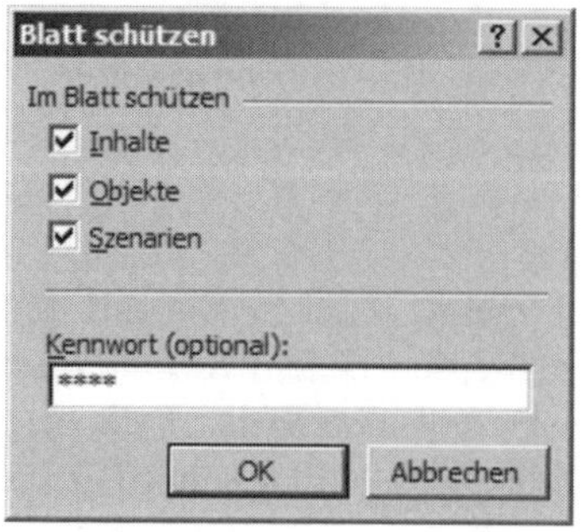

Abbildung 173: Das Dialogfeld Blatt schützen

Anschließend erhalten Sie eine Aufforderung, das Kennwort zu wiederholen. Bitte beachten Sie, dass ein vergessenes Kennwort automatisch zu Datenverlust führt, da die Datei nicht wiederhergestellt werden kann.

Sobald Sie in der Tabelle eine gesperrte Zelle ändern möchten, macht Sie ein Hinweis auf die aktivierte Schutzfunktion aufmerksam.

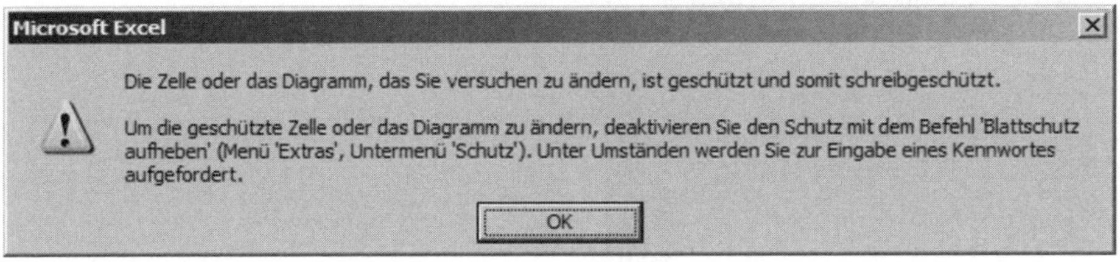

Abbildung 174: Hinweis auf die aktivierte Schutzfunktion

Tabellenschutz aufheben

Über den Menüpunkt ***Extras, Schutz, Blattschutz aufheben*** erfolgt die Abfrage nach dem Kennwort. Erst nach erfolgreicher Eingabe können Sie den Blattschutz wieder aufheben.

12.3 In Arbeitsmappen zeitgleich arbeiten

Über den Menüpunkt ***Extras, Arbeitsmappe freigeben*** legen Sie fest, dass mehrere Benutzer zeitgleich eine Datei öffnen und bearbeiten dürfen. Eine weitere Voraussetzung ist natürlich, dass ein Netzwerk mit einem gemeinsamen Laufwerk vorhanden ist. In der Titelleiste macht Sie der Hinweis *[Freigegeben]* auf die gemeinsame Bearbeitung aufmerksam.

Nach Anwahl des Befehls ***Extras, Arbeitsmappe freigeben*** erhalten Sie die Aufforderung, die aktuelle Datei erneut zu speichern. Speichern Sie diese auf einem Netzwerklaufwerk in einem Ordner, auf den die anderen Personen Zugriff haben.

Alle Benutzer haben zunächst die gleichen Rechte. Eine Einschränkung der Änderungsmöglichkeiten über den Tabellenschutz ist daher sinnvoll. Wie in Abbildung 175 dargestellt, kann jeder Benutzer der freigegebenen Datei verfolgen, welche Personen die Mappe geöffnet haben. Möchten Sie die Freigabe wieder aufheben, deaktivieren Sie im Dialogfeld ***Arbeitsmappe freigeben*** in der Registerkarte ***Status*** die gemeinsame Bearbeitung. Das Änderungsprotokoll wird daraufhin aus der Arbeitsmappe entfernt.

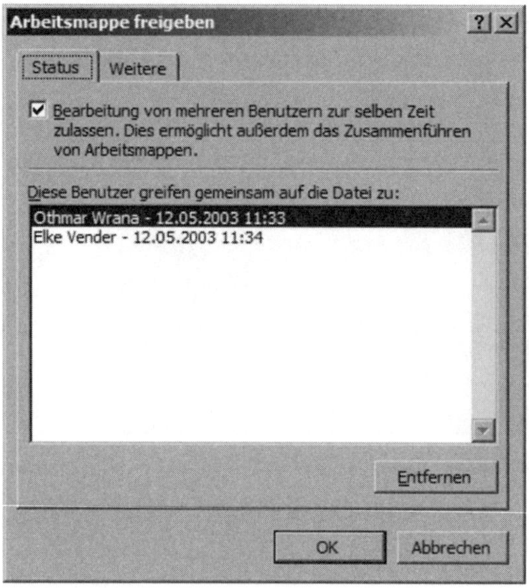

Abbildung 175: Freigegebene Arbeitsmappe mit zwei aktiven Benutzern

Das Freigeben einer Arbeitsmappe aktiviert automatisch das Änderungsprotokoll. In der Registerkarte ***Weitere*** legen Sie Einstellungen für die Protokollierung fest und definieren, wie bei zeitgleicher Änderung einer Zelle zu verfahren ist.

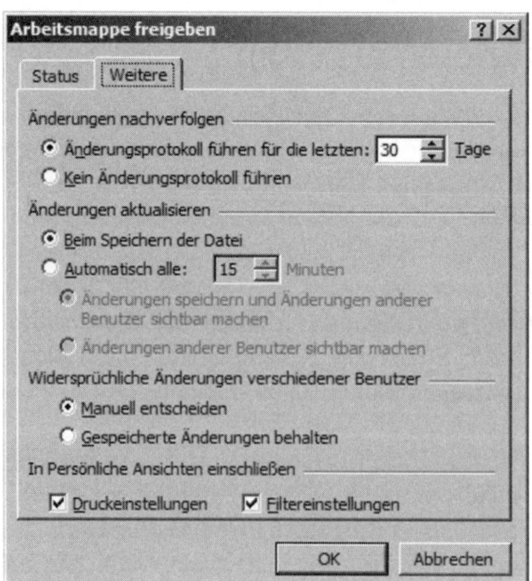

Abbildung 176: Weitere Einstellungen bei freigegebenen Arbeitsmappen

Konflikte lösen

In einer freigegebenen Arbeitsmappe kann es vorkommen, dass dieselbe Zelle durch verschiedene Personen geändert wird. Stellt Excel einen solchen Konflikt fest, erhalten Sie das Dialogfeld ***Konflikte lösen***. Entscheiden Sie sich für die Schaltfläche ***Meine verwenden***, behalten Sie Ihre Änderungen bei. Dagegen führt ***Andere verwenden*** zum Akzeptieren der kollidierenden Änderungen.

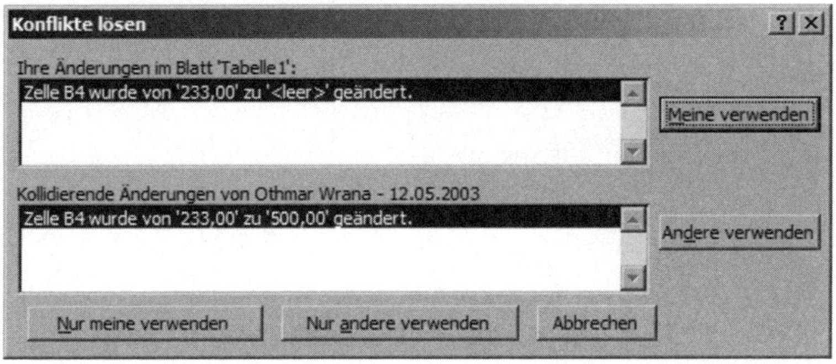

Abbildung 177: Konflikte lösen

12.4 Änderungen verfolgen

Wird eine Arbeitsmappe von mehreren Personen bearbeitet, kann eine Protokollierung der durchgeführten Änderungen durchaus sinnvoll sein. Sofern man zum „experimentellen" Arbeiten neigt, kann auch die eigene Dokumentation recht aufschlussreich sein.

Excel protokolliert alle Änderungen, die sich auf Werte oder Formeln beziehen. Selbst die Eingabe neuer Daten wird im Protokoll festgehalten, lediglich die Formatierung von Zellen zeichnet Excel nicht auf. Die Ausnahme bildet hierbei das Symbol ***Format übertragen*** – sein Einsatz wird in der Aufzeichnung festgehalten.

Protokollierung einschalten

Um die Protokollfunktion einzuschalten, wählen Sie den Menübefehl ***Extras, Änderungen verfolgen, Änderungen hervorheben***. Im Dialogfeld lassen sich nun Einschränkungen hinsichtlich des Zeitraums, der Personen oder sogar bestimmter Zellbereiche festlegen. Mit der Schaltfläche ***OK*** schließen Sie Ihre Eingaben ab.

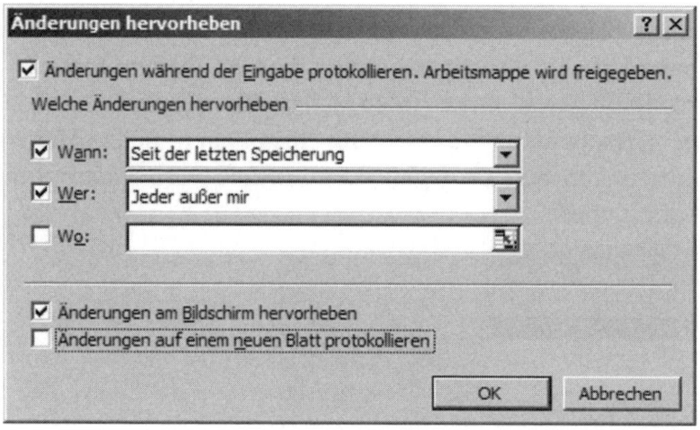

Abbildung 178: Das Dialogfeld Änderungen hervorheben

Änderungen am Bildschirm hervorheben

Die Variante *Änderungen am Bildschirm hervorheben* führt in der Tabelle zur farbigen Umrandung der geänderten Zellen. Führen Sie den Mauszeiger auf die Zelle, erscheint ein Textfeld mit Informationen, wer zu welchem Zeitpunkt welche Änderungen durchgeführt hat. Zusätzlich erscheint auch der Spaltenkopf farbig hervorgehoben. Blaue Linien machen Sie auf gelöschte Zeilen oder Spalten aufmerksam.

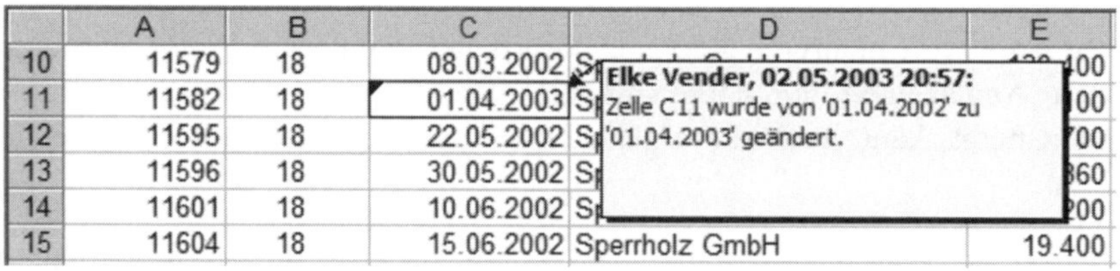

Abbildung 179: Anzeigen der Änderungsinformation

Das Änderungsprotokoll

Die zweite Option *Änderungen auf einem neuen Blatt protokollieren* erstellt automatisch ein neues Tabellenblatt mit dem Namen *Änderungsprotokoll*. Die Protokollierung in einem separaten Tabellenblatt setzt ein vorheriges Speichern der Datei voraus. Die integrierten *AutoFilter* erlauben die Anzeige nach bestimmten Kriterien. Bei umfangreichen Änderungen behalten Sie so den Überblick (*siehe Seite 166, Filtern von Listen*).

Aktionsnummer	Datum	Zeit	Wer	Änderung	Blatt	Bereich	Neuer Wert	Alter Wert
1	28.05.2003	12:45	Elke Vender	Änderung in der Zelle	Tabelle1	B4	6.128,00	7.128,00
2	28.05.2003	12:45	Othmar Wrana	Änderung in der Zelle	Tabelle1	D6	16.055,00	17.055,00
3	28.05.2003	12:49	Othmar Wrana	Änderung in der Zelle	Tabelle1	C5	7.800,00	5.919,00
4	28.05.2003	12:49	Othmar Wrana	Änderung in der Zelle	Tabelle1	D4	11.400,00	12.200,00
5	28.05.2003	12:55	Elke Vender	Änderung in der Zelle	Tabelle1	B4	4.500,00	6.128,00
6	28.05.2003	12:55	Elke Vender	Änderung in der Zelle	Tabelle1	A6	Nürnberg	Augsburg
7	28.05.2003	12:55	Elke Vender	Änderung in der Zelle	Tabelle1	A3	Michael Hahn	Michael Jahn
Das Protokoll hört mit den Änderungen, die am 28.05.2003 um 12:55 gespeichert wurden, auf.								

Abbildung 180: Das Änderungsprotokoll

Änderungen überprüfen

Über den Menüpunkt ***Extras, Änderungen verfolgen, Änderungen akzeptieren oder ablehnen*** führt Sie Excel Schritt für Schritt durch die Tabelle. Bei dieser Gelegenheit können Sie die durchgeführten Änderungen akzeptieren oder ablehnen. Nach Aufruf des Befehls legen Sie zuerst die Prüfoptionen fest. Wie in Abbildung 181 dargestellt, können Sie dabei Einschränkungen hinsichtlich Zeit, Personen oder Bereichen festlegen.

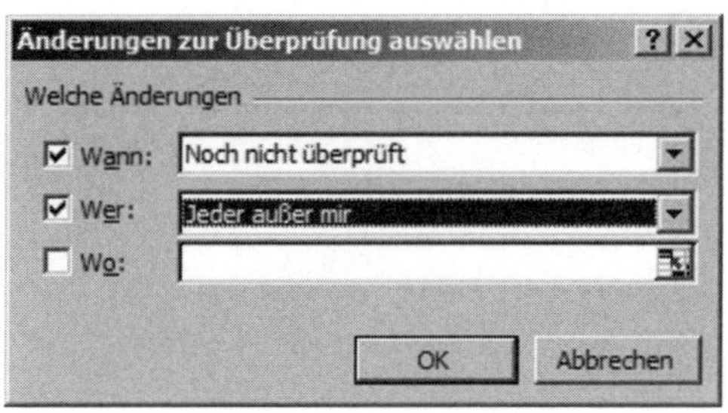

Abbildung 181: Prüfoptionen festlegen

Nach Bestätigung mit der Schaltfläche ***OK*** erscheint für jede geänderte Zelle ein eigenes Dialogfeld. Hier bestimmen Sie für jede Änderung, ob diese akzeptiert oder abgelehnt werden soll. Die Zelle wird dabei in der Tabelle markiert angezeigt.

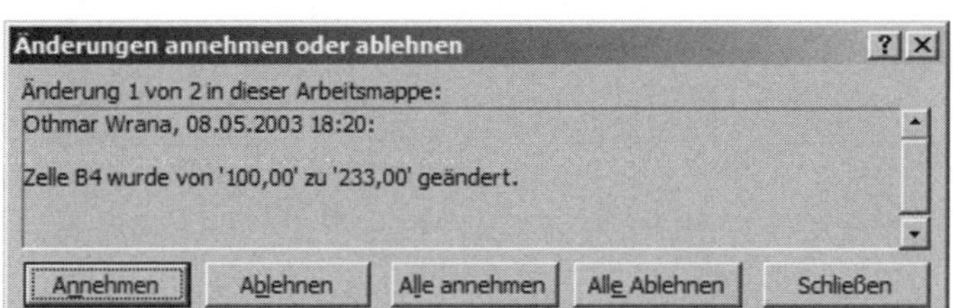

Abbildung 182: Änderungen annehmen oder ablehnen

Die Protokollierung ausschalten

Sie können die Änderungsanzeige deaktivieren oder die Protokollfunktion komplett ausschalten. Dies ist immer dann sinnvoll, wenn in einer Arbeitsmappe ständig Änderungen durchgeführt werden. Die Datei wird dadurch immer größer, eine sinnvolle Überprüfung ist nicht mehr möglich.

Wählen Sie erneut den Menübefehl ***Extras, Änderungen verfolgen, Änderungen hervorheben*** an. Deaktivieren Sie dort die Darstellungsform *Hervorhebung am Bildschirm* oder *Protokollierung auf einen neuen Blatt*. Mit diesen Punkten deaktivieren Sie lediglich die Anzeige der Änderungen – die eigentliche Protokollfunktion bleibt weiterhin aktiv. Erst durch Abschalten der Funktion *Änderungen während der Eingabe protokollieren* wird der Protokollbereich aus der Datei entfernt. Die Freigabe der Datei wird dadurch ebenfalls aufgehoben.

13 Listen- und Datenbankfunktionen

Das Sortieren und Auswerten bestehender Daten mittels vorgegebener Kriterien stellt sicherlich eine der Hauptaufgaben in einem Kalkulationsprogramm dar. Der Menüpunkt ***Daten*** trägt dem Rechnung. Dort finden Sie diverse Befehle, mit denen Sie umfangreiche Listen bearbeiten und nach verschiedenen Kriterien zusammenfassen können.

Listen und Datenbanken

Der Ausdruck „Datenbank" für umfangreiches Datenmaterial in Excel wäre sicherlich nicht ganz zutreffend. In der Literatur ist daher häufig von Listen die Rede. Im folgenden Text wird Ihnen dieser Begriff ebenfalls begegnen.

Unter einer Liste versteht man eine zusammenhängende, zeilenorientierte Datenstruktur. Eine Zeile stellt dabei einen Datensatz dar. Der Datensatz wiederum besteht aus einzelnen Feldern, deren Inhalte in der ersten Zeile der Liste mit Feldnamen beschrieben sind. Das Beispiel Kundenliste zeigt einen solchen Aufbau.

	A	B	C	D	E	F	G
1	Rechnung	Datum	Kunden-Nr.	Firma	Betrag	MwSt.	Gesamt
2	11560	05.01.2002	101	Eisenhut & Bartel	15.200	2.432	17.632
3	11561	08.01.2002	85	Planlos GmbH	6.500	1.040	7.540
4	11562	10.01.2002	101	Eisenhut & Bartel	2.300	368	2.668
5	11563	14.01.2002	54	Ohne Grund u. Haus AG	12.600	2.016	14.616
6	11564	18.01.2002	101	Eisenhut & Bartel	500	80	580
7	11565	18.01.2002	12	Gummibärchen Versand	200	32	232
8	11566	20.01.2002	85	Planlos GmbH	23.400	3.744	27.144

Abbildung 183: Die Kundenliste

13.1 Listen erstellen und bearbeiten

In Abbildung 183 wurde eine einfache Liste zur Verwaltung von Aufträgen erstellt. Die Eingabe erfolgte direkt im Tabellenblatt. Für die weitere Eingabe stellt Ihnen Excel zusätzlich ein komfortables Formular zur Verfügung. Positionieren Sie hierfür den Zellzeiger an beliebiger Stelle in der Liste und rufen Sie den Menüpunkt ***Daten, Maske*** auf.

Unabhängig von der Zellzeigerposition zeigt Ihnen Excel immer den ersten Datensatz an. Die Inhalte der Felder *MwSt* und *Gesamt* wurden mittels Formeln errechnet und sind deshalb nicht änderbar.

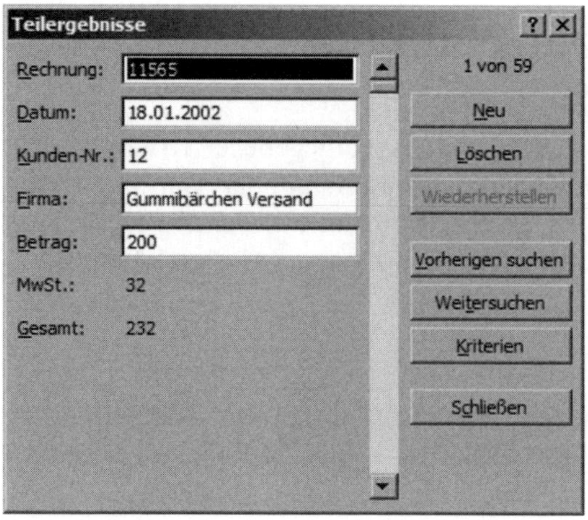

Abbildung 184: Die Datenmaske

Über die Schaltfläche ***Neu*** legen Sie einen neuen Datensatz an. Die Taste [↹] oder ein Mausklick führt Sie jeweils zum nächsten Eingabefeld. Die Taste [↵] dagegen schließt den aktuellen Datensatz ab und bietet eine neue leere Maske für die nächste Eingabe an. Der neue Datensatz wird automatisch an das Ende der bestehenden Liste angefügt.

Datensätze suchen

Möchten Sie einen bestimmten Datensatz finden, wählen Sie in der Datenmaske die Schaltfläche ***Kriterien***. In der leeren Eingabemaske geben Sie nun den gewünschten Suchbegriff ein. Kombinationen mit mehreren Feldern sowie die Eingabe von Vergleichsoperatoren (>, <, = <> etc.) werden unterstützt.

Begriffe werden auch über Teileinträge gefunden. So findet die Eingabe „Eisen" auch die Datensätze von „Eisenhut & Bartels". Die Schaltflächen ***Vorherigen suchen*** oder ***Weitersuchen*** führen Sie dann zu den selektierten Datensätzen. Eventuell müssen Sie beide Schaltflächen benutzen, da die Suche immer beim zuletzt angezeigten Datensatz beginnt. Über die Schaltfläche ***Maske*** beenden Sie den Such-Modus und kehren wieder zum normalen Anzeige- und Editiermodus zurück.

13.2 Sortieren von Tabellen

Für die schnelle auf- und absteigende Listen-Sortierung wurden bereits in der *Standard*-Symbolleiste zwei Symbole integriert. Sofern die Liste keine Leerzeilen enthält, ist eine Markierung nicht erforderlich. Positionieren Sie lediglich den Zellzeiger auf einer beliebigen Zelle der Spalte, nach der die Liste sortiert werden soll und klicken Sie auf eines der *Sortier*-Symbole. Entgegen aller Vermutungen wird nicht nur die Spalte, sondern die komplette Liste sortiert. Es ist also gewährleistet, dass alle Zellen einer Zeile (Datensatz) zusammenbleiben. Die erste Zeile wird bei der Sortierung ignoriert, da sie die Überschriften (Feldnamen) enthält.

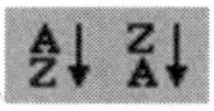

Abbildung 185: Die Symbole auf- und absteigend sortieren

Markieren Sie in der Liste eine Spalte und verwenden dann das *Sortier*-Symbol, wird lediglich die markierte Spalte sortiert. In diesem Fall gerät die Liste erheblich durcheinander, da die nicht markierten Spalten unverändert bleiben.

Eine mehrstufige Sortierung erfolgt am schnellsten in der Tabelle. Stellen Sie sich eine Telefonliste vor, die Sie nach Abteilungen sortieren möchten. Innerhalb der Abteilung sortieren Sie dann nach dem Nachnamen und anschließend nach dem Vornamen.

In der Tabelle beginnt die Sortierung mit dem letzten Sortierkriterium. Sie positionieren den Zellzeiger in der Spalte *Vorname* und sortieren aufsteigend. Anschließend wählen Sie die Spalte *Nachname* und sortieren dort ebenfalls aufsteigend. Die letzte Sortierung mit der höchsten Priorität wird mit der Spalte *Abteilung* durchgeführt. Auch hier positionieren Sie den Zellzeiger in der Spalte auf einer beliebigen Zelle und sortieren aufsteigend. Das Ergebnis ist eine perfekt sortierte Telefonliste.

Alternativ bietet Ihnen Excel über das Dialogfeld *Sortieren* eine weitere Variante an. Positionieren Sie den Zellzeiger an beliebiger Stelle in der Liste und rufen Sie den Menüpunkt ***Daten, Sortieren*** auf. Im Hintergrund wird Ihre Liste automatisch markiert.

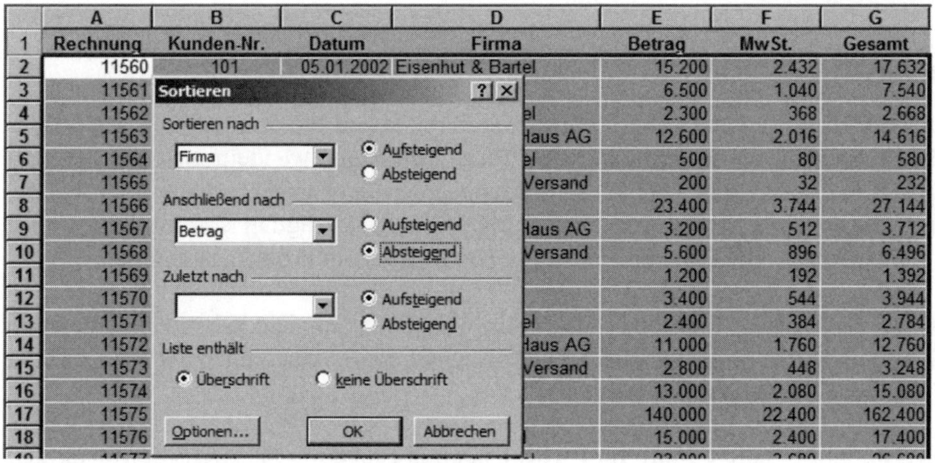

Abbildung 186: Das Dialogfeld Sortieren

Eigene Sortierreihenfolge festlegen

Benötigen Sie in Ihrer Tabelle Varianten, die über die gewöhnliche Sortierung hinausgehen, bietet die Schaltfläche ***Optionen*** im Dialogfeld ***Sortieren*** eine differenziertere Auswahl. Neben Wochentagen und Monaten kann das Listenfeld *Benutzerdefinierte Sortierreihenfolge* sogar individuelle Sortierreihenfolgen enthalten. Voraussetzung ist allerdings, dass vorher die Liste über den Menüpunkt ***Extras, Optionen, Registerkarte AutoAusfüllen*** erstellt wurde (*siehe Seite 47, Benutzerdefinierte Listen*).

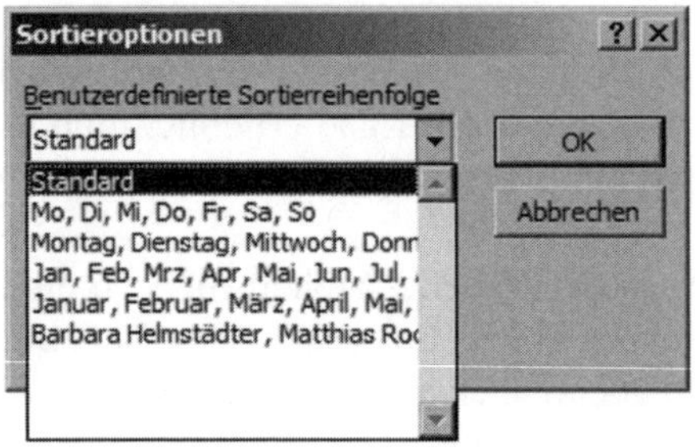

Abbildung 187: Das Dialogfeld Sortieroptionen

13.3 Filtern von Listen

Die Aufgabe der Filterfunktion besteht darin, nur die Datensätze anzuzeigen, die einem Kriterium oder mehreren Kriterien entsprechen. Excel stellt dafür gleich zwei verschiedene Filtertypen zur Verfügung: Den komfortablen und einfach zu bedienenden ***Auto-Filter*** und den ***Spezialfilter*** für komplexe Abfragen.

Der Autofilter

Eine sehr effektive Variante zur Filterung von Datensätzen bietet Excel über den Autofilter. Nach Anwahl des Befehls ***Daten, Filter, AutoFilter*** wandeln sich die Spaltenüberschriften in Listenfelder um. Nach Aufklappen der Liste erscheinen alle Einträge der jeweiligen Spalte und stehen für eine Selektion zur Verfügung. Damit lassen sich spielend leicht bestimmte Orte, ein spezieller Kunde oder ein Produkt auswählen.

Sinnvoll ist diese Art der Filterung jedoch nur, wenn nicht so viele Wertausprägungen in einer Spalte enthalten sind. Für die Spalten *Rechnungs-Nummer* oder *Datum* ist daher diese Form des Filters nicht geeignet.

Die Auswahl eines Wertes führt zum Ausblenden der anderen Datensätze. Anhand der blauen Zeilennummern sowie der blauen Schaltfläche des Listenfeldes erkennen Sie einen gesetzten Filter.

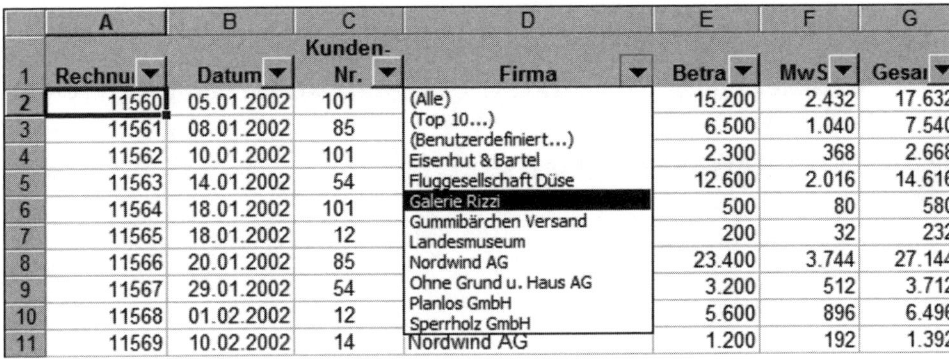

	A	B	C	D	E	F	G
1	Rechnu	Datum	Kunden-Nr.	Firma	Betra	MwS	Gesa
2	11560	05.01.2002	101		15.200	2.432	17.632
3	11561	08.01.2002	85		6.500	1.040	7.540
4	11562	10.01.2002	101		2.300	368	2.668
5	11563	14.01.2002	54		12.600	2.016	14.616
6	11564	18.01.2002	101		500	80	580
7	11565	18.01.2002	12		200	32	232
8	11566	20.01.2002	85		23.400	3.744	27.144
9	11567	29.01.2002	54		3.200	512	3.712
10	11568	01.02.2002	12		5.600	896	6.496
11	11569	10.02.2002	14	Nordwind AG	1.200	192	1.392

Abbildung 188: Die Funktion AutoFilter

Top-10-Filter

Eine weitere effektive Filtermethode wird Ihnen mit dem *Top-10-AutoFilter* angeboten. Top-10 bedeutet in diesem Fall, dass die n-höchsten Werte oder n-niedrigsten Werte der Spalte angezeigt werden. Die Zahl n können Sie festlegen, Excel schlägt jedoch automatisch die Zahl 10 vor. Dieser Filter ist speziell für Spalten mit vielen Wertausprägungen geeignet. So erhalten Sie damit beispielsweise die zehn größten Umsatzzahlen.

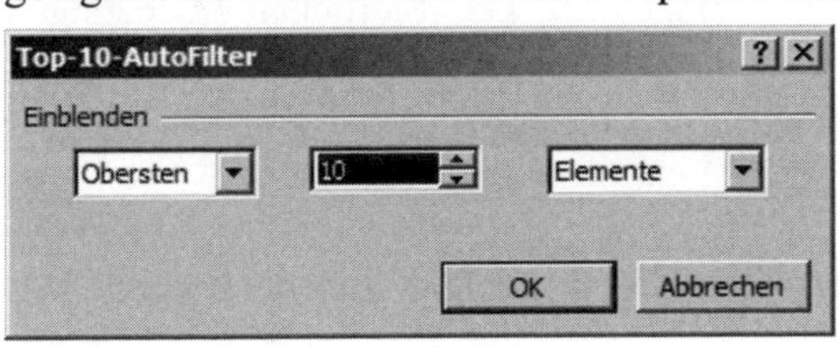

Abbildung 189: Die Top-10-Autofilter

Im linken Listenfeld wählen Sie die obersten (höchsten) oder untersten (niedrigsten) Werte aus. Die Zahl 10 ist der Standardvorschlag von Excel und kann über die Schalter rechts daneben geändert werden. Im Feld *Elemente* ist auch ein Prozentwert wählbar. Bei der Auswahl der obersten 10 Elemente zeigt Ihnen Excel als Ergebnis zehn Datensätze. Die Auswahl der obersten 10 Prozent kann dagegen weniger oder wesentlich mehr Datensätze anzeigen. Das Ergebnis hängt letztendlich von Ihrem Zahlenmaterial ab.

Benutzerdefinierte Autofilter

Die benutzerdefinierten Filter erlauben eine sehr effektive Auswahl von Datensätzen. Nach Anwahl dieser Option erhalten Sie ein Dialogfeld, das Ihnen die Eingabe von zwei verknüpften Bedingungen für die jeweilige Spalte erlaubt. Mit den angebotenen Vergleichsoperatoren lassen sich die Bedingungen exakt definieren.

In unserem Beispiel wurde für die Spalte *Gesamt* ein Bereich festgelegt. Gefiltert werden nur die Aufträge, die zwischen 50.000 und 100.000 € liegen. Die Verknüpfung der beiden Operatoren erfolgt mit der Option *Und*. Werte werden nur dann angezeigt, wenn beide Bedingungen zutreffen.

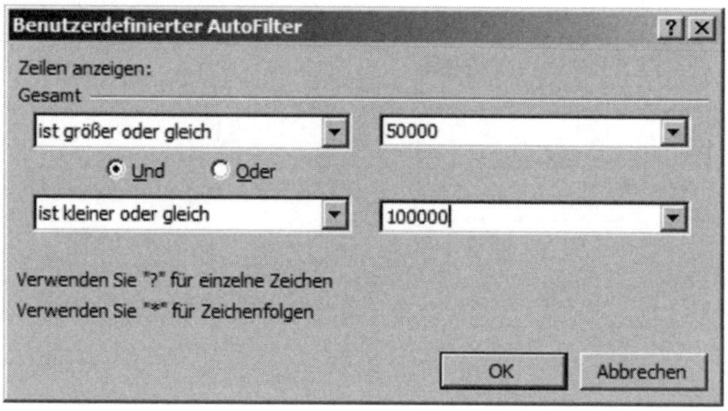

Abbildung 190: Benutzerdefinierte Autofilter

Beachten Sie bitte die zusätzliche Information im Dialogfeld unten links. Die Ersatzzeichen „?“ und „*“ kommen in Textspalten zur Anwendung. Das Fragezeichen (?) wird als Platzhalter für ein nicht bekanntes Zeichen eingesetzt. Das Sternchen (*) dagegen vertritt eine beliebige Anzahl von Zeichen.

Datumsbereiche filtern

Eine weitere Anwendung für benutzerdefinierte Filter ist die Einschränkung von Datumsbereichen. In unserem Beispiel sollen nur die Aufträge für den Monat Mai angezeigt werden. Da eine Datumsangabe aus einem numerischen Wert besteht, erfolgt die Abfrage über die Vergleichsoperatoren *ist größer oder gleich* sowie *ist kleiner als*.

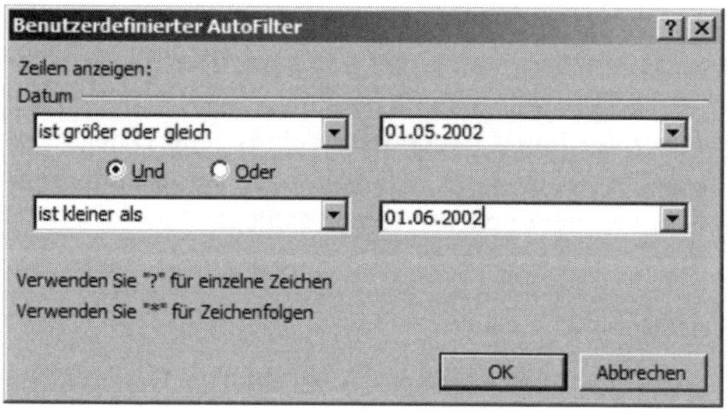

Abbildung 191: Datumsbereiche filtern

Filter aufheben

Um wieder alle Datensätze anzuzeigen, wählen Sie im Listenfeld die Option *(Alle)*. Diese Option muss in der Spalte angewählt werden, für die Sie den Filter gesetzt haben. Eine schnellere Variante finden Sie im Menüpunkt ***Daten, Filter, alle anzeigen***. Über diesen Befehl werden alle gesetzten Filter aufgehoben. Selbstverständlich können Sie die Filterfunktion auch völlig aus der Tabelle entfernen. Deaktivieren Sie einfach den Befehl ***Daten, Filter, Autofilter***.

13.4 Arbeiten mit Spezialfiltern

Bieten die Autofilter bereits recht komplexe Abfragemöglichkeiten, stellen die Spezialfilter nochmals eine Erweiterung dar. So lassen sich hier beispielsweise mehr als zwei Oder-Bedingungen definieren und Abhängigkeiten zwischen mehreren Spalten herstellen.

Der Kriterienbereich

Bei den Spezialfiltern definieren Sie eine Abfrage in einem Kriterienbereich direkt in der Tabelle. Hierfür wählen Sie am besten einen Bereich außerhalb und oberhalb der Liste. Eine einfache Abfrage besteht immer aus dem Spaltennamen (Feldname) und dem gewünschten Wert. Unser Beispiel zeigt eine Abfrage mit drei Werten.

Firma
Planlos
Eisenhut
Nordwind

Der Kundenname wird hierbei auch über eine Teileingabe gefunden, sofern mit dieser der Zelleintrag beginnt. Natürlich lassen sich noch weitaus komplexere Kriterien definieren. In Abhängigkeit vom jeweiligen Kunden soll zusätzlich der Betrag eingeschränkt werden. Mit Vergleichsoperatoren (*siehe Seite 113, Logikfunktionen*) definieren Sie die Bedingungen wie folgt:

Firma	**Betrag**
Planlos	<50000
Eisenhut	>=15000
Nordwind	>100000

Die Bedingungen der jeweiligen Zeile sind durch ein logisches UND verknüpft. Beide Bedingungen müssen also zutreffen, um entsprechende Datensätze zu listen. Möchten Sie dagegen zwei Bedingungen mit einem logischen ODER verknüpfen, verteilen Sie diese auf zwei Zeilen.

Firma	**Betrag**
Planlos	
	>50000

Nach Definition der Bedingung positionieren Sie den Zellzeiger in der Liste. Damit sparen Sie sich die Markierung, da Excel den zusammenhängenden Datenbereich automatisch erkennt. Über den Menüpunkt ***Daten, Filter, Spezialfilter*** erhalten Sie das folgende Dialogfeld:

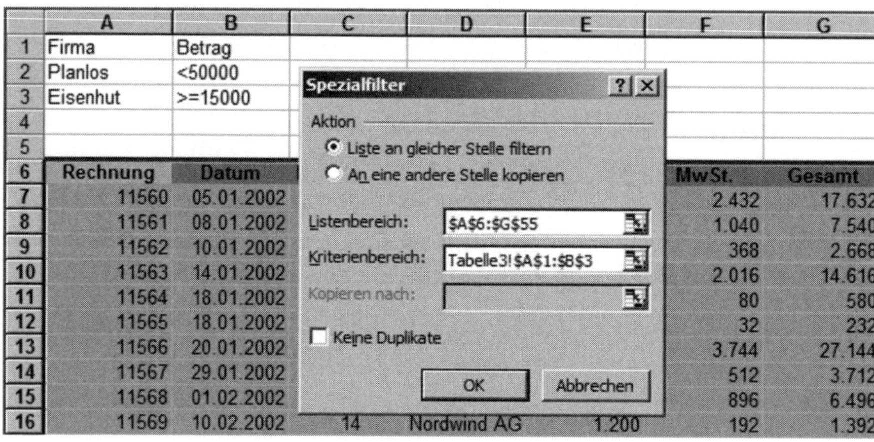

Abbildung 192: Das Dialogfeld Spezialfilter

Die gesetzte Option *Liste an gleicher Stelle filtern* zeigt Ihnen, wie bei den benutzerdefinierten Filtern, das Ergebnis im Datenbereich an. Die Datensätze, die den Bedingungen nicht entsprechen, werden einfach ausgeblendet.

Dagegen bewirkt die Option *An eine andere Stelle kopieren*, eine Ausgabe der Werte in einem neuen Zielbereich. Nach Anwahl der Option wird das Feld *Kopieren nach* aktiviert. Klicken Sie das Eingabefeld an und markieren Sie in der Tabelle eine leere Zelle. Ab dieser Stelle erfolgt dann die Ausgabe der selektierten Daten. Dieser Befehl kann weder über das Symbol ***Rückgängig*** noch über den Menüpunkt ***Daten, Filter, Alle anzeigen*** aufgehoben werden. Der „neue Wertebereich" wird in der Tabelle völlig unabhängig betrachtet und hat keinerlei Verbindung mehr zur ursprünglichen Liste.

Um den Kriterienbereich festzulegen, klicken Sie in das Eingabefeld und markieren Sie im Hintergrund in der Tabelle die entsprechenden Zeilen. Die Überschriften des Kriterienbereichs sind dabei Bestandteil der Markierung. Ändert sich der Aufbau des Kriterienbereichs bei einer weiteren Abfrage, ist die Markierung erneut durchzuführen. Achten Sie darauf, dass der markierte Bereich keine Leerzeilen enthält.

Das Kontrollkästchen *Keine Duplikate* unterdrückt die Anzeige identischer Datensätze. Dies bezieht sich nicht nur auf die Felder mit den Filterkriterien, vielmehr müssen in allen Spalten gleiche Werte enthalten sein. Von den Duplikaten wird dann jeweils nur ein Eintrag (Datensatz) angezeigt. Im Beispiel der Kundenliste liefert der Spezialfilter folgendes Ergebnis.

6	Rechnung	Datum	Kunden-Nr.	Firma	Betrag	MwSt.	Gesamt
7	11593	11.05.2002	85	Planlos GmbH	23.700	3.792	27.492
8	11566	20.01.2002	85	Planlos GmbH	23.400	3.744	27.144
13	11574	22.02.2002	85	Planlos GmbH	13.000	2.080	15.080
17	11608	28.06.2002	85	Planlos GmbH	9.100	1.456	10.556
21	11561	08.01.2002	85	Planlos GmbH	6.500	1.040	7.540
24	11570	13.02.2002	85	Planlos GmbH	3.400	544	3.944
35	11607	24.06.2002	101	Eisenhut & Bartel	74.200	11.872	86.072
40	11588	29.04.2002	101	Eisenhut & Bartel	23.500	3.760	27.260
54	11577	03.03.2002	101	Eisenhut & Bartel	23.000	3.680	26.680
55	11560	05.01.2002	101	Eisenhut & Bartel	15.200	2.432	17.632

Abbildung 193: Die gefilterte Liste

An der unterbrochenen Zeilennummerierung erkennen Sie die gefilterte Liste. Die Aufhebung des Filters erfolgt über den Menüpunkt ***Daten, Filter, Alle anzeigen***.

Eingabe von Datumskriterien

Ähnlich wie bei den benutzerdefinierten Filtern erfolgt die Einschränkung eines Datumsbereichs durch Vergleichsoperatoren. Um die Aufträge des Monats Juni zu filtern, verwenden Sie den Spaltennamen *Datum* einfach doppelt. Da die Kriterien in einer Zeile stehen, müssen beide erfüllt werden (UND-Verknüpfung).

Datum	**Datum**
>=01.06.2002	<01.07.2002

13.5 Die unglaublichen Teilergebnisse

Eine der komfortabelsten Funktionen in Excel ist die automatische Bildung von Zwischenergebnissen kombiniert mit Schaltern zum Ein- und Ausblenden der Einzeldaten.

Damit diese Funktion verwertbare Ergebnisse liefert, ist zunächst eine Sortierung der Tabelle vorzunehmen. Das Sortierkriterium ist dabei nicht beliebig, sondern richtet sich nach der Spalte, in der Sie eine Zusammenfassung wünschen. Im Beispiel der Auftragsliste ist dies die Spalte *Firma*. Alternativ wäre auch eine Zusammenfassung nach der Spalte *Kunden-Nr.* möglich.

Nach erfolgter Sortierung positionieren Sie den Zellzeiger in der Liste und rufen den Menüpunkt ***Daten, Teilergebnisse*** auf.

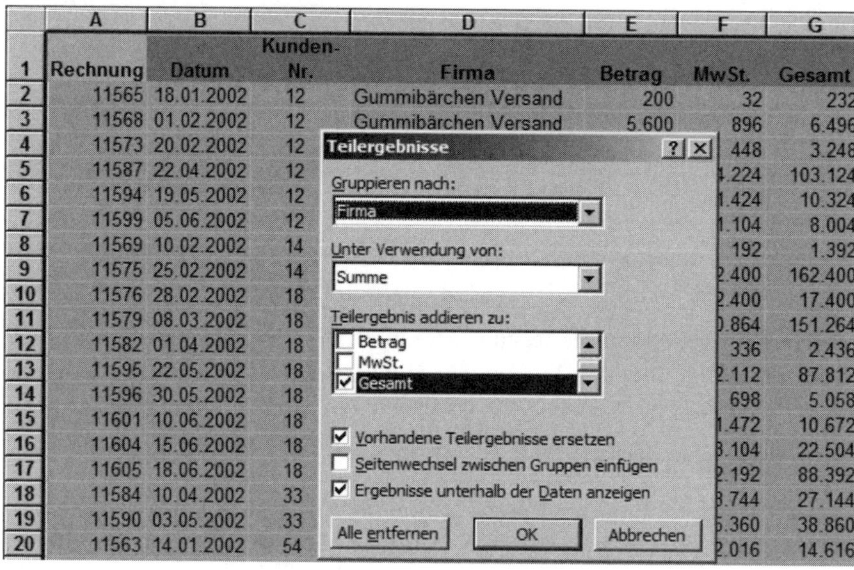

Abbildung 194: Teilergebnisse ermitteln

Excel schlägt automatisch die erste Spalte für die Gruppierung vor. Wählen Sie daher im Listenfeld *Gruppieren nach* die Spalte aus, nach der Ihre Tabelle sortiert wurde. Das Listenfeld *Unter Verwendung von* stellt verschiedene Berechnungen zur Wahl. Als Standard wird die Funktion SUMME vorgeschlagen.

In der Liste *Teilergebnis addieren zu* wird immer die letzte Spalte angeboten. In diesem Fall ist der Vorschlag auch zutreffend, da Sie für jeden Kunden eine Zwischensumme ermitteln möchten. Mit der Schaltfläche ***OK*** bestätigen Sie die getroffene Auswahl. In der Tabelle wird Ihnen folgendes Ergebnis präsentiert:

	Rechnung	Datum	Kunden-Nr.	Firma	Betrag	MwSt.	Gesamt
2	11565	18.01.2002	12	Gummibärchen Versand	200	32	232
3	11568	01.02.2002	12	Gummibärchen Versand	5.600	896	6.496
4	11573	20.02.2002	12	Gummibärchen Versand	2.800	448	3.248
5	11587	22.04.2002	12	Gummibärchen Versand	88.900	14.224	103.124
6	11594	19.05.2002	12	Gummibärchen Versand	8.900	1.424	10.324
7	11599	05.06.2002	12	Gummibärchen Versand	6.900	1.104	8.004
8				**Gummibärchen Versand Ergebnis**			131.428
9	11569	10.02.2002	14	Nordwind AG	1.200	192	1.392
10	11575	25.02.2002	14	Nordwind AG	140.000	22.400	162.400
11				**Nordwind AG Ergebnis**			163.792

Abbildung 195: Die Teilergebnisse in der Tabelle

Unter jedem Kunden wurde in einer neuen Zeile das Ergebnis eingefügt. Links neben dem eigentlichen Tabellenbereich erscheinen weitere Schaltflächen (-) zum Ausblenden einzelner Bereiche. Mit den Schaltern oberhalb der Zeile 1 teilen Sie Ihre Liste mit der Gliederungsfunktion in „übersichtliche Häppchen" auf.

So führt ein Klick auf der Schaltfläche 1 zur Anzeige des Gesamtergebnisses, die Schaltfläche 2 dagegen verzweigt zu den Ergebniszeilen der jeweiligen Kunden und blendet die Einzel-Aufträge aus. Der Schalter 3 zeigt Ihnen erneut die komplette Liste inklusive der Teilergebnisse an.

	Rechnung	Datum	Kunden-Nr.	Firma	Betrag	MwSt.	Gesamt
8				**Gummibärchen Versand Ergebnis**			131.428
11				**Nordwind AG Ergebnis**			163.792
20				**Sperrholz GmbH Ergebnis**			385.538
23				**Galerie Rizzi Ergebnis**			66.004
31				**Ohne Grund u. Haus AG Ergebnis**			184.324
36				**Landesmuseum Ergebnis**			188.500
45				**Planlos GmbH Ergebnis**			253.228
50				**Fluggesellschaft Düse Ergebnis**			140.708
59				**Eisenhut & Bartel Ergebnis**			170.868
60				**Gesamtergebnis**			1.684.390

Abbildung 196: Gegliederte Teilergebnisse

Mit dem Schalter + links neben den Zeilenköpfen blenden Sie die Auftragsdaten eines bestimmten Kunden ein.

Teilergebnisse entfernen

Die Teilergebnisse lassen sich ganz einfach aus der Liste entfernen. Positionieren Sie zuerst den Zellzeiger in der Liste und rufen Sie über den Menüpunkt ***Daten, Teil-***

ergebnisse das gleichnamige Dialogfeld auf. Ein Klick auf der Schaltfläche ***Alle entfernen*** genügt, um Ihre Tabelle wieder im ursprünglichen Zustand anzuzeigen.

Weitere Berechnungen durchführen

Um noch weitere Berechnungen durchzuführen, wählen Sie das Dialogfeld ***Teilergebnisse*** erneut an. Die Liste *Unter Verwendung von* enthält eine kleine Auswahl häufig eingesetzter Funktionen. Deaktivieren Sie anschließend das Feld *Vorhandene Teilergebnisse ersetzen* und bestätigen Sie dies mit ***OK***. Ihre Tabelle enthält anschließend weitere Berechnungen.

	A	B	C	D	E	F	G
1	Rechnung	Datum	Kunden-Nr.	Firma	Betrag	MwSt.	Gesamt
2	11565	18.01.2002	12	Gummibärchen Versand	200	32	232
3	11568	01.02.2002	12	Gummibärchen Versand	5.600	896	6.496
4	11573	20.02.2002	12	Gummibärchen Versand	2.800	448	3.248
5	11587	22.04.2002	12	Gummibärchen Versand	88.900	14.224	103.124
6	11594	19.05.2002	12	Gummibärchen Versand	8.900	1.424	10.324
7	11599	05.06.2002	12	Gummibärchen Versand	6.900	1.104	8.004
8				**Gummibärchen Versand Anzahl**			6
9				**Gummibärchen Versand Ergebnis**			131.428
10	11569	10.02.2002	14	Nordwind AG	1.200	192	1.392
11	11575	25.02.2002	14	Nordwind AG	140.000	22.400	162.400
12				**Nordwind AG Anzahl**			2
13				**Nordwind AG Ergebnis**			163.792

Abbildung 197: Teilergebnisse mit den Funktionen Summe und Anzahl

14 Pivot-Tabellen

Pivot-Tabellen dienen der Analyse Ihres Zahlenmaterials. Voraussetzung ist allerdings eine Tabelle mit datenbankähnlichem Aufbau, die das Gruppieren nach bestimmten Merkmalen erlaubt. Die Daten lassen sich dann völlig lösgelöst von ihrer ursprünglichen Struktur unter verschiedenen Gesichtspunkten betrachten.

14.1 Die Datenbasis

Pivot-Tabellen werden normalerweise für die Auswertung großer Datenbestände eingesetzt. Die Funktion arbeitet daher nicht nur mit Excel-Tabellen, sondern bietet auch eine Schnittstelle zu externen Datentabellen. Das hier beschriebene Beispiel basiert auf einer Excel-Tabelle.

Die Tabelle muss in Form einer Liste vorliegen. Die erste Zeile mit den Feldnamen beschreibt die Inhalte der einzelnen Spalten. Direkt anschließend folgt dann die eigentliche Datentabelle. Jede Zeile wiederum repräsentiert einen Datensatz mit verschiedenen Feldern, die in einem Zusammenhang stehen.

	A	B	C	D	E
1	Büro-Artikel				
2					
3	Übersicht nach Verkaufsgebiet				
4					
5	**Verkäufer**	**Produkt**	**Region**	**Stückzahl**	**Umsatz**
6	Sülberg	LaserPointer	Nord	2.568	7.763 €
7	Ilgenstein	Mousepads	Süd	993	1.234 €
8	Ilgenstein	Mousepads	Nord	3.907	2.345 €
9	Sülberg	Mousepads	Nord	6.403	7.263 €
10	Sülberg	LaserPointer	Ost	3.485	5.631 €
11	Ilgenstein	LaserPointer	Süd	3.693	7.688 €

Abbildung 198: Die Datenbasis (Ausschnitt)

Für den Aufruf der Funktion ist es völlig ausreichend, den Zellzeiger in einer beliebigen Zelle des Datenmaterials zu positionieren. Ein hilfreicher Assistent übernimmt dann später die Markierung.

Der Pivot-Tabellen-Assistent

Wählen Sie den Menüpunkt ***Daten*** und dort den ***PivotTable- und PivotChart-Assistent***. Der Assistent begleitet Sie durch mehrere Dialogfelder und beginnt mit der Bestimmung der Datenbasis..

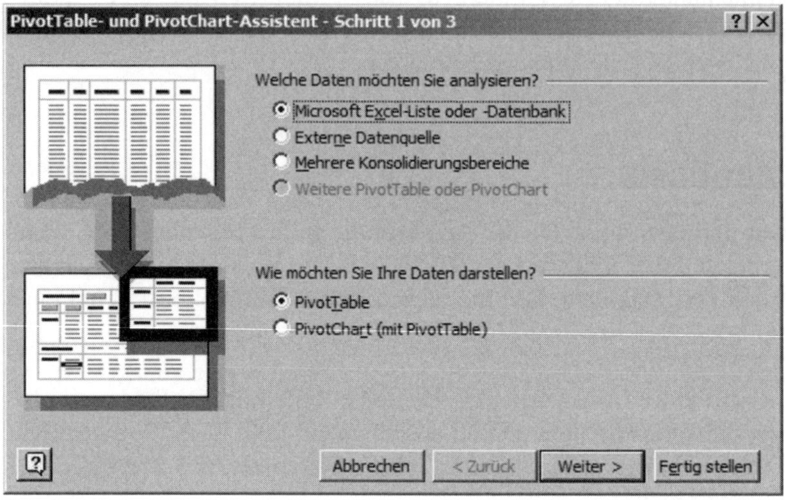

Abbildung 199: Die Datenbasis für die Pivot-Tabelle bestimmen

Das hier gewählte Beispiel arbeitet mit einer *Microsoft Excel-Liste oder -Datenbank.* Der zweite Bereich des Dialogfeldes bezieht sich auf die Darstellung der Daten. Die Option *PivotChart (mit PivotTable)* ergänzt Ihre Pivot-Tabelle um ein Diagramm. Mit der Schaltfläche ***Weiter*** gelangen Sie zum nächsten Schritt.

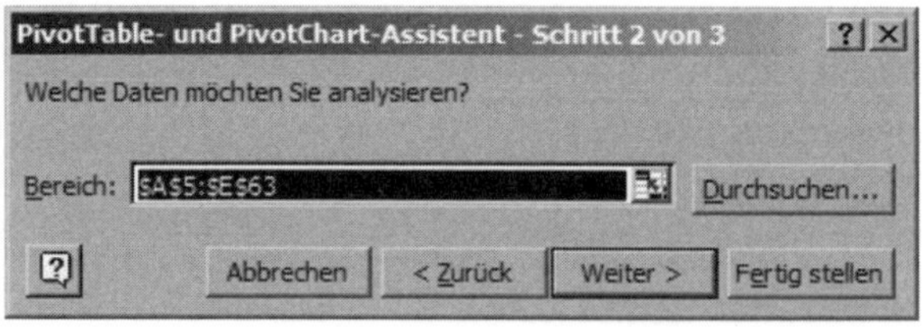

Abbildung 200: Den Datenbereich festlegen

Die Tabelle wird automatisch markiert und durch eine gestrichelte Linie umrandet. Der vorgeschlagene Bereich lässt sich aber immer noch manuell korrigieren. Markieren Sie in Ihrer Tabelle das gewünschte Datenmaterial - das Dialogfeld zeigt Ihnen dann den aktualisierten Bereich an.

Alternativ können Sie auch mit dem kleinen Schalter rechts außen am Eingabefeld in die Tabelle verzweigen. Das Dialogfeld wird daraufhin auf eine Zeile reduziert und bietet die Gelegenheit, in der Tabelle das Datenmaterial zu markieren. Klicken Sie anschließend erneut auf den Schalter, um das Dialogfeld wieder anzuzeigen. Mit der Schaltfläche ***Weiter*** wechseln Sie zum nächsten Schritt.

14.2 Definieren der Struktur

Im dritten Dialogfeld bestimmen Sie, wo die Pivot-Tabelle erscheinen soll. Da Sie sicherlich mit dem Layout noch experimentieren werden, entscheiden Sie sich für die Option *In neuem Blatt.*

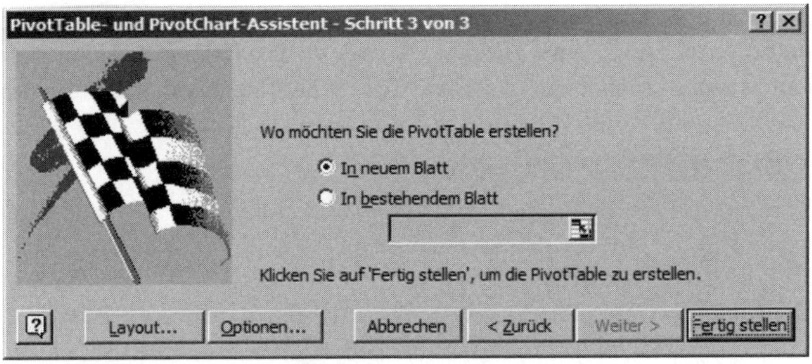

Abbildung 201: Die Pivot-Tabelle positionieren

Die Schaltfläche ***Fertig stellen*** würde Sie an dieser Stelle in die Excel-Tabelle zur eigentlichen Definition der Pivot-Tabelle führen. Die Schaltfläche ***Layout*** bietet jedoch in einem übersichtlich gestalteten Dialogfeld die gleiche Funktionalität. Sofern Sie noch nicht mit Pivot-Tabellen vertraut sind, wählen Sie diese Variante.

Den zukünftigen Aufbau der Pivot-Tabelle kann man in diesem Dialogfeld schon gut erkennen. Auf der rechten Seite bekommen Sie die Feldnamen Ihrer Tabelle angeboten. Sie müssen nur noch mit der linken Maustaste die einzelnen Felder in die angebotene Tabellenstruktur ziehen. Das Ziel ist dabei nicht, alle Felder unterzubringen. Vielmehr kommt es darauf an, ausgewählte Felder sinnvoll in den einzelnen Bereichen zu platzieren.

Der Seitenbereich

Hier sollten Sie Felder mit wenigen Wertausprägungen unterbringen. In unserem Beispiel positionieren Sie dort die Spaltenüberschrift *Region.* Ziehen Sie dazu das gewünschte Feld mit gedrückter linker Maustaste in den Bereich *Seite.*

Zeilen- und Spaltenbereich

Im Zeilen- und Spaltenbereich bringen Sie ebenfalls Felder unter, die nicht zu viele Wertausprägungen haben, da sonst riesige Pivot-Tabellen entstehen. In dem dargestellten Beispiel wurde der Feldname *Produkt* in den Zeilenbereich und der Feldname *Verkäufer* in den Spaltenbereich übernommen.

Der Datenbereich

Im Datenbereich sind Felder mit vielen Wertausprägungen gefragt. Die Werte erscheinen dort nicht einzeln, sondern werden mit Funktionen zusammengefasst. Numerische Felder berechnet Excel mit der Funktion SUMME, bei Textfeldern kommt automatisch die Funktion ANZAHL zum Einsatz. Nachdem das Feld *Umsatz* in den Datenbereich gezogen wurde, ergänzt der Assistent die Schaltfläche mit der Angabe *Summe.*

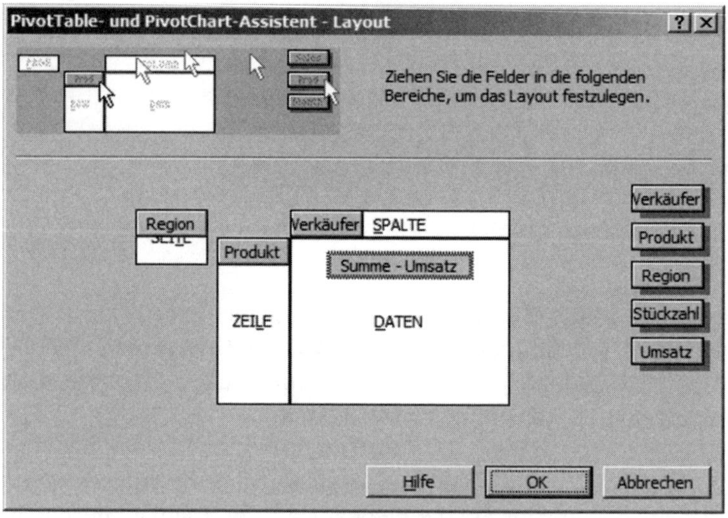

Abbildung 202: Das Layout der Pivot-Tabelle

Sehen Sie das Layout als einen ersten Entwurf an, den Sie jederzeit ändern können. Falls Sie sich unsicher sind, welche Felder in welchen Bereich gehören, beginnen Sie mit wenigen Feldern und ergänzen die Struktur später in der Tabelle. Mit der Schaltfläche ***OK*** beenden Sie das Layout; die Schaltfläche ***Fertig stellen*** schließt die Definition ab.

	A	B	C	D	E
1	Region	(Alle)			
2					
3	Summe - Umsatz	Verkäufer			
4	Produkt	Ilgenstein	Sülberg	Gesamtergebnis	
5	LaserPointer	65645,96	88795,16	154441,12	
6	Mousepads	54378,97	72547,29	126926,26	
7	Gesamtergebnis	120024,93	161342,45	281367,38	
8					

Abbildung 203: Das vorläufige Ergebnis der Pivot-Tabelle

Die Pivot-Tabelle präsentiert das Datenmaterial in einer völlig neuen Struktur. Mit keiner anderen Funktion ist in Excel ein vergleichbar schnelles Resultat zu erzielen. Mit den automatisch erzeugten Listenfeldern lassen sich weitere Darstellungen auswählen. Im *Seitenbereich* ist zunächst die Option *(Alle)* eingestellt. Über das Listenfeld können Sie beliebig zwischen den verschiedenen Regionen (*Nord, Süd, Ost, West*) wechseln. Das Datenmaterial passt sich automatisch an. Auch bei den Zeilen- und Spaltenbereichen *Produkt* und *Verkäufer* können Sie über die Listenfelder eine veränderte Daten-Auswahl treffen.

Die Struktur verändern

In Abbildung 203 steht die Auswertung der Umsatzzahlen je Vertriebsmitarbeiter im Vordergrund. Möchten Sie dagegen die Regionen vergleichen, gestalten Sie Ihre Tabelle mit der Maus ganz einfach um, indem Sie die schalterähnlichen Überschriften *Region* und *Verkäufer* tauschen.

Zeigen Sie mit dem Mauszeiger auf das Feld *Region* im Seitenbereich. Der Mauszeiger erscheint dabei als Vierfachpfeil. Ziehen Sie nun mit gedrückter linker Maustaste dieses Feld auf den Spaltenbereich *Verkäufer*. Die richtige Position wird in einem kleinen Symbol unterhalb des Mauszeigers blau angezeigt. Sie erhalten jetzt zwei Felder im Spaltenbereich. Ziehen Sie nun mit gedrückter linker Maustaste das Feld *Verkäufer* an die Position des Seitenbereichs. Ihre Tabelle sollte nun folgende Struktur aufweisen:

	A	B	C	D	E	F
1	Verkäufer	(Alle)				
2						
3	Summe - Umsatz	Region				
4	Produkt	Nord	Ost	Süd	West	Gesamtergebnis
5	LaserPointer	34820,76	36756,93	38547,66	44315,77	154441,12
6	Mousepads	36900,13	25996,39	30341,19	33688,55	126926,26
7	Gesamtergebnis	71720,89	62753,32	68888,85	78004,32	281367,38

Abbildung 204: Die geänderte Pivot-Tabelle

14.3 Pivot-Tabellen bearbeiten

Nach der Erstellung der Pivot-Tabelle blendet Excel automatisch eine neue Symbolleiste ein. Sie enthält wichtige Werkzeuge für die Bearbeitung Ihrer Tabelle. Sofern der Zellzeiger in der Pivot-Tabelle positioniert ist, erscheinen in der zweiten Zeile die Feldnamen der Quelldatei. Diese Anzeige lässt sich über den letzten Schalter der Symbolleiste ein- und ausblenden.

Abbildung 205: Die PivotTable-Symbolleiste

Felder hinzufügen oder entfernen

Möchten Sie Ihre Pivot-Tabelle um ein weiteres Feld ergänzen, ziehen Sie es mit gedrückter linker Maustaste aus der Symbolleiste an die gewünschte Stelle in der Pivot-Tabelle. Mit der gleichen Technik lassen sich auch Felder entfernen. Zeigen Sie mit dem Mauszeiger auf das zu löschende Feld in der Pivot-Tabelle und ziehen Sie es mit gedrückter linker Maustaste aus der Tabelle heraus.

Markieren in der Pivot-Tabelle

Um einzelne Bereiche einer Pivot-Tabelle zu bearbeiten, müssen Sie diese zuerst markieren. Neben der konventionellen Technik durch Ziehen mit der Maus lässt sich über die Symbolleiste auch eine einfachere Bereichsmarkierung aktivieren. Positionieren Sie den Mauszeiger innerhalb der Pivot-Tabelle und öffnen Sie das Menü ***PivotTable*** in der Symbolleiste. Wählen Sie dort den Befehl ***Markieren, Auswahl aktivieren***.

Führen Sie bei aktiviertem Modus den Mauszeiger vor einen Zeilen- oder Spalteneintrag, wandelt sich dieser in einen kleinen schwarzen Pfeil um. Ein Mausklick genügt – und die komplette Zeile oder Spalte ist markiert.

Über das Menü ***PivotTable*** können Sie auch den Datenbereich oder die Beschriftung markieren. Die Befehle in der Auswahl ***Markieren*** setzen allerdings eine komplette Markierung der Tabelle voraus. Erst dann sind die Schalter aktiv.

Pivot-Tabellen formatieren

Die Formatierung der Pivot-Tabelle kann sich auf die Überschriften und auf den Datenbereich erstrecken. Oftmals sind die Werte erst mit Tausenderpunkt und zwei Nachkommastellen gut lesbar. Neben den üblichen Techniken wie Menübefehle oder der Symbolleiste ***Format*** bietet Ihnen Excel eine umfangreiche Auswahl vorgefertigter Formatschablonen an. Positionieren Sie den Zellzeiger in der Tabelle und aktivieren Sie über die Schaltfläche ***Bericht formatieren*** das Dialogfeld ***Autoformate***. Wählen Sie dort das gewünschte Format aus und bestätigen Sie Ihre Wahl mit der Schaltfläche ***OK***.

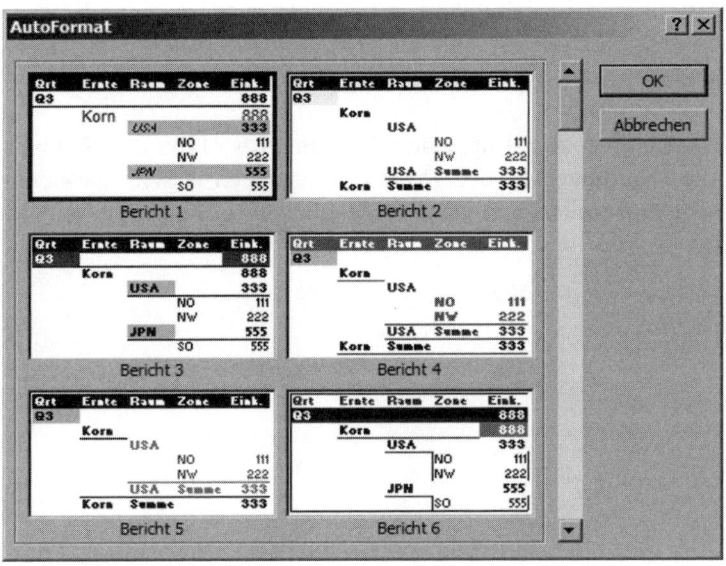

Abbildung 206: Autoformate für Pivot-Tabellen

Daten aktualisieren

Zwischen den ursprünglichen Daten des Tabellenbereichs und der Pivot-Tabelle besteht nach wie vor eine Verbindung. Dabei handelt es sich jedoch um eine passive Verbindung, die bei einer Änderung der Quelldaten nicht automatisch zur Aktualisierung der Pivot-Tabelle führt. Über das Symbol ***Daten aktualisieren*** (!) in der *PivotTable*-Symbolleiste bestimmen Sie selbst den Zeitpunkt, an dem Sie eine Aktualisierung vornehmen möchten.

Details ein- und ausblenden

Der große Vorteil beim Einsatz einer Pivot-Tabelle besteht unter anderem darin, dass sich große Datenmengen zu einer bestimmten Information verdichten lassen. Gelegentlich benötigen Sie aber dennoch die Einzeldaten, die sich hinter der Zusammenfassung verbergen.

Einzeldaten einblenden

Excel unterstützt zwei Varianten zum Einblenden der Einzeldaten. Geben Sie einen Doppelklick auf den Eintrag eines Zeilenbereichs wie beispielsweise *Mousepads*, zeigt Ihnen Excel eine Liste der verfügbaren Feldnamen an. Hier sollten Sie sich jetzt für ein Feld entscheiden, das zu dem angezeigten Eintrag weitere Informationen liefern kann.

Alternativ erhalten Sie die gleiche Auswahl über den Schalter ***Plus*** (+) in der Symbolleiste. Möchten Sie sich alle Detaildaten zu den *Produkten* anzeigen lassen, markieren Sie vorher die Einträge des Zeilenbereichs und klicken anschließend auf das Symbol.

Abbildung 207: Das Dialogfeld Details einblenden

In Abbildung 208 wurden die *Produkte* um die Information *Stückzahl* ergänzt. Dies führt in der Tabelle zur Anzeige einer weiteren Spalte mit den dazugehörigen Einzeldaten.

	A	B	C	D	E	F	G
1	Verkäufer	(Alle)					
2							
3	Summe - Umsatz		Region				
4	Produkt	Stückzahl	Nord	Ost	Süd	West	Gesamtergebnis
5	Mousepads	751				2.692,66	2.692,66
6		993			1.234,00		1.234,00
7		1.254				2.985,56	2.985,56
8		1.842			1.374,61		1.374,61
9		2.920	8.756,70				8.756,70
10		3.251			3.137,06		3.137,06

Abbildung 208: Die Pivot-Tabelle mit eingeblendeten Details (Ausschnitt)

Details ausblenden

Bei großen Datenmengen können die Einzeldaten zu recht umfangreichen Pivot-Tabellen führen. Glücklicherweise lassen sich die Details später wieder ausblenden. Ein erneuter Doppelklick auf einem Eintrag mit Detaildaten führt dann zum Ausblenden der Daten.

Alternativ arbeiten Sie mit dem Symbol ***Minus*** (-) in der Symbolleiste. Hierüber lassen sich auch die Detaildaten eines markierten Bereichs ausblenden.

Nach dem Ausblenden der Detaildaten bleibt die Überschrift *Stückzahl* in der Tabelle erhalten. Um diese nun aus der Tabelle zu entfernen, ziehen Sie den Schalter mit gedrückter linker Maustaste aus der Tabelle heraus.

Details für Werte einblenden

Möchten Sie beispielsweise wissen, welche Einzeldaten zum Umsatz 36.900,13 € im Bereich *Nord* führten, geben Sie einen Doppelklick auf den angezeigten Betrag. Die eingeblendeten Datensätze mit allen Einzelinformationen erscheinen allerdings nicht mehr innerhalb der Pivot-Tabelle, sondern auf einem separaten Tabellenblatt.

	A	B	C	D	E
1	**Verkäufer**	**Produkt**	**Region**	**Stückzahl**	**Umsatz**
2	Ilgenstein	Mousepads	Nord	2919,91	8756,7
3	Ilgenstein	Mousepads	Nord	4020,81	2452,28
4	Ilgenstein	Mousepads	Nord	3906,68	2345
5	Sülberg	Mousepads	Nord	6403,4	7262,91
6	Sülberg	Mousepads	Nord	3482,48	674,68
7	Sülberg	Mousepads	Nord	9535,41	9758,62
8	Ilgenstein	Mousepads	Nord	9115,25	5649,94

Abbildung 209: Darstellung der Einzeldaten auf neuem Tabellenblatt

Der Befehl *Ausblenden der Detaildaten* findet bei dieser Variante keine Anwendung mehr. Falls Sie das neue Tabellenblatt nicht mehr benötigen, entfernen Sie es wie gewohnt über das Kontextmenü der Tabellenregister.

14.4 Berechnungen

Unsere Pivot-Tabelle zeigt die Summen der verkauften Produkte an. Interessant wäre vielleicht auch die Information, wie viele Aufträge zum jeweiligen Umsatz führten. Gerade für die Analyse des Datenbereichs bietet Excel umfangreiche Berechnungsmöglichkeiten an, die weit über die erste Definition hinausgehen.

Berechnungen hinzufügen

Um nun die Anzahl der Aufträge zu ermitteln, positionieren Sie den Zellzeiger in Ihrer Tabelle und ziehen Sie aus der Symbolleiste *PivotTable* das Feld *Umsatz* erneut in den Datenbereich. Das Feld *Summe Umsatz* ist damit zweimal im Datenbereich vertreten.

	A	B	C	D	E	F	G
1	Produkt	(Alle)					
2							
3			Region				
4	Verkäufer	Daten	Nord	Ost	Süd	West	Gesamtergebnis
5	Ilgenstein	Summe - Umsatz	37.284,94	30.044,47	17.044,54	35.650,98	120.024,93
6		Summe - Umsatz2	37.284,94	30.044,47	17.044,54	35.650,98	120.024,93

Abbildung 210: Felder mehrfach verwenden

Für das zweite Feld wählen Sie dann eine andere Form der Zusammenfassung. Die Funktionsauswahl erhalten Sie, indem Sie den Zellzeiger auf dem neuen Feld positionieren und in der *PivotTable*-Symbolleiste das Symbol ***Feldeinstellungen*** anklicken. Excel öffnet daraufhin das Dialogfeld ***PivotTable-Feld***.

In der Beispiel-Tabelle ist die Funktion *Anzahl* sinnvoll. Möglich sind auch Funktionen wie *Maximum*, *Minimum*, *Standardabweichung* und *Varianz*. Das Feld *Name* bietet sich hier bereits an, um eine zutreffendere Beschreibung des Inhalts einzugeben.

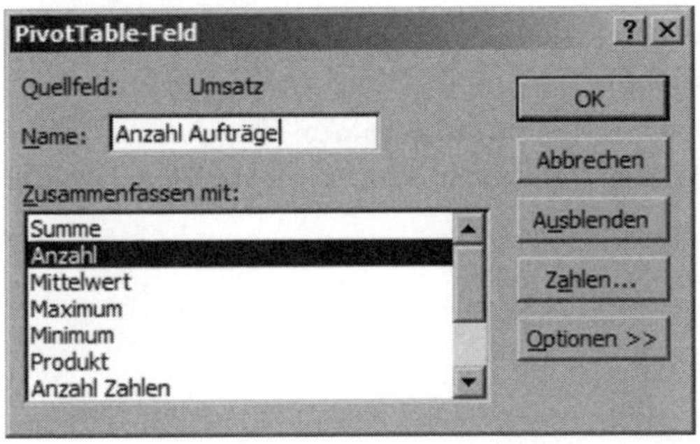

Abbildung 211: Weitere Berechnungen durchführen

Sobald Sie das Dialogfeld mit der Schaltfläche ***OK*** abschließen, wird die Anzeige der Pivot-Tabelle umgehend aktualisiert.

	A	B	C	D	E	F	G
1	Produkt	(Alle)					
2							
3			Region				
4	Verkäufer	Daten	Nord	Ost	Süd	West	Gesamtergebnis
5	Ilgenstein	Summe - Umsatz	37.284,94	30.044,47	17.044,54	35.650,98	120.024,93
6		Anzahl Aufträge	8	7	5	8	28
7	Sülberg	Summe - Umsatz	34.435,95	32.708,85	51.844,31	42.353,34	161.342,45
8		Anzahl Aufträge	7	7	8	8	30
9	Gesamt: Summe - Umsatz		71.720,89	62.753,32	68.888,85	78.004,32	281.367,38
10	Gesamt: Anzahl Aufträge		15	14	13	16	58

Abbildung 212: Der Datenbereich mit den Funktionen Summe und Anzahl

Berechnungen entfernen

Um eine bestehende Berechnung zu entfernen, öffnen Sie das Listenfeld des Datenbereichs und deaktivieren dort den gewünschten Eintrag. Besteht der Datenbereich lediglich aus einem Feld, ziehen Sie das schalterähnliche Feld *Daten* aus Ihrer Pivot-Tabelle heraus. Die Tabelle wird daraufhin nur mit Platzhaltern angezeigt. Sobald Sie jedoch ein neues Datenfeld aus der Symbolleiste in den Datenbereich ziehen, wird sie wieder komplett angezeigt.

Prozentuale Anteile errechnen

Die im Datenbereich enthaltenen Daten lassen sich auch aufeinander beziehen. So können Sie beispielsweise die Daten als Differenz zu einem vorgegebenen Betrag oder als Prozentanteil ausgeben lassen.

Wählen Sie in der Tabelle ein beliebiges Feld der Kategorie *Gesamtumsatz*. Klicken Sie anschließend auf das Symbol ***Feldeinstellungen***. Die Schaltfläche ***Optionen*** erweitert das Dialogfeld um den Bereich *Daten zeigen als*. Die Variante *% des Ergebnisses* führt zu der gewünschten prozentualen Darstellung der einzelnen Werte. Bestätigen Sie die getroffene Auswahl mit der Schaltfläche ***OK***.

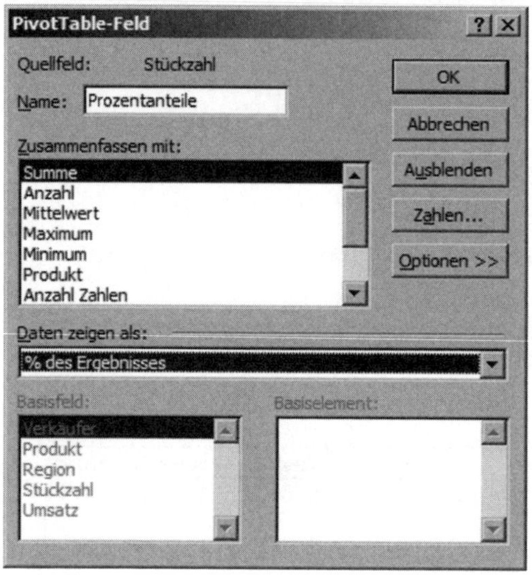

Abbildung 213: Prozentanteile errechnen

In unserem Beispiel eignen sich die Umsatzzahlen für eine prozentuale Darstellung. Auf einen Blick können Sie dann in Ihrer Pivot-Tabelle erkennen, wie viel Prozent vom Gesamtumsatz auf die einzelnen Produkte und die jeweiligen Mitarbeiter entfallen.

	A	B	C	D
1	Region	(Alle)		
2				
3	Summe - Umsatz	Produkt		
4	Verkäufer	Mousepads	LaserPointer	Gesamtergebnis
5	Ilgenstein	19,33%	23,33%	42,66%
6	Sülberg	25,78%	31,56%	57,34%
7	Gesamtergebnis	45,11%	54,89%	100,00%

Abbildung 214: Prozentuale Darstellung der Werte

15 Daten importieren

Sofern das Datenmaterial in einer strukturierten Form mit eindeutigen Trennzeichen vorliegt, unterstützt Excel verschiedene Varianten der Datenübernahme. Neben der klassischen Vorgehensweise über die Zwischenablage können Sie mittels spezieller Konvertierungstools Daten aus anderen Programmen übernehmen und in Excel weiter bearbeiten.

Klären Sie zuerst, in welchem Format die zu übernehmenden Daten vorliegen. Im Dialogfeld ***Öffnen***, gibt das Listenfeld *Dateityp* Auskunft über die vielfältigen Datenformate, die Excel einlesen kann. Typische Formate für eine Datenübernahme sind *csv* (comma separated value) oder *txt* für Textdateien. Dateien mit der Endung *csv* öffnet Excel sofort.

Bei einer Textdatei unterstützt Sie ein Assistent bei der Übernahme. In drei Schritten legen Sie Details wie Zeilenbeginn, Trennzeichen sowie die gewünschten Spalten fest.

1. Öffnen Sie die gewünschte Datei. Sollte die Datei im Dialogfeld ***Öffnen*** nicht angezeigt werden, überprüfen Sie den Eintrag im Listenfeld *Dateityp*. Gegebenenfalls wählen Sie aus der Liste den Eintrag *„alle Dateien"*.
2. Excel startet nach Aufruf der Datei automatisch den ***Textkonvertierungs-Assistent***. Im ersten Dialogfeld legen die Startzeile der Datenübernahme fest und wählen das Trennzeichen aus. Die Schaltfläche ***Weiter*** führt Sie dann zum nächsten Schritt.

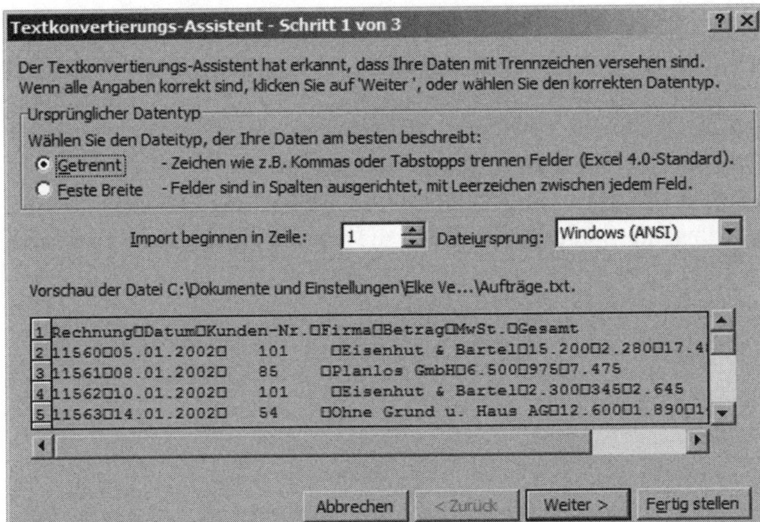

Abbildung 215: Der Textkonvertierungs-Assistent, Schritt 1

3. Der erste Eindruck bei dieser Datei stimmt schon recht zuversichtlich. Trotzdem kann es bei einer Datenübernahme erforderlich sein, Einfluss auf die Trennzeichen zu nehmen. Hier besteht die Wahlmöglichkeit zwischen Tabulator, Semikolon, Komma und Leerzeichen. Sogar ein selbstdefiniertes Zeichen (Andere) wird unterstützt. Falls Sie mit dem Ergebnis zufrieden sind, schließt die Schaltfläche ***Fertig stellen*** die Konvertierung ab. Die Schaltfläche ***Weiter*** führt Sie dagegen zum letzten Dialogfeld.

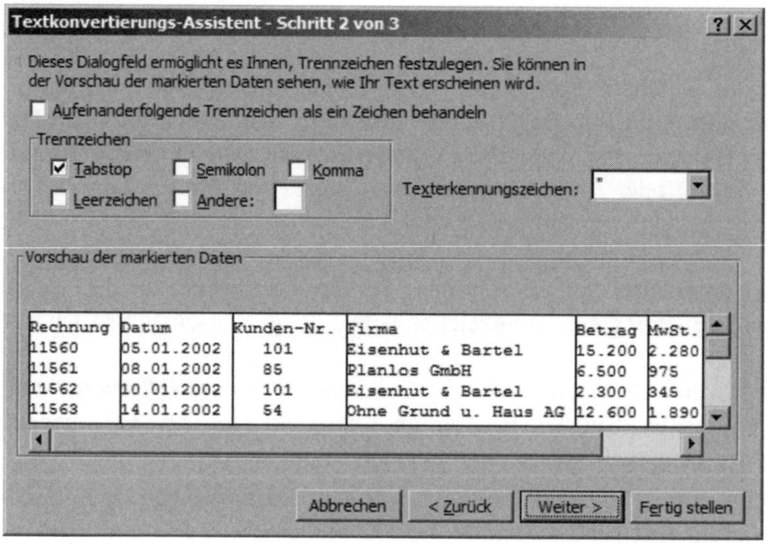

Abbildung 216: Der Textkonvertierungs-Assistent, Schritt 2

4. Im letzten Schritt des Assistenten können Sie für jede Spalte einen Datentyp definieren. Markieren Sie einfach die gewünschte Spalte und wählen Sie mittels der angebotenen Optionsfelder den gewünschten Datentyp aus. Die Option *Text* führt beispielsweise zu einer linksbündigen Ausrichtung der Werte.

   Des Weiteren können Sie bestimmte Spalten vom Import ausschließen. Dazu markieren Sie die gewünschte Spalte und wählen die Option *Spalten nicht importieren (überspringen).*

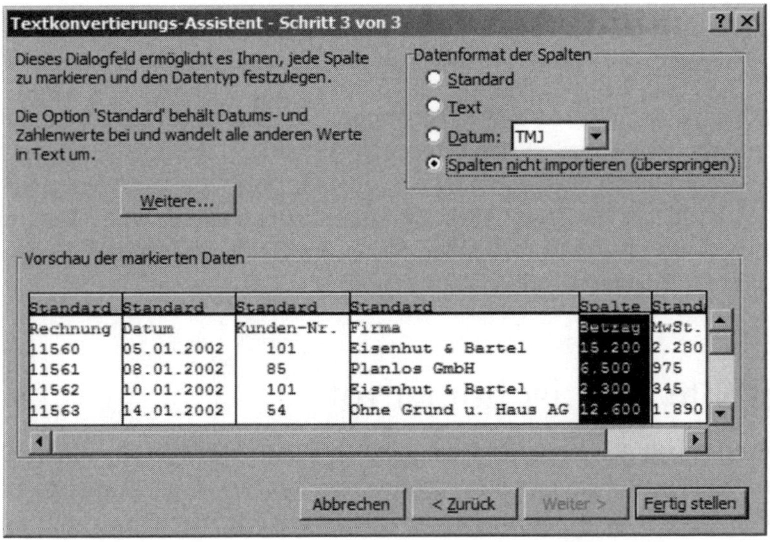

Abbildung 217: Textkonvertierungs-Assistent, Schritt 3

5. Die Schaltfläche ***Fertig stellen*** führt Sie zu einem Dialogfeld, in dem Sie die Einfügestelle der Daten festlegen können. Über die Schaltfläche ***Eigenschaften*** lassen sich noch weitere Parameter für die spätere Aktualisierung der Datei definieren. Bestätigen Sie mit der Schaltfläche ***OK*** Ihre Eingaben.

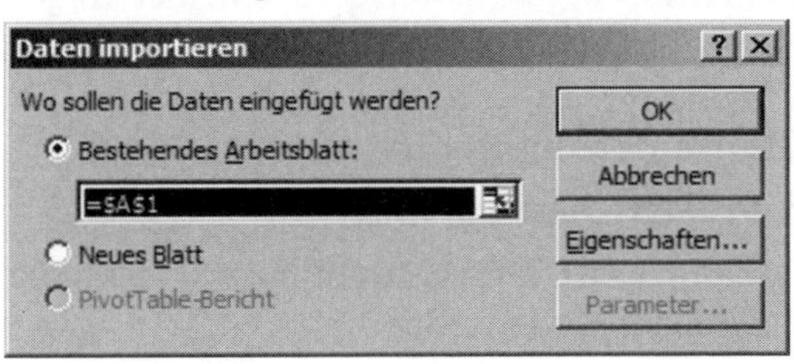

Abbildung 218: Das Dialogfeld Daten importieren

6. Sofern Sie einen aktualisierten Datenbestand einlesen möchten, unterstützt Sie dabei die Symbolleiste *Externe Daten*. Durch einen Klick auf das rote Ausrufezeichen (!) erhalten Sie umgehend den aktualisierten Datenbestand mit den zuvor festgelegten Einstellungen.

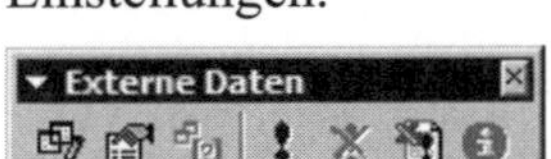

Abbildung 219: Die Symbolleiste Externe Daten

16 Aufgaben und deren Lösungen

Vom Dreisatz bis hin zu komplexen Matrixfunktionen reichen die hier geschilderten Beispiele. Sie orientieren sich dabei an den typischen Aufgaben, die mit Excel im Büro zu lösen sind. Nach einer kurzen Beschreibung der *Aufgabe* führt Sie *die Lösung* Schritt für Schritt zum Ziel. Möchten Sie mehr über die eingesetzten Befehle und Funktionen wissen, geben Querverweise die entsprechenden Seiten im Buch an. Ich wünsche Ihnen nun viel Spaß mit den „Aufgaben und deren Lösungen".

16.1 Die größte Zahl ist immer rot

Excel soll über eine spezielle Formatierung den größten Wert einer Tabelle automatisch farbig hervorheben. Wählen Sie die Farbe Rot, fällt diese Zahl selbst bei umfangreichem Zahlenmaterial sofort ins Auge. Ändern sich die Ausgangswerte, bekommen Sie sofort den aktuellen Höchstwert rot angezeigt.

Die Lösung

Über den Befehl ***Bedingte Formatierung*** bringen Sie Farbe ins Spiel; die Funktion MAX ist für die Ermittlung des Höchstwertes zuständig. Die Definition dieser Formatierung weicht jedoch etwas von der üblichen Vorgehensweise ab. Mit der folgenden Eingabe erscheint der Höchstwert zuverlässig in einer anderen Farbe:

1. Markieren Sie den Bereich, in dem Sie den Höchstwert hervorheben möchten.
2. Wählen Sie den Menüpunkt ***Format, Bedingte Formatierung***.
3. Formulieren Sie die *Bedingung 1* mit *Zellwert ist*. Die Auswahl *Formel ist* würde bei der geschilderten Vorgehensweise alle Zahlen rot darstellen.
4. Entscheiden Sie sich bei den Operatoren für *gleich*.
5. In das rechts angrenzende Feld geben Sie folgende Formel ein: =max(
6. Markieren Sie nun in der Tabelle im Hintergrund erneut den Bereich, der die auszuwertenden Zahlen enthält. Beenden Sie die Formel mit der schließenden Klammer. In Abbildung 220 wird der Bereich G4 bis G15 ausgewertet. Die Zelladressen erscheinen automatisch als absolute Bezüge mit den Dollarzeichen ($).

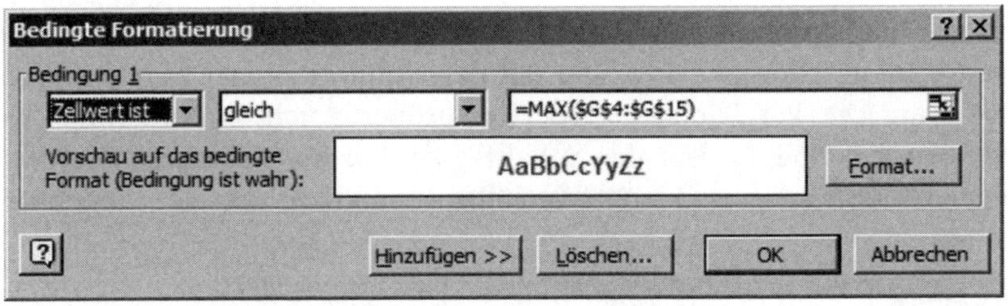

Abbildung 220: Dialogfeld Bedingte Formatierung

7. Wählen Sie über die Schaltfläche ***Format*** im Dialogfeld ***Zellen formatieren*** die gewünschte Farbe aus.
8. Bestätigen Sie die Dialogfelder mit der Schaltfläche ***OK***.

16.2 Das Wochenende ist blau

Datumsaufstellungen lassen sich für das Auge wesentlich besser erfassen, wenn sie durch optische Hervorhebungen strukturiert werden. Formatieren Sie beispielsweise die Wochenenden farbig, erkennen Sie schneller den jeweiligen Wochenbeginn.

Die Lösung

Die Farbe legen Sie über die ***Bedingte Formatierung*** fest; mit der Funktion WOCHENTAG ermitteln Sie die Wochenenden.

Die Wochenenden farbig hervorheben

Markieren Sie zuerst den kompletten Datumsbereich und rufen Sie anschließend den Menüpunkt ***Format, Bedingte Formatierung*** auf. Wählen Sie im Listenfeld *Bedingung 1* den Eintrag *Formel ist*. In das rechts angrenzende Feld tragen Sie folgende Formel ein:

```
=WOCHENTAG(Zelladresse;2)>=6
```

Die Funktion WOCHENTAG erwartet zwei Argumente. Geben Sie als Start-Adresse die erste Zelle des markierten Bereichs ein. Übernehmen Sie Ihre Startzelle durch einen Mausklick, müssen Sie anschließend die Dollarzeichen entfernen. Die Formel arbeitet sonst mit dem absoluten Bezug nicht korrekt. Das zweite Argument, die Zahl 2, definiert den Montag als ersten Tag der Woche. Excel belegt diesen Tag intern mit der Zahl 1. Da Sie das Wochenende über vergleichende Operatoren ermitteln, ist diese Angabe wichtig.

Intern kennt nun die Funktion den Starttag der Woche und ordnet ihm eine 1 zu. Der Samstag liegt damit folgerichtig auf dem Tag mit der Nummer 6. Der Sonntag schließt mit der Nummer 7 an. Der vergleichende Operator größer/gleich 6 (>=6) findet somit das Wochenende (Tage 6 und 7). Mit der Schaltfläche ***Format*** definieren Sie die gewünschte farbige Hinterlegung und schließen Ihre Funktion mit der angebotenen Schaltfläche ***OK*** ab.

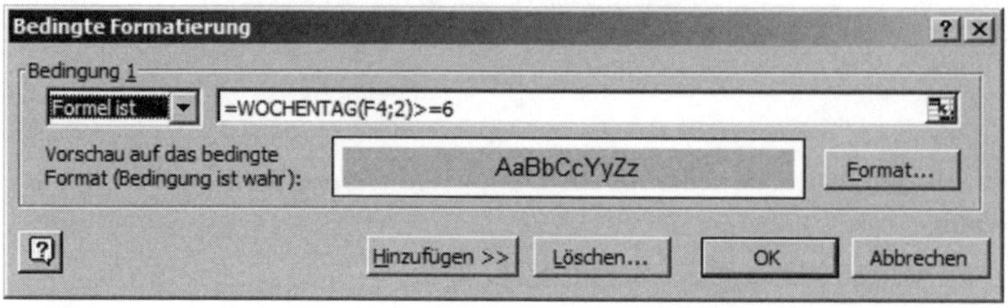

Abbildung 221: Die Wochenenden optisch hervorheben

Bedingte Formatierungen können Sie auch mit dem Symbol ***Format übertragen*** in den angrenzenden Bereich übernehmen. Insofern ist es zulässig, die Bedingung zunächst nur für eine Zelle festzulegen. Entfernen Sie bitte auch in diesem Fall die Dollarzeichen aus der Zelladresse. Nachdem Sie die Bedingung für eine Zelle definiert haben, übertragen Sie die Formatierung in den angrenzenden Bereich.

Mehr dazu:

Weitere Informationen zu den *Bedingten Formatierungen* finden Sie auf Seite 65. Benötigen Sie Hinweise zu *Funktionen*, schlagen Sie auf Seite 105 nach. Die *absoluten Zellbezüge* werden ausführlich auf Seite 34 erklärt. Wie Sie *Formate übertragen* können, erfahren Sie auf Seite 65.

16.3 Der prozentuale Anteil vom Gesamtumsatz

Das folgende Beispiel zeigt ein beliebtes Rechenverfahren, um kaufmännische Aufgabenstellungen zu lösen. Die Rede ist vom Dreisatz. Sie erinnern sich vielleicht, da gab es gleich mehrere Vertreter dieser Gattung. In unserem Beispiel kommt der Dreisatz mit geradem Verhältnis zum Einsatz. Ausgehend von einem Gesamtumsatz soll für die einzelnen Werte der prozentuale Anteil errechnet werden.

Die Lösung

Das Gesamtergebnis bilden Sie mit der Funktion SUMME. Mit dem Dreisatz errechnen Sie den prozentualen Anteil. Damit Sie die Formel kopieren können, benötigen Sie eine absolute Adresse.

Die Summe bilden

Sofern der zu addierende Bereich keine Leerzellen aufweist, wählen Sie die Ergebniszelle und klicken auf das Symbol ***AutoSumme*** (Σ). Ein weiterer Klick auf dem Symbol schließt die Formel ab. Falls der Bereich Leerzellen enthält, markieren Sie zuerst den ganzen Bereich und klicken dann auf das Symbol ***AutoSumme*** (Σ). Das Ergebnis wird in der nächsten freien Zeile ausgegeben.

Der Dreisatz

Er verliert viel von seinem Schrecken, wenn man sein Prinzip durchschaut. Sie kennen den Gesamtwert und wissen damit 100 Prozent. Den prozentualen Anteil des jeweiligen Monats möchten Sie errechnen. Er ist Ihre Unbekannte und bekommt das x zugewiesen. Wenn Sie sich das Ganze als Bruch vorstellen, erhalten Sie die folgende Gleichung:

$$\frac{\text{Gesamtumsatz} = 100\%}{\text{Monatlicher Umsatz} = x}$$

Bei dieser Form von Dreisatz multiplizieren Sie zuerst die Werte diagonal. Monatlicher Umsatz multipliziert (*) mit 100%. Diesen Wert dividieren (/) Sie dann durch den Gesamtumsatz. Erweitern Sie anschließend die Formatierung um die gewünschte Anzahl Nachkommastellen. Ihre Formel lautet korrekt:

```
=B3*100%/$B$15
```

Da 100% ohne Prozent-Format die Zahl 1 ergibt, können Sie auch auf diese Multiplikation verzichten. Die Formel verkürzt sich dann enorm. Sie dividieren lediglich den monatlichen Umsatz durch den Gesamtumsatz. Allerdings müssen Sie anschließend das Ergebnis als Prozentwert mit entsprechenden Nachkommastellen formatieren.

Der absolute Zellbezug

Er ist in der Formel unbedingt erforderlich, da sich sonst beim Kopieren der Zellbezug immer weiter vom Gesamtumsatz entfernen würde. Mit den vorangestellten Dollarzeichen bleibt die Zelladresse jedoch erhalten. Während der Formeleingabe drücken Sie nach Anwahl der Zelle *Gesamt* (B15) die Taste [F4]. Die Dollarzeichen erscheinen damit automatisch.

C3 = =B3*100%/$B$15

	A	B	C
1	**Umsatzanalyse**		
2		**Umsatz (in Mio €)**	**Prozentualer Anteil an Gesamt**
3	Januar	32,6	7,68%
4	Februar	38,0	8,95%
5	März	65,8	15,49%
6	April	23,7	5,58%
7	Mai	34,8	8,19%
8	Juni	42,0	9,89%
9	Juli	31,0	7,30%
10	August	27,1	6,38%
11	September	35,7	8,41%
12	Oktober	33,0	7,77%
13	November	26,9	6,33%
14	Dezember	34,1	8,03%
15	Gesamt	**424,7**	**100,00%**

Abbildung 222: Der prozentuale Anteil am Gesamtumsatz

Die Kontrolle

Kontrollieren Sie auf alle Fälle Ihre Berechnungen. Die Summe der prozentualen Anteile sollte wieder 100,00 % oder die Zahl 1 ergeben.

Mehr dazu:

Mehr Informationen zur Funktion SUMME finden Sie auf Seite 107. Hinweise zum Einsatz der *absoluten Adressen* stehen auf Seite 34. Der schnellste Weg, *Formeln zu kopieren*, ist auf der Seite 32 nachzulesen.

16.4 Mehrwertsteuer berechnen

Bei der Berechnung der Mehrwertsteuer gehen Sie zunächst von folgender Überlegung aus: Handelt es sich um einen Nettobetrag, können Sie die Mehrwertsteuer ganz einfach mit einer Multiplikation berechnen. Liegt jedoch ein Bruttopreis vor, müssen Sie von einem vermehrten Grundwert ausgehen. Das bedeutet, dass Ihr Ausgangsbetrag 100 % plus den entsprechenden Prozentsatz der Mehrwertsteuer beträgt. In diesen Fällen gehen Sie von 107 % oder 116 % aus. Im Grunde ist also die Mehrwertsteuer- oder Umsatzsteuerberechnung nichts anderes als eine angewandte Dreisatzrechnung.

Die Lösung

Mit einer einfachen Multiplikation errechnen Sie die Mehrwertsteuer. Mit dem Dreisatz rechnen Sie die Mehrwertsteuer (Umsatzsteuer) aus einem Bruttobetrag heraus.

Die Formel

Durch die Multiplikation =D7*16% berechnen Sie in der Zelle D8 die Mehrwertsteuer. Genau genommen multiplizieren Sie dabei den Wert 7.700,00 € mit 0,16. Auch hier kommt der Dreisatz versteckt zur Anwendung. Zwar geben Sie den Wert 16% ein, intern rechnet Excel jedoch mit 0,16, also 16 dividiert durch 100.

D5 = =D4*16%

	A	B	C	D
1	Produkt	Einzelpreis	Stück	Gesamtpreis
2	PCA - XI	97,00 €	45	4.365,00 €
3	PCA - IV	130,00 €	25	3.250,00 €
4				7.615,00 €
5	16 % MwSt.			1.218,40 €

Abbildung 223: Die Mehrwertsteuer berechnen

Wie in Abbildung 224 dargestellt, liegt ein Bruttopreis von 464,00 € vor. Von diesem vermehrten Grundwert (116%) ermitteln Sie mit einer Dreisatzrechnung 16% Mehrwertsteuer (Umsatzsteuer). Die Formel als Bruch dargestellt, verdeutlicht den Rechenweg =16%*B2/116%.

$$\frac{116\% = \text{Brutto}}{16\% = x}$$

B3 = =B2*16%/116%

	A	B
1		Produkt A
2	Bruttoverkaufspreis	464,00
3	- Mehrwertsteuer	64,00
4	= Netto-Verkaufspreis	400,00

Abbildung 224: Mehrwertsteuer aus dem Bruttobetrag errechnen

Die Kontrolle

Kontrollieren Sie diese Berechnung, indem Sie 16% vom Nettobetrag ausrechnen. Das Ergebnis sollte wieder den Mehrwertsteuerbetrag ergeben.

16.5 Währungen umrechnen

Mit der Einführung des Euros ist ein großer Teil der Umrechnungen in andere europäische Währungen entfallen. Für Umrechnungen in US-Dollar, Yen oder britische Pfund benötigen Sie aber weiterhin dieses Rechenverfahren. Das Kapitel Währungen umrechnen stellt beide Varianten vor: Euro umrechnen in britische Pfund sowie britische Pfund umrechnen in Euro.

Die Lösung

Bei den Berechnungen geht man vom geraden Dreisatzverhältnis aus: Je größer der €-Betrag, desto mehr britische £ werden Sie erhalten. Mit einer einfachen Multiplikation berechnen Sie die Auslandswährung; mit einer Division errechnen Sie die Inlandswährung. Der Kurs für das britische Pfund wurde für dieses Beispiel im Ankauf mit 0,7029 € und im Verkauf mit 0,7479 € angenommen.

Die Formeln

Die Formel: Auslandswährung (£) = Inlandswährung (€) * Kurs führt in der Zelle C8 zum Ergebnis 210,87 £.

C6 = =B6*0,7029

	A	B	C	D
1	**Reisekostenabrechnung:**		**Datum:**	12.06. - 14.06.2003
2			**Ziel:**	London
3				
4	Der Kurs lautet:	1,00 € entspricht 0,7029 £		
5		Betrag in €	Betrag in £	
6	Vorschuss:	300,00 €	210,87	

Abbildung 225: Eurobetrag in Britische Pfund umrechnen

Die Formel: Inlandswährung (€) = Auslandwährung (£) / Kurs führt in Zelle C8 zum Ergebnis 16,04 €.

C6 = =B6/0,7479

	A	B	C	D
1	**Reisekostenabrechnung:**		**Datum:**	12.06. - 14.06.2003
2			**Ziel:**	London
3				
4	Der Kurs lautet:	1,00 £ entspricht 0,7479 €		
5		Betrag in £	Betrag in €	
6	Taxi	12,00	16,04 €	

Abbildung 226: Betrag Britische Pfund in Euro umrechnen

16.6 Anhand von zwei Werten das Ergebnis finden

Sofern Sie schon mit Matrixfunktionen gearbeitet haben, wird Sie das folgende Beispiel einer Frachtkostenkalkulation sicherlich auf neue Ideen bringen. Bei der Kalkulation eines Angebotes sind die beiden Werte für *Gewicht* und *Entfernung* bekannt. Anhand dieser Angaben soll Excel aus einer Liste den entsprechenden Frachtpreis ermitteln.

Die Lösung

Basis ist eine zweidimensionale Matrix (Frachtkostentabelle), aus der sich jeweils am Schnittpunkt von Entfernung und Gewicht ein Wert (Preis) ergibt. Zum besseren Verständnis wurden beide Tabellen direkt untereinander angeordnet.

Beim Tiertransport in Zeile drei liegen die beiden Werte *Entfernung in km* und *Gewicht in kg* vor. Mit der Funktion VERGLEICH können Sie die dazu passende Zeile und die entsprechende Spalte in der Frachtkostentabelle herausfinden. Die Funktion INDEX bekommt somit die erforderlichen Informationen, um am Schnittpunkt der beiden Werte den jeweiligen Frachtpreis zu finden. Da alle beteiligten Funktionen Bereiche auswerten, sollten Sie diese vorher mit aussagekräftigen Namen belegen.

	A	B	C	D	E
1	**Kalkulation für: Firma Schmitt**				
2		**km**	**kg**	**Preis**	
3	Tiertransport	700	10	54,00 €	
4	Möbel	250	130	225,00 €	
5	Bilder	980	70	108,00 €	
6					
7					
8	**Frachtkostentabelle**				
9			**Gewicht**		
10	**Entfernung**	10 kg	50 kg	100 kg	500 kg
11	100	15,00 €	30,00 €	150,00 €	750,00 €
12	250	22,50 €	45,00 €	225,00 €	1.125,00 €
13	500	54,00 €	108,00 €	540,00 €	2.700,00 €
14	1.000	97,20 €	194,40 €	972,00 €	4.860,00 €

Abbildung 227: Die Frachtkostenberechnung

Namen verwenden

Da es sich bei dieser Berechnung um eine recht komplexe Formel handelt, wird sie durch den Einsatz benannter Bereiche wesentlich besser lesbar. Auch das spätere Kopieren der Formel ist problemlos möglich, da die benannten Zellen die absoluten Adressen überflüssig machen.

Im Beispiel der Frachtkostenkalkulation wurden folgende Namen vergeben: Der Bereich B10 bis E10 bekam den Namen *Gewicht* zugeordnet, die Zellen A11 bis A14 wurden mit *Distanz* bezeichnet und der Bereich B11 bis E14 wurde mit *Frachtkosten* benannt.

Um die Namen in der Tabelle zu vergeben, markieren Sie den gewünschten Bereich und klicken dann links außen in das Namensfeld in der *Bearbeitungsleiste*. Geben Sie dort den gewünschten Namen ein und bestätigen Sie dies mit der Taste [↵].

Die Funktion VERGLEICH

Sie kommt in diesem Modell gleich zweimal zum Einsatz. Zum einen muss sie herausfinden, in welcher Zeile die zutreffende Entfernung steht, und zum anderen ermittelt sie, in welcher Spalte der passende Wert für Kilogramm steht.

Die Entfernung finden

Um das Zusammenspiel der Argumente besser zu verstehen, ist es einfacher, von der fertigen Formel auszugehen. Die Formel =VERGLEICH(B3;Entfernung;1) arbeitet mit drei Argumenten. Das erste Argument übernimmt zunächst den Wert aus der Zelle B3 (700 km) und versucht dann in dem Bereich A11 bis A14 (Entfernung) eine möglichst große Übereinstimmung zu finden. Das Ergebnis ist in diesem Fall die Zeile 3.

Das dritte Argument, die Zahl 1, definiert die Form der Übereinstimmung. Mit diesem Parameter suchen Sie einen Wert, der gleich oder kleiner dem Suchkriterium ist. Die Funktion liefert als Ergebnis die Zahl 3, da in der dritten Zeile mit *500 km* die größtmögliche Übereinstimmung gefunden wurde.

Das Gewicht finden

Die Formel =VERGLEICH(C3;Gewicht;1) überprüft zunächst den Wert in der Zelle C3 (10 kg) und versucht dann in dem Bereich B10 bis E10 (Gewicht) eine möglichst große Übereinstimmung zu finden. Auch hier definieren Sie mit dem dritten Argument (1) die Form der Übereinstimmung. Der Wert muss also gleich oder kleiner dem Suchkriterium sein. Die Funktion liefert folgerichtig den Wert 1, da in der ersten Spalte eine Übereinstimmung mit 10 kg gefunden wurde.

Die Frachtkosten ermitteln

Hier kommt nun die Funktion INDEX ins Spiel. Sie wertet den Bereich B11 bis E14 (Frachtpreise) aus und ermittelt aus den vorliegenden Angaben für Entfernung und Gewicht den korrekten Frachtpreis. Die Funktion VERGLEICH liefert dafür die Zeilen- und Spaltenangabe. Am Schnittpunkt der beiden Werte Zeile 3 und Spalte 1 findet die Funktion das Ergebnis 54,00 €. Die fertige Formel präsentiert sich wie folgt:

=INDEX(Frachtpreise;VERGLEICH(B3;Distanz;1);VERGLEICH(C3;Gewicht;1))

Mehr dazu:

Mehr Informationen über das *Benennen von Zellen* finden Sie auf Seite 141. Die *Funktion VERGLEICH* wird ausführlich auf Seite 133 beschrieben. Zusätzliche Hinweise zur *Funktion INDEX* erhalten Sie auf Seite 134. Ein weiteres Beispiel, wie Sie beide *Funktionen kombinieren* können, steht auf Seite 135.

16.7 Sortieren einer Geburtstagsliste

Vielleicht haben Sie auch schon einmal die Erfahrung gemacht, dass Excel überhaupt nicht daran denkt, eine Liste mit Geburtsdaten aufsteigend nach Monaten und Tagen zu sortieren. Das hängt damit zusammen, dass hinter jeder Datumsangabe eine Dezimalzahl steckt. Excel für Windows beginnt am 1. Januar 1900 mit dem Zählen der Tage. Dieses Datum entspricht der Zahl 1. Beim 11. November 2002 hat das Programm bereits 37.571 Tage erreicht.

Die Lösung

Mit den beiden Funktionen MONAT und TAG lösen Sie das Geburtsdatum in einzelne Werte auf. Anschließend kopieren Sie die beiden Formeln nach unten und sortieren Sie dann nach Tag und nach Monat. Danach blenden Sie die beiden Spalten aus.

F2 = =MONAT(E2)

	A	B	C	D	E	F	G
1	Kunden-Code	Anrede	Nachname	Vorname	Geburtstag	Monat	Tag
2	110	Herr	Burger	Bernd	04.08.1950	8	4
3	173	Frau	Iller	Isolde	11.07.1951	7	11
4	38	Herr	Müller	Michael	22.05.1954	5	22
5	12	Herr	Waller	Walter	01.07.1959	7	1
6	31	Herr	Hofer	Hans	11.05.1960	5	11
7	137	Frau	Schmidt	Gisela	11.11.1963	11	11

Abbildung 228: Die Geburtstagsliste

Die erforderlichen Formeln

Mit zwei einfachen Funktionen extrahieren Sie aus der Datumsangabe 04.08.1950 den Monat und den Tag. Beide Funktionen begnügen sich mit einem Argument, der Datumsangabe. Die Formel =MONAT(E2) ermittelt aus der Zelle E2 das Ergebnis 8. In der Zelle G2 „errechnet“ die Formel =TAG(E2) das Ergebnis 4.

Kopieren der Formeln

Da die Geburtstagsliste sicherlich keine weiteren Leerzeilen aufweist, kopieren Sie die Formeln am schnellsten per Doppelklick auf dem Ausfüllkästchen nach unten.

Sortieren der Geburtstagsliste

Wählen Sie eine Zelle der Spalte *Tag* und sortieren Sie die Liste aufsteigend mit dem Symbol ***Aufsteigend sortieren*** in der *Standard*-Symbolleiste. Klicken Sie anschließend eine Zelle der Spalte *Monat* an und sortieren Sie diese ebenfalls.

Ausblenden der Hilfs-Spalten

Markieren Sie die beiden Spalten *F* und *G* und ziehen Sie an der Spaltentrennlinie einer markierten Spalte die Breite auf 0,00. Alternativ wählen Sie nach der Markierung den Menüpunkt ***Format, Spalte, Ausblenden***. Ein rechter Mausklick im markierten Bereich bietet den Befehl ***Ausblenden*** auch im Kontextmenü an.

Mehr dazu

Weitere Informationen zu den Datumsfunktionen erhalten Sie auf Seite 121. Wie Sie mit dem Ausfüllkästchen Formeln schnell kopieren, lesen Sie auf Seite 46. Weitere Hinweise zum Ein- und Ausblenden von Spalten finden Sie auf Seite 44.

16.8 Kopf- und Fußzeilen als Standard hinterlegen

Wie oft haben Sie schon in einer Arbeitsmappe vor dem Ausdruck die Kopf- oder Fußzeile geändert? Häufig wird sie nicht sehr variantenreich gestaltet, sondern hat mehr oder weniger den gleichen Aufbau. Also machen Sie sich das Leben leichter und legen für künftige Kopf- und Fußzeilen eine Vorlage an.

Die Lösung

Nach der Gestaltung der Kopf- und Fußzeile in einer leeren Arbeitsmappe wird die Datei als Vorlage speichert. Die Speicherung erfolgt in dem Ordner XLSTART. Dateien, die in diesem Ordner liegen, werden beim Start von Excel automatisch geöffnet. Wird diese Vorlage nun noch mit einem speziellen Namen versehen, wird diese Datei nicht geöffnet, sondern als Standard für alle neuen Excel-Dateien benutzt.

Kopf- und Fußzeile definieren

In einer neuen leeren Arbeitsmappe wählen Sie den Menüpunkt ***Ansicht, Kopf- und Fußzeile***. Gestalten Sie die beiden Bereiche über die Schaltflächen ***Benutzerdefinierte***

Kopfzeile oder ***Fußzeile*** nach Ihren Wünschen. Denken Sie bitte daran, Sie gestalten einen Standard für alle neuen Excel-Dateien – jede Information, die Sie eintragen, erscheint in jeder neuen Mappe. Bestätigen Sie die Eingaben mit der Schaltfläche ***OK***.

Speichern als Standard-Vorlage

Ermitteln Sie zuerst, wo sich der Ordner *XLSTART* auf Ihrem PC befindet. Je nach Installation und eingesetztem Betriebssystem kann dieser Ordner an unterschiedlichen Stellen gespeichert sein. Das Programm ***Suchen*** im *Start*-Menü von Windows hilft Ihnen bei der Ermittlung dieser Information. Geben Sie im Dialogfeld einfach den Ordner-Namen *XLSTART* ein; die Suchergebnisliste zeigt Ihnen dann die komplette Ablagestruktur und damit den Speicherort des Ordners an.

Wählen Sie anschließend in Excel den Menüpunkt ***Datei, Speichern*** und überschreiben Sie den vorgeschlagenen Dateinamen mit *Mappe*. Dieser Name ist unbedingt erforderlich! Wählen Sie anschließend im Feld *Dateityp* den Eintrag *Mustervorlage* aus. Nun müssen Sie nur noch den Ordner *XLSTART* im Listenfeld *Speichern in* öffnen.

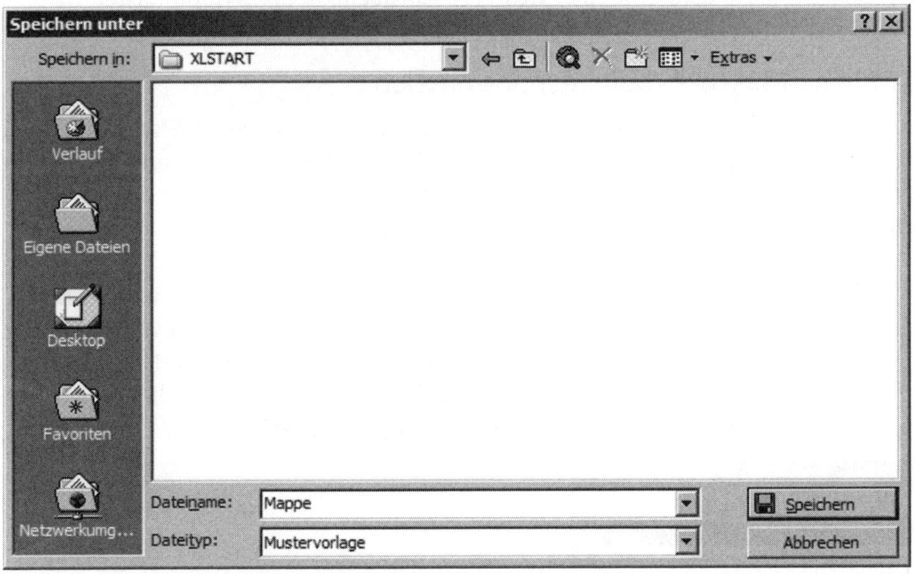

Abbildung 229: Der Ordner XLSTART

Bestätigen Sie die Angaben mit der Schaltfläche ***Speichern***. Erst nach einem Neustart des Programms werden Ihre Eingaben wirksam.

Mehr dazu

Ausführliche Informationen zu den Kopf- und Fußzeilen finden Sie auf Seite 82.

16.9 Dateiname und Speicherort ausgeben

Zwar kann Excel den Dateinamen in der Kopf- oder Fußzeile ausgeben, jedoch fehlen dabei wichtige Informationen wie Ordnernamen und Laufwerksangaben. Durch Einsatz eines kleinen Programms (Makro) können Sie zukünftig per Mausklick die komplette Ablageinformation abrufen.

Die Lösung

Zuerst erstellen Sie eine persönliche Makro-Arbeitsmappe. Anschließend geben Sie im Visual Basic Editor, der Programmier-Umgebung von Excel, den Programmcode ein. Das Makro verbinden Sie dann mit einer neuen Schaltfläche in der Symbolleiste.

Die persönliche Makro-Arbeitsmappe erstellen

Makros in einer persönlichen Makro-Arbeitsmappe stehen sofort beim Start von Excel zur Verfügung. Das hängt damit zusammen, dass diese Mappe im Startverzeichnis von Excel im Ordner XLSTART liegt. Die Makro-Arbeitsmappe wird bei jedem Programmstart geöffnet und automatisch ausgeblendet. Sie ist damit unsichtbar.

Erstellen Sie eine neue Arbeitsmappe und wählen Sie den Menüpunkt ***Extras, Makro, Aufzeichnen***. Im gleichnamigen Dialogfeld sollte im Listenfeld *Makro speichern in:* der Eintrag *Persönliche Makroarbeitsmappe* ausgewählt sein. Die anderen Eingabefelder sind nicht relevant, da dieser Befehl lediglich der Erstellung einer persönlichen Makroarbeitsmappe dient. Bestätigen Sie das Dialogfeld deshalb mit ***OK***.

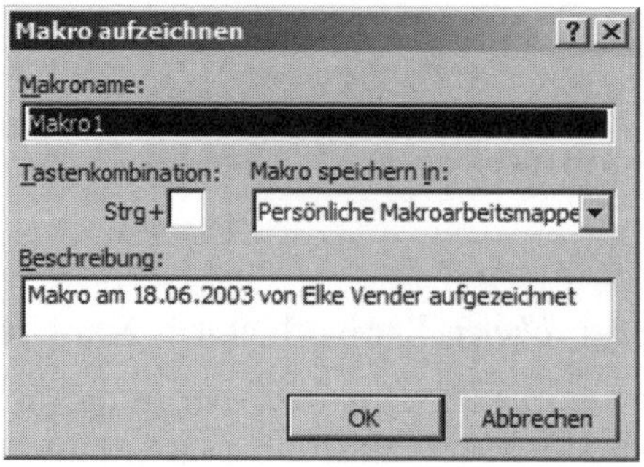

Abbildung 230: Persönliche Makroarbeitsmappe erstellen

In der Tabelle erhalten Sie automatisch eine kleine Symbolleiste. Über die Schaltfläche links beenden Sie sofort die Aufzeichnung. Falls Sie die Symbolleiste versehentlich geschlossen haben, finden Sie im Menüpunkt ***Extras, Makro, Aufzeichnung beenden*** die gleiche Funktionalität. Ihre persönliche Makro-Arbeitsmappe mit dem Namen *PERSONL.XLS* ist damit im Ordner XLSTART angelegt.

Abbildung 231: Die Symbolleiste Aufzeichnung beenden

Das Makro erstellen

In der Programmier-Umgebung von Excel, dem Visual Basic-Editor, erfolgt die eigentliche Programmier-Arbeit. Die einzelnen Programme sind in Excel in Modulen untergebracht. Ein Modul haben Sie bereits durch das Anlegen der persönlichen Makro-Arbeitsmappe erzeugt. Bei der Makroerstellung kommt es jetzt auf jeden kleinen Leerschritt an. Achten Sie daher genau auf die Eingabe-Syntax und arbeiten Sie Schritt für Schritt die einzelnen Punkte ab.

1. Drücken Sie die Tastenkombination [Alt]+[F11]. Damit rufen Sie den *Visual Basic-Editor* auf. Prüfen Sie zunächst, ob an der linken Seite des Bildschirms der Bereich *Projekt – VBAProject* angezeigt wird. Bei Bedarf blenden Sie diesen Bereich über den Menüpunkt ***Ansicht, Projekt-Explorer*** ein.
2. Öffnen Sie den Eintrag *VBAProject (PERSONL.XLS),* um die darunter liegende Struktur zu sehen. Klicken Sie dazu auf das Plus (+) vor dem Eintrag. Öffnen Sie mit der gleichen Technik den Bereich *Module*. Ein Doppelklick auf dem jeweiligen Eintrag zeigt die Struktur ebenfalls an.
3. Geben Sie nun einen Doppelklick auf das *Modul1*. In einem weiteren Fenster auf der rechten Seite zeigt Ihnen Excel den eingetragenen Programmcode an.

   Falls die Persönliche Makro-Arbeitsmappe bereits angelegt war, könnte Ihr Eintrag auch in einem anderen Modul enthalten sein. In diesem Fall hilft der Menüpunkt ***Bearbeiten***, ***Suchen*** weiter. Geben Sie in das Suchfeld einfach das aktuelle Tagesdatum ein. Dieses Datum steht in Ihrem erzeugten Modul. Aktivieren Sie noch zusätzlich die Option *Suchen in aktuellem Projekt*. Excel durchsucht daraufhin alle Module der persönlichen Makro-Arbeitsmappe. Mit der Schaltfläche ***Weitersuchen*** starten Sie den Suchvorgang.

   Sobald Ihr Modul erscheint, schließen Sie das Dialogfeld mit der Schaltfläche ***Abbrechen***.

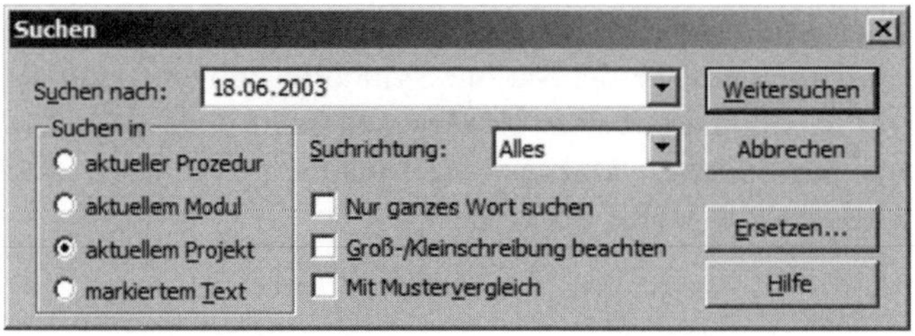

Abbildung 232: Das Dialogfeld Suchen in der VBA-Umgebung

4. Wie in Abbildung 233 dargestellt, markieren Sie den vorhandenen Text in Ihrem erstellten Modul und drücken anschließend die Taste [Entf]. Das Fenster ist jetzt leer, die ideale Voraussetzung, um mit der Eingabe des Programmcodes zu beginnen.

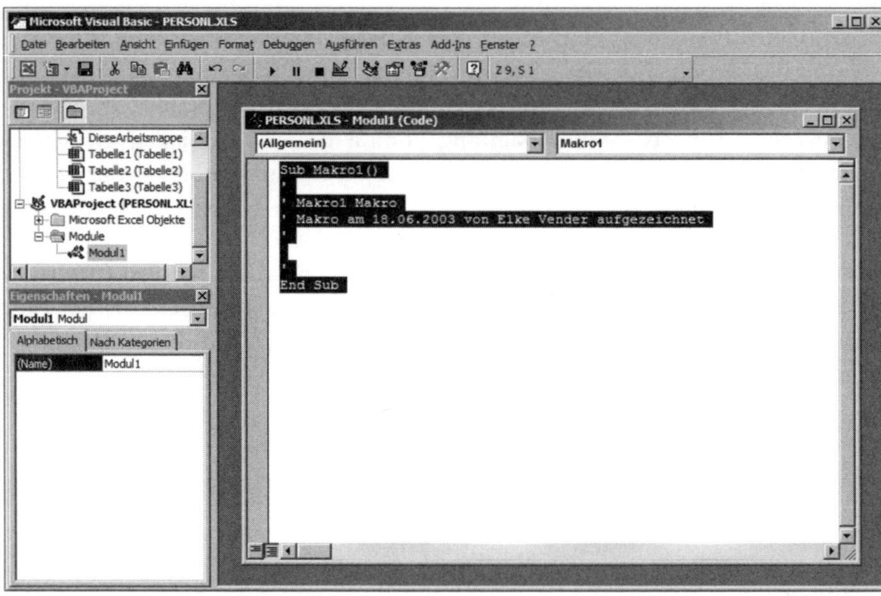

Abbildung 233: Die VBA-Umgebung in Excel

5. Geben Sie im leeren Modul-Fenster den folgenden Code ein:

Sub UpdateFooter()
    ActiveSheet.PageSetup.LeftFooter = ActiveWorkbook.FullName
End Sub

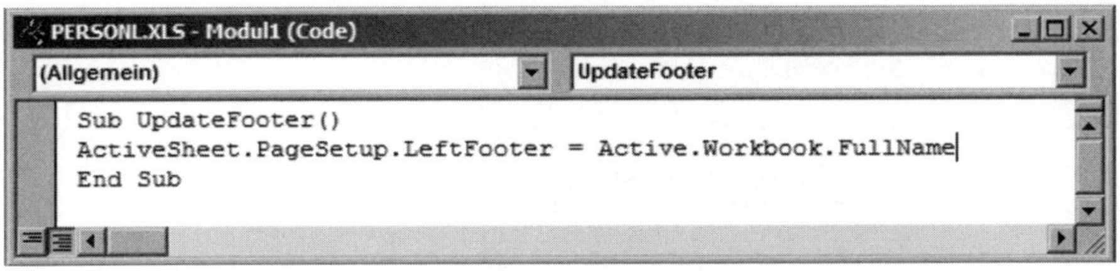

Abbildung 234: Makro erstellen für die Ablageinformation (Ausschnitt)

Sobald Sie die erste Zeile *Sub UpdateFooter()* eingegeben haben, ergänzt Excel diesen Eintrag mit *End Sub*. Den Eintrag dazwischen können Sie mit der [⇆]-Taste einrücken. Sollten Sie versehentlich in der Zeile *ActiveWorkbook.FullName* eine weitere Zeilenschaltung eingeben, entfernen Sie diese mit der Taste [←]. Achten Sie genau auf die Syntax mit allen Leerschritten und Punkten.

6. Speichern Sie Ihre Datei mit dem Symbol ***Speichern*** oder über den Menüpunkt ***Datei, PERSONL.XLS speichern***. Beenden Sie die VBA-Umgebung über den Menüpunkt ***Datei, Schließen und zurück zu Microsoft Excel***.

In diesem Beispiel wurde die Ablageinformation in den linken Teil der Fußzeile (*LeftFooter*) gesetzt. Durch eine Änderung des Codes in *CenterFooter* oder *RightFooter* erreichen Sie eine zentrierte oder rechtsbündige Ausgabe. Für eine Ausgabe in der Kopfzeile arbeiten Sie mit den Codes *LeftHeader*, *CenterHeader* oder *RightHeader*.

Das Makro auf ein Symbol legen

Mit der folgenden Vorgehensweise legen Sie das Makro in der Symbolleiste auf eine eigene Schaltfläche und machen es damit jederzeit abrufbar.

1. Klicken Sie mit der rechten Maustaste in eine der angezeigten Symbolleisten. Im daraufhin erscheinenden Kontextmenü wählen Sie den Befehl ***Anpassen***.
2. Im gleichnamigen Dialogfeld wechseln Sie zur Registerkarte ***Befehle*** und wählen dort im Listenfeld *Kategorien* den Eintrag *Makros* aus.
3. Ziehen Sie mit gedrückter linker Maustaste den Befehl *Schaltfläche anpassen* in eine der angezeigten Symbolleisten. In der Symbolleiste sollte dann ein Symbol mit einem Smiley erscheinen.

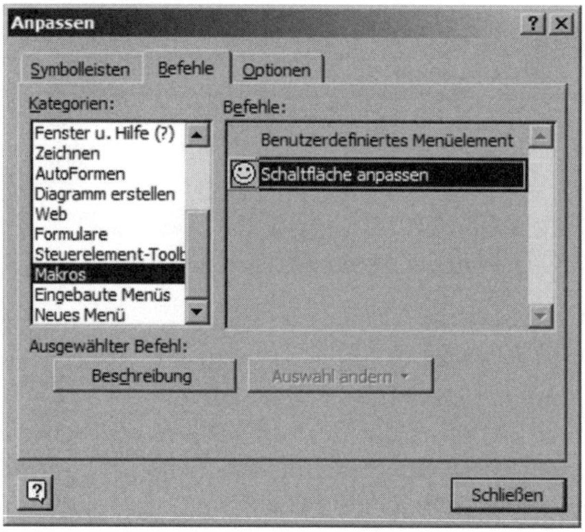

Abbildung 235: Makro auf eine Schaltfläche legen (Ausschnitt)

4. Klicken Sie anschließend mit der rechten Maustaste in der Symbolleiste auf das Smiley-Symbol und wählen Sie im Kontextmenü den Befehl ***Makro zuweisen***. Im gleichnamigen Dialogfeld entscheiden Sie sich für den Makro-Namen *PERSONL.XLS!UpdateFooter* und bestätigen dies mit der Schaltfläche ***OK***.

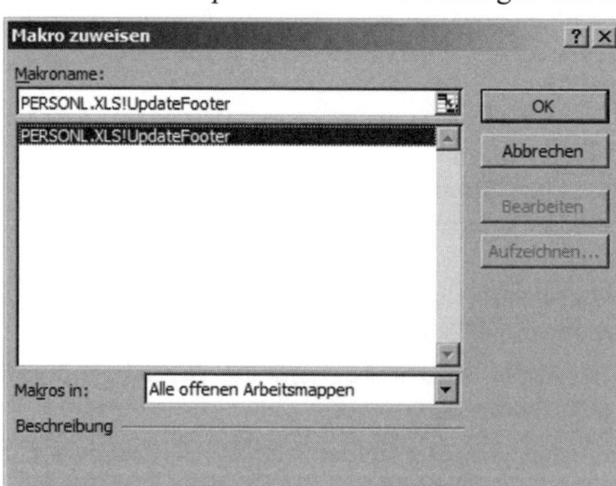

Abbildung 236: Das Makro der Schaltfläche zuweisen

5. Da Excel bei einer Makro-Schaltfläche immer das Smiley-Symbol verwendet, sollten Sie sich für ein anderes Symbol entscheiden. Klicken Sie erneut mit der rechten Maustaste auf das Smiley in der Symbolleiste und suchen Sie sich über den Befehl ***Schaltflächensymbol ändern*** ein zutreffendes Symbol aus.

6. Mit der Schaltfläche ***Schließen*** beenden Sie die Anpassung der Symbolleiste.

Zukünftig können Sie nun per Mausklick die Ablageinformation in jeder beliebigen gespeicherten Datei abrufen.

Mehr dazu:

Mehr über das *Anpassen von Symbolleisten* erfahren Sie auf Seite 149.

16.10 Seitennummerierung in der Arbeitsmappe

Beim Ausdruck der Arbeitsmappe nummeriert Excel die Tabellenblätter unabhängig voneinander. Excel kennt jedoch auch eine fortlaufende Nummerierung. Diese ist allerdings etwas „versteckt".

Die Lösung

Nachdem Sie die Tabellenblätter in einer Gruppe zusammengefasst haben, legen Sie über Kopf- oder Fußzeilen die Nummerierung fest.

Die Gruppenbildung

Um den kompletten Inhalt der Arbeitsmappe zu drucken, wählen Sie im Kontextmenü der Tabellenregister den Befehl ***Alle Blätter auswählen***. Einzelne Tabellenblätter markieren Sie mit gedrückter [Strg]-Taste. In der Titelzeile der Arbeitsmappe erscheint der Hinweis *Gruppe*. Nach erfolgter Nummerierung heben Sie den Gruppenmodus durch einen Klick auf ein nicht beteiligtes Tabellenblatt oder über das Kontextmenü auf.

Die fortlaufende Nummerierung

Über den Menüpunkt ***Ansicht, Kopf- und Fußzeile*** nehmen Sie wie gewohnt die Seitennummerierung vor. Die Vorschau ist zunächst nicht sehr vielversprechend, ein Wechsel in die Seitenansicht zeigt jedoch das gewünschte Resultat. Die Tabellenblätter sind fortlaufend nummeriert. Die fortlaufende Seitennummerierung mehrerer Tabellenblätter funktioniert nicht über die Registerkarte ***Kopf/Fußzeile*** im Layout der ***Seitenansicht***.

Mehr dazu:

Weitere Informationen über *Kopf- und Fußzeilen* finden Sie auf Seite 82. Die Gruppierung von Tabellenblättern wird ausführlich auf Seite 23 beschrieben.

16.11 Diagramme vom Zahlenmaterial lösen

Mit einem kleinen Trick können Sie in Excel Diagramme vom eigentlichen Zahlenmaterial lösen. Das Diagramm wird dann wie eine Grafik behandelt und ist vom Aufbau nicht mehr änderbar – ideal, um es per Email zu versenden oder in PowerPoint darzustellen.

1. Markieren Sie die *Diagrammfläche* durch einen Klick links oben oder wählen Sie den Bereich über die *Diagramm*-Symbolleiste aus.

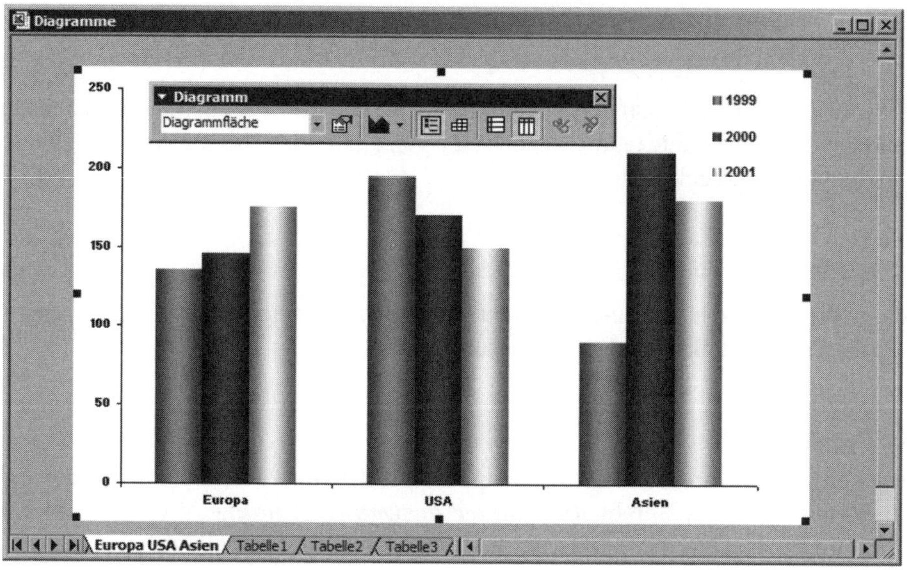

Abbildung 237: Markieren der Diagrammfläche

2. Klicken Sie nun mit gedrückter [⇧]-Taste auf den Menüpunkt ***Bearbeiten*** und wählen Sie dort den Befehl ***Bild kopieren***. Diese Variante taucht im Menü ***Bearbeiten*** nur auf, wenn Sie bei Anwahl des Menüpunktes die Taste [⇧] gedrückt halten.
3. Entscheiden Sie sich im Dialogfeld ***Bild kopieren*** zwischen den Optionen *Wie angezeigt* oder *Wie ausgedruckt* und bestätigen Sie dies mit der Schaltfläche ***OK***.

Abbildung 238: Das Dialogfeld Bild kopieren

Das „Diagramm-Bild" befindet sich nun in der Zwischenablage und ist in jedem Programm über den Standard-Befehl ***Einfügen*** abrufbar. Die Verbindung zum ursprünglichen Datenmaterial ist aufgehoben. Manipulationen der einzelnen Säulen sind dadurch nicht mehr möglich. Die Abbildung 239 zeigt das Diagramm mit nachträglich gesetzter Umrandung.

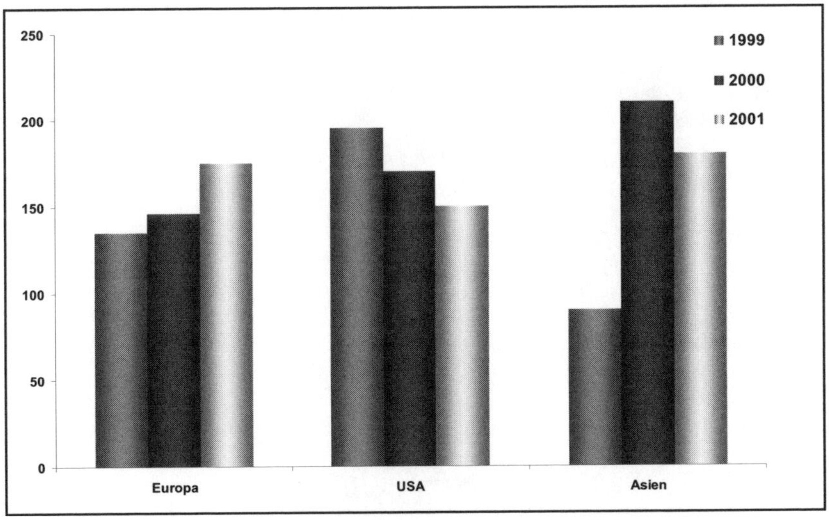

Abbildung 239: Das Diagramm als Bild

16.12 Individuelle Farben für ein Diagramm festlegen

Falls Sie gerne mit Diagramm-Farben im „Firmenlook" arbeiten möchten, scheitern Sie oftmals an der eingeschränkten Farbpalette von Excel. Durch einen kleinen Trick lassen sich jedoch die angebotenen Standard-Farben durch eigene „Mischungen" ersetzen.

Die Lösung

Über die Excel-Optionen können Sie die angebotenen Farben durch Ihre Wunschfarben ersetzen. Wenn Sie diese Farben häufiger einsetzen möchten, speichern Sie die „persönliche Farbpalette" in einer Vorlage.

Die eigenen Farben definieren

Starten Sie mit einer neuen Arbeitsmappe und wählen Sie den Menüpunkt ***Extras, Optionen***. In der Registerkarte ***Farbe*** entscheiden Sie sich für die zu ersetzende Farbe. Hierbei kann es sich um eine Standardfarbe, eine Diagrammfüllfarbe oder eine Linienfarbe handeln. Sollen die geänderten Farben auch in den Tabellen benutzt werden, entscheiden Sie sich für den Bereich *Standardfarben*. Diese Farben erhalten Sie dann unabhängig von der Diagrammerstellung.

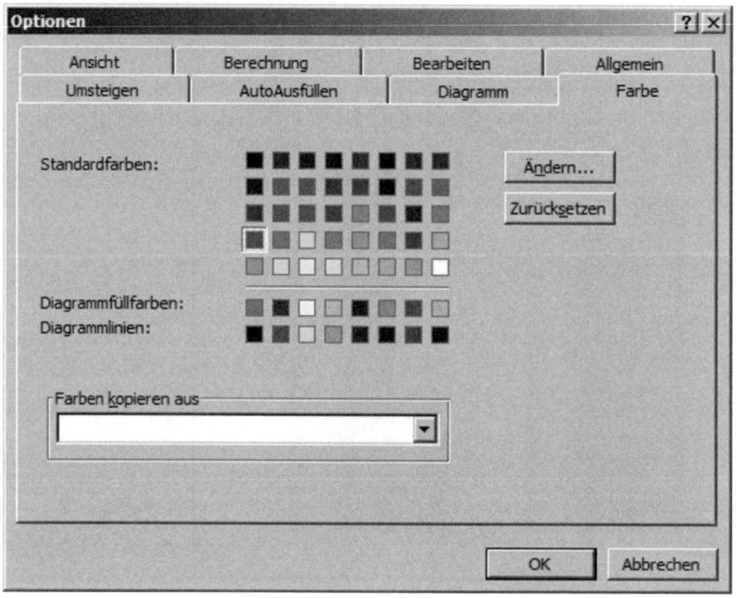

Abbildung 240: Die Standardfarben von Excel ändern

Klicken Sie anschließend auf die Schaltfläche ***Ändern*** und wählen Sie im Dialogfeld ***Farben*** in der Registerkarte ***Standard*** aus 144 Farben eine passende aus. In der Registerkarte ***Anpassen*** lassen sich sogar eigene Farbkompositionen nach dem RGB-Modell realisieren.

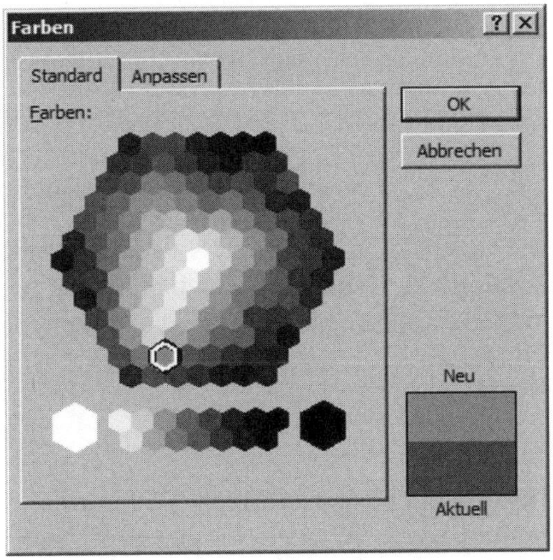

Abbildung 241: Eine Farbe wählen

Bestätigen Sie Ihre Auswahl mit der Schaltfläche ***OK***. Die Farbe ist nun Bestandteil der Excel-Farbpalette.

Eine Vorlage erstellen

Für die dauerhafte Speicherung Ihrer individuellen Farbpalette erstellen Sie eine Vorlage. Im Menüpunkt ***Datei, Speichern unter*** geben Sie Ihrer Vorlage zunächst einen Namen und wählen dann im Listenfeld *Dateityp* den Eintrag *Mustervorlage* aus. Excel wechselt dabei selbstständig in Ihren Vorlagen-Ordner. Mit der Schaltfläche ***Speichern*** bestätigen Sie Ihre Eingaben. Schließen Sie dann die Vorlage.

Die neuen Farben nutzen

Sobald Sie Ihre Farbpalette benötigen, erstellen Sie eine neue Datei über den Menüpunkt ***Datei, Neu*** und wählen aus den Vorlagen die passende aus. Basierend auf der Vorlage erzeugt Excel eine leere Datei mit der geänderten Farbpalette. Diese Datei können Sie später unter einem individuellen Namen abspeichern.

16.13 Standard-Diagramme speichern

Per Tastendruck ein Diagramm zu erstellen ist mit der Taste [F11] ganz einfach möglich. Sie müssen vorher lediglich das Zahlenmaterial markieren. Allerdings sind diese Standard-Diagramme relativ schlicht formatiert. Es wäre natürlich für Sie eine enorme

Zeitersparnis, die gewünschte Formatierung per Menü einfach auszuwählen. Die Rede ist hierbei nicht von den integrierten Diagrammen, sondern von Ihren individuellen Diagramm-Vorlagen.

Die Lösung

Bei der Auswahl der diversen Diagrammtypen existiert eine weitere Registerkarte mit benutzerdefinierten Diagrammen. In diesem Dialogfeld können Sie eigene Diagrammformate speichern und jederzeit wieder abrufen. Gespeichert werden Diagrammtyp, Positionierungen, Farben, Schriften und Schriftgrößen.

Erstellen eigener Diagrammvorlagen

Falls Sie schon ein ansprechend formatiertes Diagramm besitzen, öffnen Sie dieses und nehmen es als Grundlage für Ihre erste Diagrammvorlage. Wählen Sie nun den Menüpunkt ***Diagramm, Diagrammtyp*** und wechseln Sie zur Registerkarte ***Benutzerdefinierte Typen***. Klicken Sie auf das Optionsfeld *Benutzerdefiniert*.

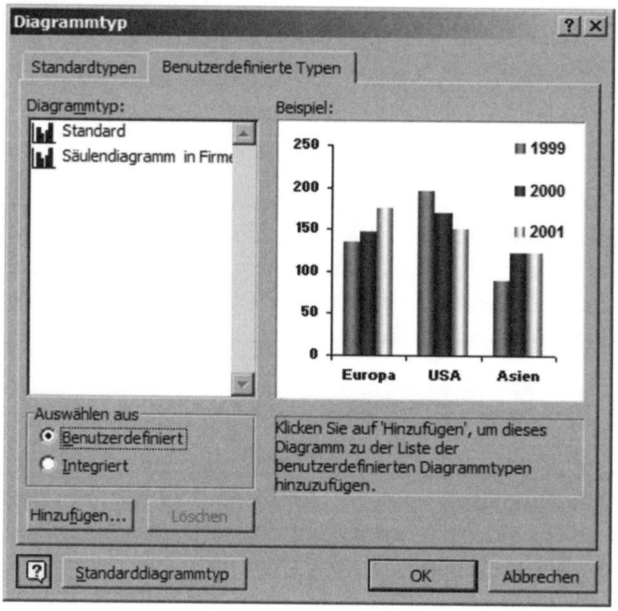

Abbildung 242: Eigene Diagrammformate abspeichern

Wählen Sie nun die Schaltfläche ***Hinzufügen*** und vergeben Sie einen Namen für Ihre Vorlage. Im Feld *Beschreibung* tragen Sie weitere Details ein. Damit erleichtern Sie sich später das Zuordnen der verschiedenen Vorlagen. Bestätigen Sie das Dialogfeld mit der Schaltfläche ***OK***.

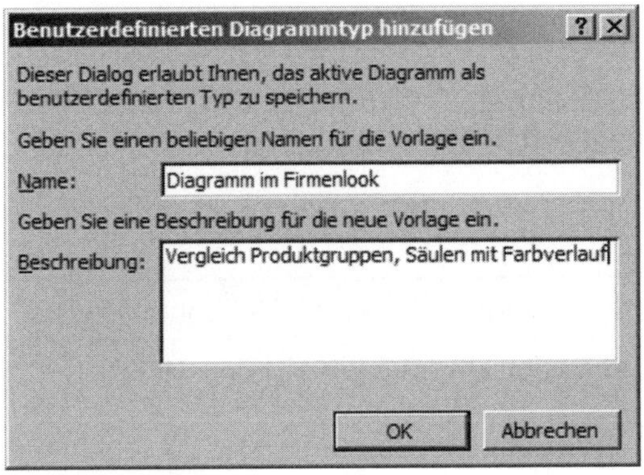

Abbildung 243: Individuelle Diagramme beschreiben

Mehr dazu:

Weitere Informationen über *Diagramme* finden Sie auf der Seite 85. Das Thema *Vorlagen erstellen in Excel* können Sie auf Seite 211 nachlesen.

Anhang A – Die wichtigsten Befehle auf einen Blick

Für das effektive Arbeiten in Excel finden Sie hier eine Zusammenfassung der wichtigsten Tastenkombinationen sowie häufig benötigter Befehle.

Die Zahlenformatierung

[Strg]+[⇧]+[1]	Formatiert Werte mit Tausenderpunkt und zwei Nachkommastellen.
[Strg]+[⇧]+[2]	Formatiert Werte als Exponentialzahl (nicht in Version 2000).
[Strg]+[⇧]+[3]	Formatiert Werte als Datum.
[Strg]+[⇧]+[4]	Formatiert Werte mit dem Währungssymbol.
[Strg]+[⇧]+[5]	Formatiert Werte als Prozent.
[Strg]+[⇧]+[6]	Formatiert Werte wie eingegeben (nicht in Version 2000).

Setzen Sie das Symbol ***Format übertragen*** in der *Standard*-Symbolleiste für die Übernahme bereits bestehender Formatierungen an andere Stellen ein. Ein Doppelklick auf dem Symbol schaltet die Dauerfunktion ein.

Hilfreiche Bearbeitungsfunktionen

[Strg]+[z]	Den letzten Befehl rückgängig machen.
[Strg]+[c]	Kopieren einer Markierung.
[Strg]+[x]	Ausschneiden einer Markierung.
[Strg]+[v]	Einfügen aus der Zwischenablage.
[Strg]+[u]	Die erste Zelle einer Markierung nach unten kopieren.
[Strg]+[r]	Die erste Zelle einer Markierung nach rechts kopieren.
[Strg]+[,]	Die darüber liegende Zelle in die aktive Zelle kopieren.
[Strg]+[+]	Je nach Markierung eine Zelle, eine Zeile oder eine Spalte einfügen.
[Strg]+[-]	Je nach Markierung eine Zelle, eine Zeile oder eine Spalte löschen.
[Strg]+[0]	Die aktive Spalte ausblenden.
[Strg]+[⇧]+[0]	Spalten im markierten Bereich einblenden.

Über den Menüpunkt ***Fenster, Fenster fixieren*** können Sie die Überschriftenzeile in längeren Tabellen auch auf den Folgeseiten beibehalten.

Arbeiten in der Tabelle

[Strg]+[#]	Wechselt in der Tabelle zwischen Formelanzeige und Werten.
[Alt]+[↵]	Zeilenumbruch in einer Zelle.
[Strg]+[s]	Speichert die aktive Tabelle.
[⇧]+[F11]	Ein neues Tabellenblatt erstellen.
[Strg]+[.]	Das aktuelle Datum einfügen.

Über den Menüpunkt ***Seite einrichten*** in der Registerkarte ***Tabelle*** definieren Sie die Zeilen, die beim Ausdruck auf jeder Seite erscheinen sollen.

Markieren in der Tabelle

[Strg]+[Leertaste]	Markiert die gesamte Spalte.
[⇧]+[Leertaste]	Markiert die komplette Zeile.
[Strg]+[a]	Markiert die ganze Tabelle.
[Strg]+[*]	Markiert einen zusammenhängenden Bereich.

Kopieren Sie ein bestehendes Tabellenblatt, in dem Sie mit gedrückter [Strg]-Taste das Tabellenregister an die neue Position ziehen.

Anhang B – Ausblick auf Excel XP

Die aktuelle Version des Kalkulationsprogramms erhalten Sie unter der Bezeichnung Excel XP. Die beiden Buchstaben XP sind dem Wort E**xp**erience (Erfahrung) entnommen. Die Software wird Ihnen auch unter dem Namen Excel 2002 begegnen. Das folgende Kapitel beschreibt die wichtigsten Änderungen und Erweiterungen dieser Version.

Der Aufgabenbereich

Die Befehle ***Neue Arbeitsmappe***, ***Zwischenablage***, ***Suchen*** und ***ClipArt einfügen*** öffnen automatisch einen Aufgabenbereich, der an der rechten Seite des Excel-Fensters erscheint. Passend zum gewählten Befehl erscheint eine Kombination aus Listenfeldern, Menübefehlen und Hyperlinks. Unabhängig vom automatischen Aufruf blenden Sie den Aufgabenbereich auch über den Menüpunkt ***Ansicht*** ein oder aus.

Das Hilfe-Eingabefeld

Rechts außen in der Menüzeile zeigt Ihnen Excel XP ein Eingabefeld an. Hier können Sie eine Frage oder Stichwörter eingeben. Excel schlägt dann in einer Liste die dazu passenden Themen vor. Durch einen weiteren Mausklick wählen Sie das gewünschte Thema aus und verzweigen damit zur ***Microsoft Excel-Hilfe***.

Menüpunkt Datei, Öffnen

Im Menüpunkt ***Datei, Öffnen*** erhalten Sie über die Schaltfläche ***Öffnen*** eine erweiterte Auswahl. So lässt sich dort eine Datei *als Kopie* oder *mit Schreibschutz* öffnen. Wichtige Ordner können Sie am linken Rand des Dialogfeldes positionieren. Zukünftig genügt ein Mausklick und der Ordnerinhalt erscheint. Klicken Sie zunächst den gewünschten Ordner an und wählen Sie im Listenfeld *Extras* den Befehl *Zu meiner Umgebung hinzufügen*. Der Order erscheint anschließend in der *Umgebungsleiste* im Dialogfeld links außen.

Das Dialogfeld ***Öffnen*** lässt sich jetzt wie ein Fenster durch Ziehen mit der linken Maustaste am Randbereich vergrößern oder verkleinern.

Smarttags

Schlaue Anhänger (smart = schlau; tag = Anhänger) begleiten Sie künftig bei vielen Befehlen und Funktionen. Als kleines Symbol erscheinen Sie außerhalb der Zelle. Klicken Sie darauf, öffnet sich das Menü mit den jeweiligen Befehlen. Die Tags lassen sich über die folgenden Menüpunkte aktivieren oder deaktivieren:

- Im Menü ***Extras*** wählen Sie den Befehl ***Autokorrektur-Optionen*** und dort die Registerkarte ***Smarttags***. Mit dem Kontrollfeld *Daten mit Smarttags beschriften* steuern Sie die Anzeige.
- Smarttags zur Fehlerbehebung richten Sie über den Menüpunkt ***Extras, Optionen*** in der Registerkarte ***Fehlerüberprüfung*** ein.
- Smarttags, die beim Kopieren und Einfügen von Daten auftauchen, steuern Sie über den Menüpunkt ***Extras, Optionen*** in der Registerkarte ***Bearbeiten***. Die beiden Befehle *Optionen-Schaltfläche beim Einfügen kopierter Daten anzeigen* oder *beim Einfügen kopierter Zellen anzeigen* sind dafür zuständig.

Dateien verschlüsseln

Die Sicherheit einer kennwortgeschützten Datei lässt sich durch ein Verschlüsselungsverfahren deutlich erhöhen. Wählen Sie zunächst im Dialogfeld ***Speichern unter*** die Schaltfläche ***Extras*** und dort den Befehl ***Allgemeine Optionen***. Im Dialogfeld ***Speicheroptionen*** klicken Sie auf die Schaltfläche ***Weitere.*** Das Dialogfeld ***Verschlüsselungstyp*** präsentiert Ihnen dann eine Liste, in der Sie das gewünschte Verschlüsselungsverfahren auswählen können.

Der Funktions-Assistent

Der ***Funktions-Assistent*** hat seinen Platz in der *Standard*-Symbolleiste verlassen und wird Ihnen jetzt an der linken Seite der *Bearbeitungsleiste* angezeigt. Das Symbol f_x ist gleich geblieben. Klicken Sie auf das Symbol f_x, erhalten Sie ein neu gestaltetes Dialogfeld. In einem Eingabefeld können Sie Stichwörter oder eine Frage eingeben. Excel präsentiert Ihnen dann die dazu passenden Funktionen. Im Listenfeld *Kategorie auswählen* erhalten Sie die gewohnte Einteilung der Excel-Funktionen.

Der ***Funktions-Assistent*** kann auch über das Σ-Symbol in der *Standard*-Symbolleiste aktiviert werden. Das eigentliche Summen-Symbol wurde dafür um ein aufklappbares Feld erweitert. Dort erhalten Sie schon eine kleine Auswahl der wichtigsten Funktionen. Der Befehl ***Weitere Funktionen*** führt Sie zum Funktions-Assistenten.

Funktionen direkt eingeben

Ausgesprochen komfortabel ist die direkte Eingabe einer Funktion im Tabellenblatt. Wenn Sie Ihre Funktion mit der Eingabe des Gleichheitszeichen (=) beginnen und anschließend den Funktionsnamen eingeben, „begleitet“ Sie eine Zeile mit den dazugehörigen Argumenten. Farbige Hervorhebungen der einzelnen Argumente erleichtern spätere Korrekturen.

Der Formelstart

Excel bietet das Gleichheitszeichen (=) zum schnellen Formelstart nicht mehr als Symbol in der *Bearbeitungsleiste* an. Geben Sie das Zeichen deshalb direkt über die Tastatur ein. Falls Sie dabei versehentlich [Strg]+[0] drücken, wird die aktuelle Spalte ausgeblendet. Drücken Sie unmittelbar danach die Tastenkombination [Strg]+[⇧]+[0], erscheint die Spalte wieder.

Formeleingaben korrigieren

Während der Formeleingabe lassen sich die beteiligten Zelladressen sofort korrigieren. So führt beispielsweise der Formelaufbau =A3*D20 zu einer farbigen Umrandung der beteiligten Zellen A3 und D20. Positionieren Sie den Mauszeiger an der Zellumrandung, wandelt sich dieser in einen Vierfach-Pfeil. Durch Ziehen mit der linken Maustaste verändern Sie den Bezug.

Dateien wiederherstellen

Nach einem Programmabsturz oder einem Stromausfall bietet Ihnen Excel beim nächsten Start eine Wiederherstellungsfunktion an. Auf der linken Bildschirmseite erscheinen die betroffenen Dateien zunächst in Listenform. Durch einen Mausklick können Sie die wiederhergestellte Datei öffnen oder über einen kleinen Schalter zu weiteren Optionen verzweigen.

Inhalte einfügen

Das Symbol ***Einfügen*** in der *Standard*-Symbolleiste wurde um ein aufklappbares Listenfeld erweitert. Aus der Liste können Sie bereits Inhalte wie *Formeln*, *Werte*, *Verknüpfungen* auswählen und diese einfügen lassen. Der Befehl ***Inhalte einfügen*** verzweigt zum gleichnamigen Dialogfeld. Zwei neue Optionen ignorieren Tabellen-Formatierungen und bieten eine willkommene Erweiterung des Befehlsvorrats:

- ***Formeln und Zahlenformate*** fügen kopierte Formeln und Werte nur mit den jeweiligen Zahlenformatierungen ein. Texte erscheinen im Standardformat.
- ***Werte und Zahlenformate*** fügen kopierte Formeln als Werte nur mit den dazugehörigen Zahlenformaten ein. Texte erscheinen im Standardformat.

Formatierungen suchen und ersetzen

Das Dialogfeld ***Suchen und Ersetzen*** im Menü ***Bearbeiten*** lässt jetzt auch eine Suche nach Formatierungen zu. Über die Schaltfläche ***Format*** verzweigen Sie in das Dialogfeld ***Format Suchen*** und definieren dort die gewünschten Suchkriterien. Über die Registerkarte ***Ersetzen*** können Sie die vorhandenen Formatierungen sogar durch andere Formate austauschen.

Kopf- und Fußzeilen

In den benutzerdefinierten Kopf- und Fußzeilen fügen Sie mit einer neuen Schaltfläche die komplette Ablageinformation der Datei ein. Die Integration von Grafiken wie beispielsweise ein Firmen-Logo wird ebenfalls unterstützt.

Rahmen zeichnen

Die Schaltfläche ***Rahmen*** enthält in der Auswahl den neuen Befehl ***Rahmenlinien zeichnen***. Nach Anwahl des Befehls wird in der Tabelle automatisch die Symbolleiste *Rahmenlinien* angezeigt. Dort wählen Sie aus einem Listenfeld die gewünschte Linienart. Mit Ihrem Mauszeiger, der nun in der Tabelle als Stift erscheint, zeichnen Sie die gewünschten Linien. Über die Taste [Esc] oder durch einen Klick auf das Symbol *Stift* beenden Sie den Modus.

Farben für Register festlegen

Klicken Sie mit der rechten Maustaste auf ein Blattregister, erhalten Sie im Kontextmenü den neuen Befehl ***Registerfarbe***. Im Dialogfeld wählen Sie anschließend die gewünschte Farbe aus. Leider wird das farbige Blattregister nur bei Anwahl eines anderen Tabellenblatts vollständig angezeigt.

Zur Überarbeitung versenden

Über den Menüpunkt ***Datei, Senden an, E-Mail-Empfänger (zur Überarbeitung)*** können Sie Ihre Excel-Datei gezielt zur Überarbeitung an Kollegen weiterleiten. Die Arbeitsmappe wird zu diesem Zweck freigegeben und mit dem Kommentar „Bitte überarbeiten Sie das angehängte Dokument" versehen. Bekommen Sie die überarbeitete Datei zurück, können Sie die durchgeführten Änderungen verfolgen, akzeptieren oder ablehnen.

Die Office-Zwischenablage

Die Office-Zwischenablage umfasst in der Version XP bis zu 24 Einträge. Über den Menüpunkt ***Bearbeiten, Office-Zwischenablage*** blenden Sie den Aufgabenbereich *Zwischenablage* am Bildschirm ein. In beliebiger Reihenfolge lassen sich nun die Einträge in die aktuelle Datei übernehmen.

Verknüpfungen

Das Dialogfeld ***Verknüpfungen*** im Menüpunkt ***Bearbeiten*** unterstützt das Löschen bestehender Verknüpfungen. Des Weiteren bietet die Schaltfläche ***Eingabeaufforderung beim Start*** eine differenziertere Auswahl zum Aktualisierungsverhalten bestehender Verknüpfungen.

Pivot-Tabellen

Die Feldnamen haben ihren Platz in der *PivotTable*-Symbolleiste verlassen und erscheinen in einer eigenen Feldliste. Von dort können Sie die Felder in Ihre Pivot-Tabelle ziehen oder per Doppelklick einblenden.

Datenbeschriftungen im Diagramm

Datenbeschriftungen lassen sich für die einzelnen Datenpunkte beliebig kombinieren. Rufen Sie im Menü ***Diagramm*** den Befehl ***Diagrammoptionen*** auf. In der gleichnamigen Registerkarte wählen Sie die gewünschte Beschriftung aus. Für eine bessere Übersicht lassen sich die Beschriftungen auf einzelne Zeilen verteilen.

Eigenes Dezimaltrennzeichen festlegen

Möchten Sie unabhängig vom Betriebssystem ein eigenes Dezimaltrennzeichen definieren, wählen Sie hierzu den Befehl ***Extras, Optionen*** und dort die Registerkarte ***International***. Die Felder *Dezimaltrennzeichen* und *1000er-Trennzeichen* erlauben eine individuelle Definition.

Symbole einfügen

Über den Menüpunkt ***Einfügen, Symbol*** erhalten Sie jetzt auch in Excel die gewohnten Symbole und Sonderzeichen zum Illustrieren Ihrer Tabellen. Wählen Sie zuerst die Schriftart aus und geben Sie dann einen Doppelklick auf das gewünschte Zeichen.

Formelauswertung

Bei komplexen Formeln hilft in der Version Excel XP eine spezielle Formelauswertung. In einem eigenen Fenster können Sie Schritt für Schritt verfolgen, wie ein Ergebnis zustande kommt. Die Formelauswertung schalten Sie mit dem Befehl ***Extras, Formelüberwachung, Formelauswertung*** auf der jeweiligen Zelle ein.

Blattschutz-Optionen

Im Dialogfeld ***Blatt schützen*** definieren Sie, welche Funktionen in einem geschützten Tabellenblatt erlaubt sind. Das Dialogfeld erreichen Sie über den Menüpunkt ***Extras, Schutz, Blatt***. Die Schutzfunktion kann auch auf benannte Tabellenbereiche angewandt werden. Zusätzlich lassen sich für einzelne Personen oder Gruppen Zugriffsberechtigungen definieren.

Anhang C – Internet-Links

Die hier aufgeführten Adressen widmen sich Excel mit unterschiedlichen Schwerpunkten.

http://www.excelformeln.de	Wie es der Name schon verrät – eine Sammlung anspruchsvoller Formeln.
http://www.excel-inside.de	Eine Linksammlung zum Thema Excel.
http://www.herber.de/	Bis hin zur VBA-Programmierung finden Sie hier Lösungen.

Diskussionsforen stellen eine beliebte Kommunikationsform im Internet dar. Ihr Aufbau erinnert an ein riesiges „Schwarzes Brett“. Hier können Sie Fragen zu Excel ablegen und diese von anderen Benutzern beantworten lassen. Teilweise kann man sich auch direkt an die „Experten“ per Email wenden. Kosten entstehen Ihnen dabei keine. Häufig ist die Nutzung jedoch mit einer Anmeldung verbunden.

http://www.ms-office-forum.de/
http://www.spotlight.de/
http://www.wer-weiss-was.de

Diese Auswahl erhebt keinen Anspruch auf Vollständigkeit, sondern ist vielmehr eine subjektive Zusammenstellung interessanter Internet-Links zum Thema Excel.

Stichwortverzeichnis

E

Q

R

S